LE
CARDINAL MAURY.

LE
CARDINAL MAURY

SA VIE ET SES OEUVRES

PAR

M. POUJOULAT

—⁓⊚⊚⊚⁓—

PARIS

J. VERMOT, ÉDITEUR, S^r DE M. HIVERT

QUAI DES AUGUSTINS, 33

1855

PRÉFACE.

La pensée a des sujets de prédilection pour lesquels bien souvent le temps lui manque, et parfois il lui arrive d'être saisie par des sujets dont elle s'était jusque-là peu occupée. Il y a un an, on me demanda une notice sur le cardinal Maury pour une collection biographique qui se publie à Marseille [1]; je venais d'achever quelque chose qui m'avait longtemps absorbé, et mon heure était libre; le nom de Maury me frappa, me remit en mémoire cinquante ans de vie curieuse, d'abord brillamment et puis grandement remplie, et, à la fin, diminuée dans l'estime des hommes : le dix-huitième siècle, la Révolution et l'Empire se présentèrent à mon esprit. Je relus les écrits de Maury,

[1] Le Plutarque provençal.

qui ont passé dans toutes les mains ; j'en recher-
chai d'autres beaucoup moins connus, d'autres
enfin qui ne le sont pas du tout. Je me mis en possession, par des investigations persévérantes, des
vastes et illustres travaux de Maury à la Constituante ; j'étudiai son séjour en Italie, où la révolution ne le laissa pas jouir en paix de sa gloire,
les préludes et le lendemain de sa défection politique, son administration du diocèse de Paris avec
des pouvoirs contestés, son retour à Rome, où le
contre-coup des cent-jours lui ravit la liberté, et
les dernières années de sa vie. J'écoutai attenti-
vement les hommes les mieux renseignés qui l'a-
vaient connu, et je ne fis pas un appel inutile à
l'héritier possesseur de ses papiers.

C'est avec cette préparation d'esprit que j'ai
cherché ensuite les divers jugements portés sur
Maury dans les notices ou appréciations publiées
depuis sa mort. J'y ai rencontré abondance d'ac-
cusations fausses mêlées à des faits incontestables, l'expression vive de reproches mérités de la
part des royalistes et des catholiques, des pages
de critique littéraire plus ou moins équitables ;
je n'y ai pas trouvé tout ce qu'on doit attendre
de l'histoire. Les partis font une poussière qui les
empêche de bien découvrir la vérité ; mais on

doit être juste, même à l'égard de ceux qui ont failli ; et d'ailleurs, si vous ou moi nous ne le sommes pas, d'autres viendront après nous, qui régleront mieux les comptes des morts ; car la postérité ne se gêne pas pour casser les arrêts de la passion ou de la fantaisie. En mettant en lumière les grands côtés littéraires et oratoires de l'abbé Maury, plus qu'on ne l'a fait jusqu'à présent, je me suis senti à l'aise pour accomplir mon principal dessein dans ce travail : c'est de montrer ce qu'on perd en considération en se précipitant dans le servilisme, ce que deviennent les renommées lorsqu'elles sortent de leur voie, ce que devient la gloire lorsqu'elle tourne le dos au devoir.

Les leçons qui s'échappaient de mon sujet apparaissaient plus expressives par les contrastes. L'étude réfléchie des discours de l'abbé Maury et de Mirabeau ne m'a pas conduit à assigner au tribun le premier rang oratoire, au défenseur de la royauté et de l'Église le second rang ; plus j'ai admiré la beauté intrépide de cette parole monarchique et catholique, plus elle m'a semblé affaiblie quand elle s'est transformée en instrument adulateur. Ce prêtre éloquent, qui avait été Ambroise devant la révolution et ne le fut pas devant Théodose, nous offre le spectacle d'un grand caractère succombant aux pieds d'un maître : ambassadeur à Rome de ces augustes proscrits, dont les regards demeuraient attachés sur la France, le cardinal Maury ne tombe que de plus haut dans ses prosternations imprévues. Et quand les événements le pressent au point qu'il faille déplaire au pape ou déplaire à l'empereur, il est déjà si enfoncé dans l'argile du servilisme, qu'il ne peut pas s'y arracher pour diriger son pied vers le droit chemin. O aveuglement d'une ambition qui ne veut pas lâcher prise ! Le cardinal Maury est sur le siége de Paris ; un bref du 5 novembre 1810 l'invite à quitter ce siége, et l'archevêque nommé, lié au Pontife de Rome par des nœuds si forts, si sacrés, s'enveloppe de subterfuges pour échapper à l'obéissance ! C'est le même homme qui jadis en toute occasion avait si vigoureusement défendu les droits de la papauté ! Il s'abrite derrière de pitoyables prétextes, et tremble de porter ombrage à César. L'âme perd sa lumière en perdant son indépendance ; elle s'abuse sur ce qui est la grandeur, la dignité ; elle ne marche plus dans son élan et à l'air vif et pur de la vérité ; mais elle s'affaisse et ne connaît plus l'énergie : heureux si les dieux auxquels elle sacrifie sont modérés dans leurs exigences souveraines ! Sait-elle jusqu'où elle pourrait être entraînée sur la pente rapide des complaisances ?

Les hommes de génie ou de talent sont autant d'instruments choisis pour servir à la manifestation du vrai et à l'accomplissement du bien sur la terre. Il en est qui tournent contre Dieu les dons divins, et c'est la résistance de ceux-ci à l'œuvre providentielle qui fait la lutte en ce monde : astres vagabonds, puissent-ils rentrer tous dans la route qu'ils auraient dû toujours parcourir au profit de l'universelle harmonie ! Quant aux écrivains restés dans les lignes générales de l'ordre moral, il faut respecter tout ce qu'ils ont fait de bon, même quand ils ont eu le malheur de ne pas toujours se respecter eux-mêmes ; le bon laissé par eux vient de Dieu, qui le leur inspira ; les tristes côtés de leur vie ou leurs erreurs, s'il s'en rencontre, sont sortis de leur propre fond qui n'est que misère. Gloire à ceux qui ont traversé le monde en marquant leur passage à la fois par de beaux ouvrages et par l'unité d'une belle vie ! les siècles leur reconnaîtront toujours plus d'autorité. Pour ce qui est des autres, en mesurant notre attention à l'importance des talents, des œuvres, des services rendus, ne dédaignons pas les avertissements et les enseignements utiles ; recueillons chaque rayon qui puisse profiter aux notions de l'art et au culte du beau, aux principes de conservation sociale, aux intérêts permanents de notre pays, et surtout aux vérités religieuses dont le triomphe reste inséparable de la paix des esprits, du bon gouvernement des nations et de nos immortelles destinées.

Dans ce travail, auquel d'abord je devais donner peu d'étendue, et qui a pris sous ma plume les proportions d'un livre, on trouvera, mêlées à un récit aussi complet que possible, de remarquables citations ou d'exactes analyses, neuves pour la plupart des lecteurs; les discours de l'abbé Maury, les seuls qui se fassent lire à soixante ans de distance et dans la froide poussière d'une parole tombée sur le papier, n'ont pas été recueillis en grand nombre par les divers historiens de la révolution française et par les compilateurs des monuments de l'éloquence nationale; nous possédons peu de chose de ce grand talent oratoire, qui occupa tant de fois et avec tant d'éclat la tribune, et, durant deux ans de lutte, ne laissa passer aucune question sérieuse sans y prendre part; Maury, improvisateur d'une étonnante puissance, espérait, comme on le verra, de futurs loisirs pour retrouver, avec ses notes et sa prodigieuse mémoire, les nombreux discours dont il n'était resté qu'un souvenir; il a eu le

temps de faire cet heureux effort pour quelques-
unes de ses harangues; mais combien d'autres
ont péri sans retour! Dans mes analyses ou dans
la reproduction de morceaux oratoires, je me
suis attaché à ce qui garde parmi nous un vif
et durable intérêt, un à-propos que les révolutions se chargent de rafraîchir sans cesse.

Maury n'a jamais varié dans son hostilité contre
la révolution, et les faits et les conséquences ont
donné tristement raison à la plupart de ses vues
politiques. Il a toujours défendu la monarchie;
lorsqu'en 1804 il capitula sans stipulation possible
pour son honneur, ce fut à une sorte de monarchie
qu'il se rendit; mais celle-ci était nouvelle, et
l'ancienne n'était pas morte. Maury a toujours défendu l'Église catholique; il a eu le tort grave de
demeurer administrateur capitulaire du diocèse de
Paris, sans être dégagé des liens qui l'unissaient à
l'église de Montefiascone, de conserver un siége,
pour lequel le Pape, prisonnier de Napoléon, refusait l'institution canonique; il a manqué au Souverain-Pontife et à ses propres serments de cardinal; cependant il est essentiel de reconnaître que
cet homme, parfois si inconsidéré et si étrange
dans sa conversation, ne prononça jamais une parole, n'écrivit jamais une ligne contraire à la re-

ligion. On doit mettre les fautes de sa vie sur le compte de son imagination de feu ; mais cette âme aux impressions si vives, logée dans un corps d'une vigueur grossière, n'abandonna en aucun temps les croyances chrétiennes : ceux qui ont le mieux connu Maury l'affirment fortement. Ceci ne s'accorde pas avec tant de quolibets accusateurs contre un homme qui, s'étant brouillé avec tous les partis, n'a plus été défendu par aucun ; mais pourquoi vouloir qu'une renommée, déjà sous le coup de l'expiation, soit chargée de griefs immérités ? Tandis que le cardinal Maury osait garder une administration diocésaine contre le gré du pape, il attaquait l'irréligion à outrance dans des mandements supérieurement écrits ; nous avons cité de beaux fragments de ces mandements de carême, devenus extrêmement rares, et que peu de gens assurément ont lus depuis quarante ans.

En suivant le cardinal Maury, de 1809 à 1814, je me suis particulièrement trouvé en face des affaires religieuses de l'empire, et je me suis souvenu du mot de madame de Staël : *Napoléon veut avoir un clergé comme il a des chambellans.* Mais sa terrible omnipotence ne va pas jusqu'à faire manœuvrer des évêques selon ses vues et ses desseins. Il obtient des essais de raccommodement, arrache des concessions, parce que le malheur des temps inspire des pensées de prudence; mais un point d'arrêt se présente toujours, un point qu'on ne dépasse pas, et le génie du maître s'étonne et s'irrite. Dans sa marche sans frein l'empereur commit la faute de se heurter contre le pape, cette force morale qui doit durer plus que toutes les éternités des empires humains ; il avait aperçu là-bas, en un lieu où les Césars avaient passé, un vieillard, portant la tiare, qui le gênait dans ses plans de domination, et il avait voulu supprimer cette royauté sans défense; l'auguste captif, par un légitime emploi de ses armes spirituelles, les seules qui fussent en son pouvoir, refusait des bulles aux évêques nommés par l'empereur, et l'empereur cherchait de tous côtés une théologie qui l'autorisât à se passer du pape, mais on ne fabrique pas une théologie comme on fabrique une constitution : il y avait toujours d'infranchissables bornes, même pour les consciences les moins intraitables.

Rien n'est plus curieux dans l'histoire que les tourments de Napoléon, vaguement jaloux de la puissance spirituelle, trouvant le monde visible trop étroit pour son imagination envahissante, rêvant je ne sais quel pontificat impossible parmi nous, et, à défaut de la réalisation d'un tel songe,

se jetant sur les questions de papauté et de discipline afin de les traiter à sa guise, d'en presser la
solution à son goût, aux convenances de sa politique. Les commissions ecclésiastiques, surtout
celle de 1811, où Napoléon fit une apparition si solennelle, la fameuse adresse du chapitre de Notre-
Dame demandée par l'empereur et rédigée par le
cardinal Maury, le Concile national où le ministre
de Napoléon se présenta tout à coup avec un discours si extraordinaire que je donne textuellement et qui paraît ici en entier pour la première
fois, resteront comme les souvenirs les plus étranges d'un dominateur impatient de toutes limites.
Des notes manuscrites, témoignages fidèles de ce
temps, m'ont parfois révélé des choses bien sin-
gulières. Un ardent et vaste génie, fourvoyé dans
de malheureux débats et aux prises avec l'incompétence, quel spectacle ! il ne s'arrêta dans ses ten-
tatives contre le pouvoir spirituel qu'à la veille des
grandes catastrophes, devant les immenses menaces de la coalition, et quand le dernier acte d'un
drame unique allait se jouer au milieu de l'ébran-
lement des nations et avec l'univers pour témoin !

L'estimable et consciencieux historien [1] de

---

[1] M. le chevalier Artaud de Montor.

Pie VII racontait que ce pape d'immortelle mémoire lui dit un jour : « Nous savons que vous
« vous occupez d'une histoire de notre pontificat;
« vous ménagerez le cardinal Maury; il a fait des
« fautes; mais qui donc n'en a pas fait? Et nous
« aussi, hélas! nous en avons fait! » Cette re-
commandation que l'historien n'oublia point, annonçait un grand cœur et un grand saint. C'était
la magnanimité du pardon descendu sur le cardinal Maury, c'était une haute déclaration des terribles difficultés qui avaient environné l'Église, et
en présence desquelles tout le monde n'avait pas
gardé sa fermeté; et lui-même, lui Pie VII, dont
le monde admira l'énergie apostolique, ne craignait pas de s'accuser dans une humilité profonde,
comme pour mieux couvrir les défaillances d'autrui. Cette parole de Pie VII, je l'ai recueillie avec
respect et attendrissement; elle n'a pas pu, elle
n'a pas dû modifier mes sentiments, me porter à
excuser de graves faiblesses et à priver l'histoire de
ses droits et de sa moralité; mais, si je n'avais pas
eu l'intention bien arrêtée de me montrer juste
de tout point dans ce livre, le mot de Pie VII me
l'aurait ordonné.

Quand donc comprendra-t-on que la fermeté
fidèle des opinions et la dignité de la vie font par-

tie des richesses morales d'une nation? Sera-t-il
toujours inutile de redire que la plus magnifique
exploitation de la matière et les plus savantes
merveilles de l'industrie ne constituent pas seules
la grandeur d'un pays; mais que tout homme, tant
soit peu en lumière, qui garde bien son honneur,
accroît ce fond même d'honneur national sans lequel la patrie cesserait d'être belle? Les sociétés
éprouvent un dommage considérable lorsque la
contagion de la platitude menace d'étendre au loin
ses ravages. Tous les historiens et les moralistes
conviendront aisément qu'il y aurait pour un peuple quelque chose de pire que des batailles perdues
et la ruine des institutions : ce serait l'abaissement
des caractères. Il importerait surtout de rester
armé de sa force morale quand le présent est difficile, l'avenir incertain, quand les desseins de Dieu
sur notre temps sont encore un mystère.

POUJOULAT.

Écouen, juin 1855.

LE
CARDINAL MAURY.

CHAPITRE PREMIER.

Valréas. —Enfance de Maury, ses premières études; il les achève au séminaire d'Avignon. — Il se rend à Paris, sa rencontre avec Treilhard et Portal. — Les premiers temps de Maury à Paris, ses ressources, ses relations. — L'Éloge du Dauphin. — Le jeune abbé concourt pour l'éloge de Charles V et les Avantages de la Paix, proposés par l'Académie française.— L'éloge de Charles V par Maury.

A deux lieues au midi de Grignan, une petite cité se déploie au penchant d'un mamelon : c'est Valréas. Le mamelon se détache au milieu d'une plaine qui s'étend du pied de la montagne de la *Lance* jusqu'aux bords du Rhône. Valréas touche à quatre routes, dont l'une conduit à Avignon, l'autre à Montélimart, la troisième à Noyons, la quatrième à Dieulefit, en passant par la vallée de Blacons. Une petite rivière, appelée *Couronne*, desséchée en été, coule en hiver à un quart de lieue de la ville. Des murs ferment la modeste cité ; de beaux platanes l'environnent. Sa population, toute agricole, dont on cite l'honnêteté religieuse et la vive intelligence, n'a éprouvé depuis le dernier siècle ni accroissement, ni diminution : elle se compose de quatre mille habitants. Valréas toutefois n'est plus ce qu'il était avant la révolution ; il a perdu son petit séminaire, qui dépendait du séminaire de Sainte-Garde, à Avignon ; il a perdu aussi la plupart des grandes maisons qui lui donnaient de l'importance et de l'éclat, et dont on vantait le ton exquis et les mœurs élégantes. Là vivait la famille de Simiane, qui compta des souverains parmi ses ancêtres. La fameuse Pauline de Grignan, petite fille de madame de Sévigné, filleule du cardinal de Retz et de la princesse d'Harcourt, cette *aimable créature* dont l'esprit *dérobait tout* et aurait *brûlé le monde* [1], habita souvent Valréas depuis son mariage avec Louis de Simiane. Ce coin de la Provence réunissait les familles de Rousset, de Pontaujard, d'Agoust, de Blacons, d'Inguimbert, d'Autane, d'Honnières, de Grandpré, de Prévost et d'autres qui mettaient leur gloire à porter l'épée. En 1820 on rencontrait encore à Valréas quatorze chevaliers de Saint-Louis. Avant la révolution il n'y avait pas dans l'heureux comtat Venaissin un lieu où se conser-

---

[1] Lettre de Mme de Sévigné, 16 octobre 1689.

vassent mieux qu'à Valréas les beaux exemples et les bonnes traditions.

Ce fut là, au milieu de ces mœurs simples et fortes, dans ce pays de foi et de respect, que naquit Maury (Jean-Sifrein), le 26 juin 1746. Le défenseur futur des titres de noblesse contre les Montmorency et les Noailles était fils d'un cordonnier : les grands talents n'ont rien à perdre à l'obscurité d'une origine. L'échoppe qui fut le berceau de Maury est devenue une maison bourgeoise entre les mains de possesseurs nouveaux. On sait que, dans le midi, l'homme du peuple sans étude est aisément éloquent; les anciens de Valréas racontaient que le père de Maury était orateur, et que les gens du peuple recouraient souvent à lui pour pacifier leurs différends ou porter la parole en leur nom : il y aurait eu ainsi dans l'éloquence du fils quelque chose de l'héritage paternel. La famille de Maury, originaire du Dauphiné, et autrefois protestante, n'avait embrassé le catholicisme que lors de la révocation de l'édit de Nantes; c'est de cette époque que datait son établissement dans le comtat Venaissin.

Une grande pénétration marqua les premiers ans de Jean-Sifrein; les ressources pour la culture de l'esprit ne manquaient point alors aux enfants pauvres; les pieuses libéralités des siècles y avaient pourvu. A l'âge de treize ans, Maury achevait ses humanités dans le petit séminaire de Valréas. On a recueilli un souvenir de son enfance dans cette maison d'éducation : un jour que le lieutenant-général de Grandpré en faisait l'inspection et qu'il visitait la classe du petit Maury, il se plaignit que les enfants ne lui répondissent qu'en patois. — « Monsieur, repliqua Jean-Sifrein, nous « ne pouvons savoir que ce qu'on nous enseigne. « Un jour j'étudierai le français et je le parlerai « bien ; mais jamais je n'oublierai mon patois, « parce que l'esprit consiste à apprendre et non « pas à oublier. » Cette double promesse fut remplie, car Maury plus tard *parla bien* le français, et, au milieu des splendeurs de sa fortune, lorsqu'il recevait la visite d'un compatriote, ou que les rouliers de Valréas lui apportaient des provisions à l'archevêché de Paris, il ne souffrait d'autre langue que le patois du comtat dans l'expansive familiarité des conversations : il lui semblait retrouver ainsi l'air, les horizons, le soleil du pays natal.

Les maîtres de Valréas ne suffisant plus au jeune Maury, on le conduisit à Avignon, la cité papale où fleurissaient les études littéraires et religieuses. Il y passa une année au petit séminaire de Sainte-Garde, et puis entra au grand séminaire de Saint-Charles, dirigé par les Sulpiciens. Un trait de mémoire prodigieuse se rattache à son séjour à Avignon. L'abbé Poulle y prêchait ; ce prédicateur célèbre, à qui il n'a manqué que du travail et un censeur d'un goût sévère pour devenir un grand prédicateur, touchait au déclin de l'âge, paraissait rarement dans la chaire et jouissait paisiblement de sa renommée ; Avignon son pays avait parfois le bonheur de l'entendre ; le bruit de son éloquence enflammait les jeunes imaginations du séminaire de Saint-Charles. Maury demanda et obtint la permission d'assister à un sermon de l'abbé Poulle dans l'église de Saint-Agricole. Le supérieur du grand séminaire s'y était rendu de son côté ; il n'avait pas vu le séminariste dans l'auditoire, et crut pouvoir lui dire le soir, sur le ton du reproche et de la menace, qu'il était allé ailleurs qu'à l'église ; à chaque affirmation du jeune abbé il opposait une négation plus vive : « J'ai si bien assisté au sermon, répondit à la fin « le séminariste, que j'en ai transcrit de mémoire « la première partie, et que j'allais achever la « dernière quand vous m'avez fait appeler. » Le supérieur demande à voir le cahier, s'étonne à chaque page qu'il parcourt, fait des excuses, et embrasse Maury. Il lui ménagea pour le lendemain un petit triomphe, à la suite duquel le vice-légat demanda pour lui, à Rome, un diplôme de membre de l'Académie des Arcades.

Les années du jeune Maury à Avignon avaient rempli son âme de vastes espérances. Autour de lui rien n'allait à sa mesure; tout lui semblait étroit; un seul point du monde s'offrait à ses rêves ardents, c'était Paris, Paris où les lettres qu'il aimait avaient leur foyer le plus éclatant, où la renommée portait le succès aux quatre vents du ciel, où le talent menait à la fortune; ces enivrantes perspectives s'étaient surtout mêlées aux derniers temps de son cours de théologie; une fois ce cours terminé, il prit son parti et songea aux moyens d'exécuter le voyage au bout duquel son imagination plaçait les plus séduisantes merveilles. Maury avait alors dix-neuf ans. Il s'en va à Valréas pour revoir et embrasser tous les siens; son père, à qui déjà il avait confié son projet dans une lettre, s'effraie de sa hardiesse, accuse sa témérité et ne veut pas d'abord consentir à une entreprise où il n'aperçoit que des périls. Sa mère pleurait, priait Dieu et avait une confiance qu'elle parvint à faire partager à son mari; celui-ci autorisa le départ du jeune abbé, dont toutes les paroles respiraient l'avenir. Un de ses frères l'accompagna jusqu'à Montélimart, et, en recevant ses adieux, lui remit tout ce qu'il possédait : c'était une somme de dix-huit francs qu'il devait ajouter à ses modestes ressources; « un jour je t'en rendrai dix-huit mille, » lui dit l'abbé. Il lui en rendit bien davantage.

On rapporte que, sur la route de Montélimart à

Valence, seul et sans amis dans la mauvaise voiture publique dont chaque tour de roue le séparait de sa famille, il fut pris d'attendrissement et de tristesse au point de songer à revenir à Valréas ; mais la pensée de Paris ranima son cœur qui triompha de ses vives mais passagères émotions. Une rencontre qu'il fit en Bourgogne acheva de lui rendre toute l'énergie de ses espérances ; parmi ses nouveaux compagnons de route à partir d'Avallon, il y avait deux jeunes gens qui se rendaient à Paris, et avec lesquels il ne tarda pas à lier conversation ; l'intimité des entretiens amena peu à peu les confidences ; chacun parlait de ses projets et se faisait sa destinée. L'un de ces jeunes gens avait étudié en médecine dans sa province et disait : *Je veux être membre de l'Académie des sciences et médecin du roi ;* c'était Portal ; il voyait juste dans son avenir. L'autre jeune compagnon de Maury avait fait son droit et disait : *Je deviendrai avocat général ;* c'était Treilhard ; il aurait frémi alors si quelqu'un lui avait annoncé qu'il serait un jour régicide. Maury, interrogé à son tour, répondit : *Moi je deviendrai prédicateur du roi et l'un des quarante de l'Académie française* [1]. On ne se représente pas sans un vif sentiment d'intérêt et de surprise ces trois jeunes gens dans une patache,

---

[1] Cette anecdote a été diversement racontée ; mais le fond reste le même.

s'échappant de leur obscurité par les élans d'une imagination prophétique, marchant vers la renommée qui les attendait sur des chemins différents, et deux d'entre eux appelés à de grands rôles dans des révolutions que personne au monde ne prévoyait à cette époque.

Maury arriva à Paris en 1765; Voltaire et Rousseau vivaient encore; la mémoire de Jean Calas venait d'être réhabilitée, et Louis XV, réparant par ses dons la ruine de sa famille, avait fait remettre 36,000 livres à la mère et aux enfants. L'opinion, travaillée par les philosophes, réagissait avec violence contre le jugement du parlement de Toulouse, jugement destiné peut-être, lui aussi, à être un jour réhabilité. [1] Le jeune Maury entendait aussi parler d'un arrêt du parlement de Paris contre les *Lettres de la Montagne* de Rousseau et le *Dictionnaire philosophique portatif* dont Voltaire était l'auteur, mais qu'il n'avouait pas. Voltaire était pour le christianisme un ennemi plus persistant qu'intrépide; c'est en cachant sa main qu'il lançait le plus souvent ses traits. « J'ai ouï parler de ce petit abominable diction- « naire, écrivait-il à d'Alembert; c'est un ouvrage

---

[1] Voir le Compte-rendu de la procédure conservée aux Archives de l'ancien Parlement de Toulouse, lu par un avocat de Toulouse, Mᵉ Théophile Hue, à la rentrée solennelle des conférences des avocats stagiaires. (*Correspondant* du 25 février 1855.)

« de satan : heureusement je n'ai nulle part à ce
« vilain ouvrage. Quelle barbarie de m'attribuer
« le portatif! Le livre est reconnu pour être d'un
« nommé Dubut, petit apprenti théologien de
« Hollande. »

Le jeune abbé de Valréas, en attendant que sa
plume devînt pour lui une ressource, chercha et
trouva un emploi de précepteur; c'est une utile
manière d'abriter passagèrement sa vie et de se
faire des loisirs pour compléter ses propres études.
Maury était plus occupé de ses travaux que de son
élève. Il lisait ou écrivait une partie de ses nuits,
et, durant le jour, il recherchait ardemment tout
ce qui pouvait accroître ses connaissances. Lebeau,
l'intelligent éditeur de l'*Anti-Lucrèce*, l'historien
du Bas−Empire, auteur de poésies et de discours
latins qu'on ne lit guère et d'éloges qu'on ne
lit plus, occupait alors la chaire d'éloquence au
Collége de France; Maury devint son auditeur
assidu et se présenta même chez lui pour lui
demander des conseils. Lebeau n'était qu'un éru-
dit laborieux et froid, et nous ne savons pas quel
puissant attrait pouvait captiver Maury autour de
cette chaire d'où l'éloquence ne pouvait guère
descendre; il est à croire que le jeune abbé voyait
dans le professeur déjà vieux, moins un Quin-
tilien, un Longin ou un Libanius, qu'un protecteur utile.

Maury presque enfant avait composé des sermons : il imagina d'en composer pour les offrir à
ceux qui parfois ne portaient dans la chaire qu'une
éloquence achetée : ces pieuses productions l'ai-
daient à vivre et ne lui coûtaient pas de grands
efforts. On raconte qu'un moine s'étant un jour
présenté chez lui pour faire ses provisions d'éloquence, le jeune abbé, pris au dépourvu, fut
réduit à lui proposer un sermon qu'il avait reproduit de mémoire après l'avoir entendu une
fois ; c'était un sermon sur l'amour de Dieu. Le
moine y jette les yeux ; il est surpris à la première page, plus surpris encore à la deuxième, à
la troisième, et, après avoir rapidement tout par-
couru, il dit avec colère que le sermon est à lui,
qu'il l'a prêché tel jour, à telle époque, dans telle
église. « Mon révérend Père, lui répondit fort
« doucement le jeune abbé, vous êtes venu me
« demander des sermons, je n'ai pour le mo-
« ment que celui-là à vous offrir ; prenez-le,
« laissez-le, faites comme il vous plaira. Je n'ai
« rien de mieux à vous dire. » Et le moine s'en
alla brusquement, répétant que le sermon lui appartenait : l'avait-il acheté ?

L'histoire a retracé le deuil véritable et profond qui suivit le trépas prématuré du Dauphin de
France le 20 décembre 1765 ; le sentiment public
laissa voir la même vivacité de regrets qui avait

éclaté à la mort du duc de Bourgogne, le plus bel
ouvrage de Fénelon. Une société de gens de lettres
proposa un prix de douze cents francs pour un
éloge du Dauphin ; le jeune Maury entra dans la
lice ; mais aucun des discours présentés ne parut
digne du prix ; la palme, dont on doubla la valeur,
fut remportée l'année suivante par un condisci-
ple de Maury au grand séminaire d'Avignon,
l'abbé de Boulogne, plus jeune que lui d'une année, et qui devait se faire un nom dans la carrière de l'éloquence. Maury n'avait pas voulu
paraître au second concours ; il fit imprimer son
discours et reçut des encouragements. Un éloge
de Stanislas, roi de Pologne, qu'il publia dans le
courant de la même année (1766), renfermait des
germes de talent. Les concours de l'Académie
française ne pouvaient manquer de tenter son ardeur ; l'illustre corps littéraire avait proposé pour
1767 l'éloge de Charles V, roi de France, et les
Avantages de la paix ; Maury concourut pour les
deux prix d'éloquence ; il ne fut point vainqueur,
mais les deux discours ont des parties qui éton-
nent de la part d'un jeune homme de vingt ans.
Ces discours n'ont pas trouvé place dans la réunion
des Œuvres de Maury. L'éloge de Charles V, imprimé à part en 1767, se compose d'une cinquan-
taine de pages in-8°. Le jeune auteur ajoute à son
nom le titre de membre de l'Académie des Arcades

de Rome. Il y met quelque gloire et semble dire avec le poëte :

.... Soli cantare periti
Arcades [1].

La première page de l'éloge de Charles V a de la gravité et de la noblesse :

« Les habitants des bords du Nil jugeaient so-
« lennellement leurs souverains après leur mort;
« pour inspirer aux autres princes une frayeur sa-
« lutaire, ils les appelaient à cette pompe funè-
« bre, qu'ils célébraient avec un silence éloquent.
« Chaque citoyen avait droit d'accuser les rois de-
« vant ce tribunal de la vérité; la voix de ce ju-
« gement formidable, qui était gravé comme une
« loi dans les fastes de l'Égypte, réveillait l'indo-
« lence des rois, et leur commandait d'être justes.
« Lorsque le monarque était déclaré vertueux
« dans le labyrinthe sacré, les prêtres, les ma-
« gistrats, les guerriers lui assuraient l'immorta-
« lité en touchant de leur caducée l'urne qui ren-
« fermait ses cendres. C'est ainsi que les Égyp-
« tiens attendaient la mort de leurs maîtres pour
« fixer leur gloire. Rois, vous êtes connus, en
« effet, lorsque vous ne régnez plus; la flatterie
« disparaît avec vos bienfaits; l'univers juge sans

[1] Virgile, Églogue X^e.

« indulgence des princes auxquels il avait voué
« une obéissance sans bornes : pour le déclarer
« grand, l'histoire exige que des millions d'hom-
« mes soient heureux. Je viens prononcer l'éloge
« de Charles V quatre siècles après sa mort. Si je ne
« juge pas avec le même appareil que faisait l'É-
« gypte, je le jugerai avec la même impartialité. »

Le jeune écrivain, dans son œuvre oratoire, di-
visée en deux parties, montre ce que le roi de
France a fait pour le bonheur de son peuple, et
comment dans ce bonheur de la nation il a trouvé le
sien. Charles V, *vainqueur sans être guerrier,* soumit ses ennemis, pacifia son royaume, l'affermit,
le réorganisa, contribua aux progrès de l'esprit humain, et la France reçut de sa main une meilleure
administration de la justice. « Le droit de juger
« est le prix de l'or ; Charles veut que le témoi-
« gnage le plus éclatant de sa confiance soit la
« récompense du mérite : il refuse la puissance à
« ces hommes méprisables auxquels il n'en coû-
« terait rien de s'avilir, qui oseraient ordonner
« des déprédations au nom sacré de la justice. Il
« crée un nouveau tribunal, sa vigilance enfante
« l'exactitude, ses soins font régner l'équité ; il
« rend les lois pures, l'administration active, les
« jugements prompts... J'aperçois des variations
« et des caprices dans les lois mêmes : Charles
« juge son code, et joint son autorité à l'autorité

« des lois ; il prescrit un langage uniforme aux
« arrêts de la justice, parce qu'il sait qu'une loi
« qui se dément est une loi qui se détruit. »

On reconnaît le roi de Navarre, Charles-le-
Mauvais, à ces coups de pinceau d'une si jeune
main :

« Le roi de Navarre, dévoré des feux de la dé-
« bauche, du poison de l'envie, du fiel de la ven-
« geance, tâchait encore de lui nuire (à Charles V);
« fidèle à ses seuls intérêts, il s'humiliait, pleu-
« rait, se rétractait, jurait, promettait, et trom-
« pait toujours. »

L'abbé Maury parle des croisades comme on en
parlait alors, et n'a pas encore assez étudié ces
guerres héroïques pour en saisir le vrai caractère et la portée immense ; cinq ans plus tard, il
tiendra un autre langage dans le panégyrique de
saint Louis. Ce qu'il dit du moyen âge n'est qu'un
reflet des opinions qui avaient cours à cette époque
dans les salons et les académies ; depuis Charlemagne jusqu'à Charles V, il ne *trouve presque aucun vestige de l'esprit humain ;* trente générations
lui paraissent *perdues pour les sciences et le bonheur ;* il ignorait, et les gens de lettres qu'il fréquentait ne savaient pas plus que lui les découvertes, les travaux sublimes, les grandes choses de
tous genres qui remplissent ces vieux âges où le
dix-huitième siècle n'a imaginé que des masses

humaines dans la nuit; il n'avait pas creusé l'histoire de ces temps féconds d'où la civilisation moderne est sortie, et n'avait pas mesuré la grandeur des services rendus à l'intelligence par les anciens Ordres religieux. Maury dit dans une note : « Avant « Charles V nos rois léguaient leurs livres à des « monastères : les moines respectaient assez de « pareils dons pour ne pas y toucher. » C'était joli à dire dans les salons de Buffon, de Thomas ou de Marmontel, où le jeune abbé avait ses entrées; mais on ne faisait pas preuve de savoir en jetant l'ironie à la face de ces moines des temps reculés, gardiens et sauveurs des œuvres du génie antique, créateurs de tous les foyers de lumière, chaîne vivante de flambeaux qui ne s'éteignaient pas au milieu de longues ténèbres. Il y a dans l'éloge de Charles V de l'esprit, du mouvement, de la fermeté; mais le style en est redondant et sentencieux; les idées n'y manquent pas, mais elles s'y trouvent jetées un peu confusément. Évidemment le jeune Maury lisait beaucoup Rousseau et Montesquieu; il voulait écrire comme l'un et penser comme l'autre, et de temps en temps il ne laisse voir qu'une abondance de rhétoricien. L'empreinte de cet écrit est plus philosophique que religieuse; les mots de *philosophe* et de *nature* s'y rencontrent plus fréquemment que le mot de *christianisme* et le nom de *Dieu*. La tendance politique du discours est une certaine flatterie pour les peuples et une certaine sévérité contre les rois. Il porte bien la marque de l'époque et la situation d'esprit un peu vague d'un jeune homme de vingt-et-un ans lancé dans ce Paris du dix-huitième siècle, et luttant plus ou moins fortement avec une éducation chré-tienne contre une société qui ne l'était plus.

CHAPITRE II.

Cependant les relations littéraires, les séduc-
tions de Paris, dont plus tard peut-être les mœurs
de Maury ne triomphèrent pas toujours, ne l'avaient
pas détourné de la route ecclésiastique; aussitôt
qu'il eut vingt-et-un ans révolus, il s'engagea dans
les ordres sacrés; ce fut à Meaux qu'il reçut le
sous-diaconat. Dès lors il professait (et c'était un
présage de talent oratoire) tout l'enthousiasme
d'une admiration sans bornes pour Bossuet; la vue
de la chaire d'où était partie, pendant vingt-trois
ans, la plus grande parole du monde le remua
beaucoup. Il se prosterna sur la pierre qu'on
croyait être le tombeau de Bossuet[1], et les larmes

[1] Maury, en 1767, ne put se prosterner que sur la pierre tom-
bale placée par le cardinal de Bissy, derrière le maître-autel de

ipondèrent son visage. En 1767, il fut ordonné prêtre à Sens par le cardinal de Luynes avec dispense d'âge. On sait que les candidats au sacerdoce subissent des examens sur la théologie; le cardinal de Luynes fut si émerveillé des réponses du jeune Maury qu'il le fit asseoir parmi les examinateurs : le disciple prenait tout de suite rang au milieu des maîtres.

Avec sa constitution vigoureuse, sa mémoire extraordinaire, son ardent amour de l'étude, il devait s'avancer à pas rapides dans les voies du savoir, sans lequel rien de sérieux n'est possible; il faisait marcher de front la théologie, l'Histoire de l'Église et les lettres, donnait aux livres une partie du repos de ses nuits, méditait plus fortement et retranchait de son style les pompeuses inutilités. Il parut dans les chaires après son élévation au sacerdoce; ce prédicateur de vingt-quatre ans, plein de verve et de feu, commençait à occuper le public. On a dit que parfois M. de Beaumont, archevêque de Paris, confiait à la plume de Maury la rédaction de ses mandements; nous n'avons pas pu en trouver la preuve; seulement il paraît assez vrai que la lettre pasto-

la cathédrale de Meaux, et non pas sur le tombeau même; l'endroit précis où reposaient les restes de Bossuet n'était pas connu alors, et n'a été déterminé que par les heureuses et mémorables fouilles du 14 novembre 1854.

rale à l'occasion de l'incendie de l'Hôtel-Dieu, écrite et imprimée dans une nuit, fut l'œuvre du jeune abbé. On s'est trompé toutefois en ajoutant que Maury était alors un inconnu dont à peine quelques personnes soupçonnaient par hasard le talent; l'incendie de l'Hôtel-Dieu éclata dans la nuit du 29 décembre 1772, et on verra dans notre récit qu'à la fin de l'année 1772 la position de Maury n'était pas celle d'un nouveau venu cherchant obscurément la fortune.

Un beau sujet, l'Eloge de Fénelon, mis au concours par l'Académie française, ne se présenta pas en vain à l'imagination du jeune Maury. Le prix fut décerné, le 25 août 1771, à La Harpe, qui se consolait de ses chutes au théâtre par des moissons de palmes académiques. Maury n'obtint que l'accessit. L'ouvrage de La Harpe annonce une main accoutumée à écrire, un esprit qui se gouverne et se soutient, et qui, habilement en garde contre l'emphase, le désordre et le mauvais goût, va son train sur un fond d'idées communes; on n'y trouve rien à reprendre et rien à admirer. Pourquoi s'étonner qu'il ne tombe point? Pour faire des chutes il faudrait s'élever. Du reste, parmi les compositions académiques de l'heureux lauréat du dernier siècle, c'est l'Éloge de Fénelon qui garde le plus d'intérêt. Le travail de Maury a de l'inexpérience et des inégalités, mais il renferme des beautés dont il n'y a pas trace dans le discours de son vainqueur; on y sent un talent bien autrement vivace, une élévation, une portée, une haleine qui dépasseront le niveau et tous les efforts du rival couronné. Notre lecteur connaîtrait mal l'abbé Maury si nous ne lui faisions pas connaître ses ouvrages; arrêtons-nous donc un moment à son Éloge de Fénelon.

Le plan du discours est simple : peindre Fénelon, c'est peindre le génie et la vertu; c'est un plan indiqué par l'admiration publique elle-même. L'éloge de l'archevêque de Cambrai ne doit être que son histoire écrite par le sentiment et par la vérité. « Celui qui aura le mieux senti Fénelon, « l'aura le mieux loué. » Si l'on se représente quel esprit animait alors ceux qui devaient être ses juges, on saura gré au jeune Maury des lignes de l'exorde où il veut voir dans l'éloge de son héros un triomphe de la religion; il emploie un certain art pour en venir là. « Je trahirais mon devoir, Messieurs, « je tromperais votre attente, et je me montrerais « en opposition avec mon sujet si je privais la re- « ligion du triomphe que vous lui avez préparé, en « proposant l'éloge de l'archevêque de Cambrai. « La gloire qu'elle doit en recevoir aujourd'hui est « à la fois, et le plus digne tribut de la reconnais- « sance du genre humain, et le plus juste hom- « mage que puisse décerner le génie. » Mais le jeune écrivain se faisait pardonner cette hardiesse en se rapprochant, dans les pages suivantes, des idées contemporaines sur ce qu'on appelait le christianisme de Fénelon, christianisme purement moral et philosophique, sans dogmes et sans mystères, sans la pratique et sans la sévérité des devoirs, et contre lequel auraient protesté la foi vive et la piété de l'illustre archevêque. Les philosophes avaient composé un Fénelon à leur image, derrière lequel ils attaquaient le catholicisme; ils en avaient fait un Marc-Aurèle en soutane d'évêque, un confrère en déisme sentimental, et les poëtes de la révolution française livrèrent aux applaudissements du théâtre le grand prélat ainsi travesti.

Dans la première partie de son discours, consacrée au génie de Fénelon, Maury nous montre d'abord le missionnaire, et semble lui faire un mérite particulier de n'employer que les armes de la persuasion et de la charité; c'était encore une opinion de son temps; on oubliait qu'il ne s'est pas rencontré au dix-septième siècle un missionnaire qui ait entrepris de convertir autrement que par l'éloquence, le zèle et les bienfaits, et qu'à aucune époque de l'histoire de l'Eglise, les apôtres catholiques n'ont prêché à la façon de Mahomet.

Le panégyriste accompagne son héros au milieu

des campagnes de la Saintonge; dans sa dou-
loureuse impuissance de soulager les besoins des
pauvres, l'apôtre envie les trésors de l'opulence; il partage les peines de l'indigent et lui
enseigne des vertus, s'il ne peut pas encore lui
donner du pain; et « ramenant à son véritable
« objet une religion qui seule n'abuse jamais
« l'homme, mais le console et le soulage dans la
« douleur et dans l'infortune, il l'annonce dans les
« chaumières comme la philosophie du malheur.»

A trente-cinq ans, Fénelon n'avait attaché son
nom à aucune œuvre littéraire. « Il médite long-
« temps, dit Maury : il observe les hommes; il
« amasse des connaissances, et il ne prend la
« plume qu'après s'être assuré de la maturité de
« son esprit. Telle est la marche de la nature, sou-
« vent violentée par l'impatience de jouir d'un ta-
« lent qui ne sait pas s'attendre lui-même. Lorsque
« les eaux à peine filtrées dans le sein de la terre
« se hâtent de reparaître à sa surface, elles s'exha-
« lent en vapeur, ou s'écoulent en faible ruisseau
« qui va bientôt expirer sur le sable; mais qu'elles
« séjournent, qu'elles se recueillent dans le flanc
« des montagnes jusqu'à ce que leur masse s'ouvre
« une issue, vous verrez sortir un fleuve. » Maury
caractérise en peu de mots le *Traité de l'éducation des filles*, qui devint aussitôt le *Manuel des
épouses et des mères.* En voyant Fénelon entrer

dans la carrière des honneurs, il dit que *ce fut sa destinée, mais non son dessein*. Louis XIV, *dont chaque action publique est un exemple pour les rois*, voulait que l'âme de ses petits-fils fût formée par les premiers hommes de son empire. Le jeune panégyriste trace avec fermeté la mission des instituteurs des rois :

« Faire d'un homme un roi ou plutôt d'un
« prince un homme; enseigner les droits des peu-
« ples à l'héritier d'une couronne, trop tôt instruit
« des prérogatives de la royauté pour en étudier
« les devoirs ou pour en redouter le fardeau; l'en-
« vironner sans cesse dans son palais du tableau
« des misères publiques; l'instruire des grands
« principes de l'administration, sans jamais sé-
« parer la politique de la morale; lui montrer dans
« les lois le fondement et le frein de son autorité;
« lui découvrir, sous le despotisme, l'avilissement
« de l'humanité et l'instabilité du pouvoir; le for-
« cer d'étudier ses obligations en visitant des chau-
« mières; lui faire voir ses armées, ses trésors,
« son peuple, non dans la pompe des cités, encore
« moins dans le faste des cours, mais au milieu
« des champs fertiles; lui donner les yeux d'un
« particulier et l'âme d'un souverain; enfin se
« placer entre lui et l'éclat du trône, et croire n'a-
« voir rien fait, jusqu'à ce qu'il ait besoin qu'on
« le console du malheur d'être condamné à y

« monter : c'est sous ces traits divers que je me
« représente les dignes instituteurs des rois, et
« que je contemple Fénelon, leur plus parfait mo-
« dèle. »

Maury peint Fénelon à Versailles avec cette
douceur de caractère qui réussit plus sûrement
dans les cours que les dons de l'esprit, avec sa sérénité, son savoir, son imagination brillante, avec
« le talent si rare de bien parler, élevé au plus haut
« degré d'enchantement, et l'art de se faire aimer
« qui n'est pas le même que l'art de plaire. » Il
nous fait assister à l'enfantement du plan du maître
pour former l'auguste disciple ; c'est sur l'imagination que Fénelon entreprendra d'agir, parce que
l'impression des images laisse dans l'âme des
traces plus profondes que la marche du raisonnement : *l'esprit humain est plus porté au grand
qu'au vrai.* Le maître a médité son œuvre ; il ne
peut choisir son modèle que dans l'antiquité, *où
le merveilleux est en quelque sorte historique.*
L'Odyssée lui fournit un brillant et fécond épisode ;
il prend un enfant pour le héros de son poëme et
met tout en action, morale, mythologie, politique,
administration, agriculture, commerce, géogra-
phie ; les devoirs des rois y sont développés par
la situation presque autant que par les préceptes.
Les terreurs des enfers n'y sont point ménagées ;
les premiers rangs dans l'Elysée sont donnés à des

monarques bienfaisants et non pas à des héros
guerriers. La morale de Fénelon ne respire que la
félicité des peuples ; quelle différence avec les principes inhumains de Machiavel, de Hobbes et de
Filmer, avec ces controversistes politiques qui *attaquent l'humanité par des syllogismes méthodi-
ques!* Quand le jeune abbé Maury veut nous faire
admirer l'écrivain dans l'auteur du Télémaque, il
apprécie le style de Fénelon comme un homme
qui en a étudié les charmants et brillants secrets,
et lui-même se révèle à nous avec des progrès nouveaux dans l'art d'écrire.

« Simple sans bassesse et sublime sans enflure,
« Fénelon préfère des tableaux éloquents aux bril-
« lants phosphores de l'esprit. Il dédaigne ces
« saillies multipliées qui interrompent la marche
« du génie, et l'on croirait qu'il a produit le Té-
« lémaque d'un seul jet. J'ose défier l'homme de
« lettres le plus exercé dans l'art d'écrire, de dis-
« tinguer les moments où Fénelon a quitté et re-
« pris la plume ; tant ses transitions sont natu-
« relles, soit qu'il vous entraîne doucement par
« le fil ou la pente de ses idées, soit qu'il vous
« fasse franchir avec lui l'espace que son imagi-
« nation agrandit ou resserre à son gré ; et dans
« ce même poëme où il a vaincu tant de difficultés
« pour soumettre une langue rebelle, où, pour
« rapprocher des objets disparates, on n'aperçoit

« jamais un effort. Maître de sa pensée, il la dé-
« voile et la présente sans nuages ; il ne l'exprime
« pas, il la peint ; il sent, il pense, et le mot suit
« avec la grâce, la noblesse ou l'onction qui lui
« convient. Toujours coulant, toujours lié, tou-
« jours nombreux, toujours périodique, il connaît
« l'utilité de ces liaisons grammaticales que nous
« laissons perdre, qui enrichissaient l'idiome des
« Grecs, et sans lesquelles il n'y aurait jamais de
« tissu dans le style. On ne le voit pas recom-
« mencer à penser de ligne en ligne, traîner pé-
« niblement des phrases, tantôt brusques, tantôt
« diffuses, où l'esprit, sautillant par temps iné-
« gaux, manifeste son embarras à chaque instant,
« et ne se relève que pour retomber : son élocu-
« tion toujours pleine, souple et variée, enrichie
« des métaphores les mieux suivies, des allégories
« les plus lumineuses, des images les plus pitto-
« resques, n'offre au lecteur que clarté, harmonie,
« facilité, élégance et rapidité. Grand parce qu'il
« est simple, il ne se sert de la parole que pour
« exprimer ses idées, et n'étale jamais ce luxe
« d'esprit qui, dans les lettres comme dans les
« états, n'annonce que l'indigence. Modèle accom-
« pli de la poésie descriptive, il multiplie ces com-
« paraisons vastes qui supposent un génie obser-
« vateur, en développant les pensées les plus in-
« génieuses et les plus fines, par les aperçus les

« plus naturels et par les expressions les plus sim-
« ples ; et il flatte sans cesse l'oreille par les
« charmes de l'harmonie imitative. En un mot,
« Fénelon donne à la prose la couleur, la mélodie,
« l'amour, l'âme de la poésie ; et son style, tou-
« jours vrai, enchanteur, inimitable, trop abon-
« dant peut-être, ressemble à sa vertu. »

Après avoir vu dans Fénelon le poëte sublime,
Maury admire en lui le métaphysicien profond,
l'écrivain qui « transporta les grâces de son ima-
« gination, et même la sensibilité de son cœur
« jusque dans les déserts de l'ontologie. » Il remarque avec justesse qu'il n'y a peut-être pas si
loin qu'on le pense, des chants de la poésie aux
spéculations de la métaphysique, et que presque
tous les métaphysiciens du premier ordre ont été
poëtes. Il cite Platon, Malebranche, Leibnitz.
Maury rend hommage à l'écrit lumineux et profond où Fénelon démontre l'existence de la divinité contre les ténébreux sophismes de Spinosa,
où il confond l'athéisme comme le *scandale de la
raison et le crime de l'esprit*, où il défend la cause
de Dieu, ou plutôt *celle de l'homme ;* car « c'est la
« vérité la plus consolante, la plus nécessaire, et
« heureusement la plus incontestable. » Le jeune
panégyriste salue en passant la Lettre et les Dialogues sur l'Éloquence, les *Dialogues des Morts*,
et le prêtre se retrouve dans la page consacrée aux

directions pour la conscience d'un roi, à cette œuvre de dévouement sévère et d'immortelle franchise qui seule suffirait pour recommander aux siècles la mémoire de Fénelon :

« Ce n'est plus à un enfant, dit-il, c'est à la
« conscience du chrétien qu'il s'adresse. Dans
« quelle situation place-t-il son élève ? Il l'appelle
« à ce moment de vérité, de repentir et de misé-
« ricorde, où l'homme, prosterné devant le tri-
« bunal sacré, se dénonce lui-même à son juge,
« qui devient aussitôt son médiateur charitable et
« le réconcilie avec Dieu, au nom duquel il lui
« pardonne ses erreurs et ses fautes. Le directeur
« va plus loin que l'instituteur : son cœur s'épan-
« che ; en interrogeant, il accuse ; en énonçant, il
« démontre ; en avertissant, il frappe. Quand on
« lit cette instruction paternelle, où les maximes
« les plus abstraites de l'art du gouvernement
« deviennent aussi lumineuses que les éternels
« axiomes de la raison, l'on croit voir l'humanité
« s'asseoir avec la religion aux côtés d'un jeune
« prince, pour lui inspirer de concert toute la dé-
« licatesse de conscience que l'Évangile exige d'un
« roi, pour lui révéler tous les dangers, toutes les
« illusions, tous les piéges dont il est obligé de se
« préserver, tous les jugements de Dieu et des
« hommes qu'il est chargé de prévenir, enfin tous
« les conseils de la véritable gloire qu'il doit am-

« bitionner, et toutes les règles de la morale qu'il
« doit suivre, s'il veut rendre les peuples heu-
« reux. Voilà le but de Fénelon ; et voilà aussi
« quels furent, dans l'âme du duc de Bourgogne,
« les bienfaits et les triomphes des *directions*
« *pour la conscience d'un roi.* »

Dans la seconde partie de l'Éloge de Fénelon,
c'est sa vie et son âme qu'on voit apparaître : on
est en présence de l'archevêque de Cambrai. En le
suivant dans son étude de la religion, le jeune
Maury le trouve dans les mystiques illusions de l'a-
mour divin ; il parle du quiétisme en théologien,
et de madame Guyon avec une piquante fermeté
d'esprit. Tout le morceau sur la célèbre dispute de
Fénelon et de Bossuet est non-seulement remarquable de talent, mais remarquable de vérité ;
Maury maintient le bon droit de l'évêque de Meaux,
et fait justice des banales récriminations adressées
à ce grand cœur, à cet incomparable génie. Il y
avait à la fois supériorité et indépendance d'esprit
à ne pas donner raison à Fénelon ; car certainement Maury heurtait les préjugés et le sentiment
des juges du concours, et ce fut peut-être ce morceau où la vérité garda ses droits au milieu de
formes habiles, qui empêcha surtout Maury d'obtenir le prix. C'est avec étonnement que nous
voyons un jeune homme à peine âgé de vingt-cinq
ans, s'élever ainsi tout à coup par le sérieux de

l'étude et la force de l'intelligence au-dessus d'une opinion qui régnait dans les livres à la mode, dans le public et à l'Académie.

Nous n'avons trouvé dans ces pages, sur la fameuse affaire du quiétisme, que trois lignes qu'il eût fallu retrancher; les voici : « Déjà l'envie, qui « n'attendait qu'un prétexte pour punir l'arche- « vêque de Cambrai de ses succès, le livre au « glaive d'Innocent XII. » Il est faux que les *Maximes des Saints* aient été portées à Rome par les calculs ennemis du parti opposé à Fénelon ; ce parti très-violent à Versailles et à Paris, et dont Bossuet avait grand'peine à contenir les ardentes impatiences, n'aurait pas voulu déférer au Pape le livre de l'archevêque de Cambrai; mais il aurait voulu le faire juger promptement sur place; ce fut Bossuet qui, dans une pensée équitable et modératrice, conseilla de soumettre l'examen de l'ouvrage au tribunal du Souverain-Pontife : les ennemis de Fénelon le reprochaient à l'évêque de Meaux durant les lenteurs de Rome. « Nous en « trouvons même qui nous insultent, » écrivait Bossuet à la date du 7 juillet 1698, « de ce que « bonnement et simplement nous nous sommes « attachés à consulter le Saint-Siége; mais je ne « m'en repentirai jamais, moi qui ne puis vous « dire, et M. le Nonce le sait, que j'ai plus que « personne donné le conseil de consulter Rome,

« et conseillé plus que jamais de s'en tenir là [1]. »

Les dernières pages de l'Éloge de Fénelon peignent les longues tristesses, les amertumes des derniers temps de ce beau génie. Tout lui manqua ; mais Dieu lui restait. Maury aurait pu nous montrer Fénelon apercevant de l'œil de l'âme le terme prochain de sa course devenue solitaire en ce monde. Trois jours avant la maladie qui rompit la chaîne de son exil et le rendit aux amis qu'il avait pleurés, Fénelon écrivait à la duchesse de Beauvilliers : « Nous retrouverons bientôt ce que « nous n'avons point perdu, nous nous en appro- « chons tous les jours à grands pas. Encore un « peu, et il n'y aura plus de quoi pleurer. C'est « nous qui mourrons : ce que nous aimons vit et « ne mourra plus [2]. »

Lorsque Louis XIV, cet homme qui connaissait si bien les hommes, disait de Fénelon qu'il était un *bel esprit chimérique*, il ne prononçait pas une parole que la postérité dût accepter dans son sens le plus entier, le plus absolu ; mais avec la lumière que l'étude, le temps et les révolutions ont jetée autour des idées politiques et législatives de l'auteur du *Télémaque*, il serait difficile de ne pas tenir quelque compte du jugement du grand roi.

[1] Voir nos Lettres sur Bossuet, XIIe lettre.
[2] Lettre du 28 décembre 1714.

Le jeune Maury s'est étonné de ce jugement;
son discours manque d'aperçus sur le côté qu'on
peut jusqu'à un certain point appeler chimérique dans les conceptions et le programme social de Fénelon. A l'époque où le jeune abbé
composait cet Éloge, on croyait beaucoup aux progrès des peuples, à des félicités futures et infinies,
à je ne sais quel âge d'or des nations; la philosophie pensait avoir découvert la véritable terre
promise; tout le monde alors avait des songes, et
les esprits se laissaient caresser par des chimères.
Au milieu de ces rêves universels, qui donc aurait
pu juger qu'il y avait peut-être quelque chose de
chimérique dans le génie de Fénelon? A vingt-
cinq ans, Maury pensait là-dessus comme tout le
monde; plus tard, son impression aurait pu n'être
pas la même.

Il y aurait aussi une observation à faire sur ce
caractère de simplicité et de candeur qui se des-
sine dans le tableau du jeune panégyriste. On s'a-
genouillerait devant la belle âme de Fénelon, mais
si on prête bien l'oreille aux témoignages de ses
contemporains les plus accrédités, et surtout si on
le lit bien soigneusement lui-même, on pourra
être un peu moins frappé de ce que les panégyristes
appellent la simplicité et la candeur de l'illustre archevêque. D'Aguesseau, qui en a si bien parlé et
avec tant d'admiration, faisait remarquer *une noble*

singularité répandue sur toute sa personne et lui trouvait un *certain air de prophète*. Dans le portrait que le duc de Saint-Simon nous a laissé de Fénelon, il dit que « par cette autorité de prophète « qu'il s'était acquise sur les siens, il s'était accou-« tumé à une domination qui, dans sa douceur, « ne voulait pas de résistance. Aussi, ajoute le « brillant narrateur, n'aurait-il pas souffert long-« temps de compagnon, s'il fût revenu à la cour, « et entré dans le conseil qui fut toujours son grand « but..... »

On sait que le duc de Saint-Simon n'a pas l'habitude de ménager ses couleurs, et, grâce à Dieu, nous ne croyons pas à la parfaite ressemblance d'un portrait dont nous n'avons cité que peu de lignes, mais on pressent ici quelque chose qu'on ne rencontre pas dans les portraits qui ont cours depuis la seconde moitié du dix-huitième siècle, quelque chose qu'il faut indiquer pour être en pleine vérité, et dont au reste la gloire de l'immortel prélat n'a pas à souffrir.

L'éloge de Fénelon par l'abbé Maury porte les couleurs de son temps : on a le droit de demander des couleurs plus chrétiennes à un pinceau tenu par la main d'un prêtre. Il n'y eut rien de largement réparé sous ce rapport, lorsque l'écrivain, dans la maturité des années, retoucha son œuvre.

CHAPITRE III.

Le discours en l'honneur de l'archevêque de
Cambrai fut le commencement de la fortune de
Maury. L'Académie française le désigna pour prêcher en 1772, dans la chapelle du Louvre, le panégyrique de saint Louis, et l'évêque de Lombez,
petit-neveu de Fénelon, voulant honorer et ré-
compenser l'œuvre oratoire du jeune abbé, le
nomma vicaire général de son diocèse et chanoine
de sa cathédrale. Dom Déforis préparait une édition
des sermons de Bossuet, de ces sermons admirables
dont le monde avait perdu le souvenir et qui dor-
maient manuscrits dans de muettes et injurieuses
ténèbres. Maury, en ayant eu communication, laissa

éclater son enthousiasme; on lui demanda et il écrivit une préface; il y regrettait, fort à tort selon nous, que l'éditeur, dans *un aveuglement supersti-tieux*, n'eût fait ni *triage* ni *retranchements ;* ces regrets ne furent pas du goût de dom Déforis, qui exigeait leur suppression; Maury tint bon, ne livra pas sa préface et la fit paraître séparément à Avignon sous ce titre : *Réflexions sur les sermons nouveaux de M. Bossuet.* Ce morceau, revu et développé, fut réimprimé en 1810 dans l'édition des Œuvres de Maury, et l'a été encore dans l'édition de 1827, sous le titre de *Discours préliminaire pour servir de préface à la première édition des sermons de Bossuet.*

Maury est le premier homme de goût et de style qui ait eu entre les mains les sermons de l'évêque de Meaux, pendant qu'on les imprimait ; la façon dont il jugea ces discours, ces ébauches, ces lambeaux, lui fait grand honneur. Il fallait unir à un haut degré le sentiment de la vraie beauté, de la vraie grandeur dans les œuvres de l'esprit, pour si bien comprendre ce dont personne alors n'avait l'idée. Il y avait un mérite supérieur à saisir tout d'abord tant de génie où l'on n'en soupçonnait pas, à proclamer la sublimité, la puissance d'un tel langage, à crier d'admiration devant la splendeur de ces éclairs. La lecture de Maury fut une découverte, son appréciation fut une révélation.

Ce jeune homme de vingt-six ans apprenait à la France, qui devait si peu les lire, que les sermons de Bossuet l'emportaient sur tous les sermons du monde, et que seuls ils suffiraient pour faire un grand homme. Il pénétrait avec esprit, verve et enthousiasme dans le génie oratoire de ce grand évêque que Voltaire, bien inspiré cette fois, appelle le *seul homme éloquent parmi tant d'écrivains élégants* [1]. Ce travail d'une soixantaine de pages doit être mis au rang des meilleurs morceaux de littérature. Il serait parfait si on y retranchait la harangue de l'évêque Flavien à l'empereur Théodose que Maury annonce comme une traduction littérale de saint Jean Chrysostome, et qui n'en est qu'une assez pauvre imitation [2].

Le panégyrique de saint Louis, prononcé dans la chapelle du Louvre, le 25 août 1772, en présence de l'Académie française, mit tout à fait en lumière le jeune Maury. Il avait pour auditoire le sénat des lettres dont il recherchait surtout les suffrages, tous ces hommes qui faisaient la fortune de ceux auxquels ils dispensaient la gloire. Saint Louis, créateur de son siècle, saint Louis, bienfai-

---

[1] *Dictionnaire philosophique*, article *Éloquence*, et dans les premières éditions du *Temple du Goût*.

[2] M. Villemain, dans son *Tableau de l'Éloquence chrétienne au quatrième siècle*, a bien autrement reproduit les beautés de la harangue grecque.

teur de tous les siècles qui l'ont suivi, tel fut le plan de ce discours vif, nourri, éloquent. Le jeune orateur montra le grand homme, le grand roi, le grand saint. En parlant de la création absolue ou des prompts changements que toute chose deman- dait à l'activité féconde et réparatrice de saint Louis, il excepta la foi, l'antique foi, et nous aimons à lui entendre dire que « c'est en effet le grand « privilége et le caractère divin de la religion chré- « tienne de n'avoir point connu ces tristes ori- « gines du néant, ces aberrations de principes, « ces essais incertains, ces lentes progressions, « ces variations fréquentes qu'ont subies tous les « ouvrages humains, et d'avoir atteint, sans hési- « tation, dès son berceau, l'immutabilité, l'en- « semble et la perfection qu'elle offre encore au- « jourd'hui à l'admiration et à la reconnaissance « du genre humain. » A part ces lignes et quel- ques autres, l'œuvre de Maury est plutôt un dis- cours qu'un sermon ; la morale y tient plus de place que le dogme et la foi. Le *fait de la religion qui est le capital de la vie humaine,* selon les paroles de Bossuet, est ici bien plus un spectacle digne des regards du monde qu'une obligation d'humilier notre raison et d'élever notre âme à la hauteur du modèle évangélique. Il y est parlé de l'*Être suprême* et très-peu de Jésus-Christ. Dans la pensée du public de cette époque, les croisades étaient la difficulté d'un panégyrique de saint Louis; Maury les aborda résolûment, non point avec une connaissance approfondie du sujet, mais avec le sentiment de la grandeur de ces entreprises héroïques et de leur influence sur les temps modernes. « Eh! où en seriez-vous sans les croisades? » s'écriait l'orateur. C'était là une parole hardie au dix-huitième siècle. Aujourd'hui c'est une vérité banale. L'abbé Maury obtint un très-grand succès ; on claqua des mains dans la chapelle, et l'Académie recommanda le jeune orateur au cardinal de La Roche-Aymon, chargé de la feuille des bénéfices. Le panégyriste de saint Louis fut récompensé par l'abbaye de la Frénade, dans le diocèse de Saintes.

Une faveur en amène une autre. Quand l'abbé Maury fut présenté à M. de La Roche-Aymon pour le remercier, le cardinal lui annonça qu'il prêcherait l'année suivante devant le roi, le jour de la Cène et pendant l'Avent, et qu'il prêcherait le Carême de 1775 à Versailles. Maury devint ainsi prédicateur du roi ; ce fut lui qui remplit à la cour les stations du Carême en 1778 et en 1785. Nous n'avons pas de jugement à porter sur tous ces sermons qui, pendant douze ou quinze ans, retentirent dans les chaires de Versailles et de Paris; ils n'ont pas été imprimés et nous ne connaissons que leur succès. Un mot charmant de Louis XVI

pourrait nous en donner une idée ; au sortir d'un
de ces sermons où la morale, l'économie politique,
la philosophie, l'humanité, le gouvernement et
l'administration prenaient la place des vérités chrétiennes : « C'est dommage ! dit le roi ; si l'abbé
« Maury nous avait parlé un peu de religion, il
« nous aurait parlé de tout. » Du reste, ces productions, qui avaient le tort principal de ne pas
porter l'empreinte des augustes sévérités de la foi,
renfermaient des enseignements utiles et quelquefois de véritables beautés. Voici la péroraison d'un
sermon prêché devant le roi, en 1778, le jour de
la Cène, péroraison qui a été conservée par l'éditeur des OEuvres de l'abbé de Boismont [1].

« Sire, l'amour de Votre Majesté pour le bien
« public invite les ministres de la religion à vous
« présenter cet affligeant tableau qui assiége les
« asiles de l'indigence ; mais la charité d'un sou-
« verain doit répondre à l'étendue de son auto-
« rité ; la grande aumône des rois, ou plutôt le
« tribut que Dieu leur impose envers les malheu-

---

[1] Nous avons trouvé cette péroraison dans une note à la suite
du sermon pour la fondation d'un hôpital militaire et ecclésiastique, le plus remarquable et le plus célèbre des sermons de
l'abbé de Boismont. Voir l'édition de 1805, sous le titre de
Oraisons funèbres, panégyriques et sermon de l'abbé de Boismont.
Maury s'était proposé, mais n'eut pas le loisir, de publier les œuvres de son vieil ami et bienfaiteur, en y ajoutant des poésies
inédites de société.

« reux, c'est la justice, et c'est le législateur en
« vous que nous appelons au secours des pauvres.
« Nous ne saurions dissimuler à Votre Majesté que
« plusieurs établissements consacrés parmi nous
« à l'humanité portent encore le caractère bar-
« bare des siècles qui les ont vu naître ; mais un
« seul de vos regards peut établir l'ordre dans
« cette partie si importante de l'administration
« publique. On vous dira peut-être que dans toutes
« les grandes institutions les grands abus sont in-
« évitables ; car c'est ainsi qu'en exagérant les
« difficultés d'opérer le bien, on décourage les
« meilleurs rois. Ah ! ne désespérez jamais ni
« des hommes, ni de vous-même. Non, Sire, il
« n'est pas impossible de permettre à l'homme
« captif de respirer du moins un air salubre dans
« les prisons ; il n'est pas impossible d'ouvrir un
« asile aux malheureux dans les hôpitaux sans les
« y accumuler dans des lits de douleur ; il n'est
« pas impossible d'assurer la subsistance et la con-
« servation de ces pauvres enfants que le ciel a
« mis sous la protection spéciale du père des peu-
« ples ; il n'est pas impossible enfin de faire cesser
« les ravages de la mendicité sans y substituer les
« horreurs du plus effrayant esclavage. Si vous
« mettez la main à cette œuvre de miséricorde,
« vous éprouverez qu'avec un cœur sensible, un
« esprit juste, un caractère ferme, la bienfaisance

« d'un roi devient toute-puissante. Hélas ! Sire,
« vous êtes à un âge heureux où, dans une belle
« âme, la volonté du bien est une passion active
« et brûlante... C'est dans la jeunesse des rois
« que doivent s'opérer les réformes salutaires et
« les résolutions utiles. Dans le cours d'un long
« règne, la sensibilité d'un monarque s'émousse,
« son caractère perd de sa première énergie, son
« activité s'affaiblit, son âme se fatigue et se re-
« bute. Une triste expérience lui apprend à moins
« estimer les hommes. Il se voit seul et sans se-
« cours pour opérer le bien ; cet abandon l'ac-
« cable, et, en cessant de croire à la vertu, il perd
« insensiblement le courage de la bonté. Il par-
« vient enfin à cet âge d'inaction où les infirmités,
« l'approche de la mort, le soin et l'amour de
« soi-même rompent tous les autres liens. Séparé
« de son peuple, il entre dans la solitude de la
« caducité, s'endort d'un sommeil léthargique, et
« la nation elle-même, privée alors du grand res-
« sort de l'espérance, semble vieillir avec son
« souverain.

« La France a paru se ranimer, Sire, à l'aurore
« de votre règne ; elle a déjà repris son rang et sa
« dignité dans l'Europe, et nous avons vu le cré-
« dit renaître avec l'espoir de l'économie, l'hon-
« neur national s'appuyer sur la vigueur de vos
« conseils, et nos ports, solitaires depuis si long-

« temps, couverts de flottes imposantes. Cet amour
« du bien ne se rallentira pas sans doute, et les
« pauvres ne seront point oubliés dans cette ré-
« génération universelle qui doit être l'objet de
« vos soins paternels. Vous les avez visités, Sire,
« vous les avez soulagés dans une saison rigou-
« reuse ; mais votre vigilance royale ne se bornera
« point aux misères qui environnent ce palais.
« Votre auguste père vous recommande du haut
« du ciel les établissements publics ; pensez quel-
« quefois, Sire, à ce qu'il aurait fait sur ce trône
« où vous êtes assis ; c'est ce que vous devez faire ;
« et, si vous exécutez sés projets vertueux durant
« le cours de votre vie, vous partagerez sa cou-
« ronne pour l'éternité. »

M. de La Roche-Aymon, qui s'était fait le protecteur du jeune prédicateur, le désignait pour les
importantes solennités ; ce fut en présence de l'assemblée générale du clergé de France, présidée
par ce cardinal, que Maury prononça le panégyrique de saint Augustin dans l'église des Grands-
Augustins, le 28 août 1775. Dans ses études plus
littéraires que religieuses, il ne s'appliquait pas
sérieusement aux Pères de l'Église ; il les connaissait peu, et ne les fréquenta très-assidûment qu'aux
derniers temps de sa vie. Saint Augustin est celui
qu'il connaissait le moins imparfaitement, et nous
croyons pourtant qu'il n'avait lu de ce grand

homme que la *Cité de Dieu,* les *Confessions* et les *Lettres.* La vie de l'évêque d'Hippone par Tillemont lui avait donné l'ensemble des faits et des œuvres. Son talent suppléa jusqu'à un certain point à d'incomplètes lectures. Il est pourtant quelques inexactitudes que nous voulons relever tout d'abord, parce qu'elles n'ont jamais été signalées.

« A peine est-il (Augustin) *revêtu des armes de*
« *lumière,* dit l'orateur, qu'il se transporte au
« siége principal de l'erreur et court attaquer les
« sceptiques jusque dans les lycées de Rome.
« Comment, du milieu de cette arène, manifes-
« tera-t-il à tout l'univers les fondements inébran-
« lables de sa nouvelle croyance? Il compose, dans
« l'intervalle d'une seule année, ses *Soliloques,*
« ses traités de l'*Immortalité de l'âme, des Mœurs*
« *des chrétiens, du Libre Arbitre, de la Véritable*
« *Religion* et cette savante *Apologie de la Genèse,*
« catéchisme populaire, etc... »

Voici la vérité à cet égard. Saint Augustin, après la mort de son admirable mère à Ostie, se rendit à Rome et y resta un an. Il passa tout ce temps à travailler, mais ne publia rien. L'ouvrage sur les *Mœurs de l'Église catholique* (que l'abbé Maury appelle les *Mœurs des chrétiens*), et le livre de la *Véritable Religion,* commencés à Rome, ne furent achevés qu'en Afrique, dans une solitude aux environs de Tagaste ; le traité du *Libre Arbitre* ne fut terminé qu'en 395, cinq ou six ans après le retour en Afrique ; le fils de Monique ne composa pas les *Soliloques* à Rome mais à Cassissiacum, dans la retraite qu'il s'était choisie à peu de distance de Milan ; ce fut à Milan même qu'il écrivit le traité sur l'*Immortalité de l'âme.* Quant à l'ouvrage sur la *Genèse,* saint Augustin en composa la plus grande partie à Hippone, et ne le fit paraître que dans l'année 415. L'abbé Maury l'appelle un *Catéchisme populaire,* et montre ainsi qu'il ne l'avait pas lu. Ce travail, intitulé : *Les douze livres sur le sens littéral de là Genèse,* ne comprend que l'explication des trois premiers chapitres. Il renferme des choses très-belles, mais très-hautes et très-ardues sur la création, sur l'origine de l'âme ; saint Augustin nous dit qu'il y cherche plutôt la vérité qu'il ne la trouve, et nous laisse voir plus d'hésitations que de certitudes. Il y a loin de là à un *Catéchisme populaire.*

Un autre point que nous devons rectifier, parce qu'il ne faut pas laisser traîner des erreurs dans des œuvres assez répandues, c'est le passage du panégyrique de saint Augustin où il désigne sous le nom de *circoncellions* les donatistes contre lesquels l'évêque d'Hippone lutta si longtemps. Il confond les sectaires africains qui, à l'époque de l'élévation d'Augustin à l'épiscopat, couvraient presque tout le pays avec un ramas de furieux et de bandits, exécuteurs des colères des donatistes, et tombant quelquefois sur les donatistes eux-mêmes [1]. Maury n'avait pas étudié ce schisme si célèbre qui fut comme une sorte de protestantisme africain.

Nous pourrions relever encore des inexactitudes de détails çà et là répandues dans le panégyrique ; nous pourrions regretter d'y rencontrer de temps en temps l'*Être suprême*, expression plus philosophique que chrétienne, dont l'emploi ne se trouve point dans les sermons et les panégyriques du dix-septième siècle ; nous aimons mieux louer le langage et la belle ordonnance de ce discours ; parmi les écrits de l'abbé Maury que nous connaissons, il n'en est aucun dont le caractère soit plus catholique. Ce n'est plus de la philosophie, c'est de l'Église qu'il s'agit ici ; l'irréligion y est attaquée, les devoirs des évêques y sont tracés, et l'auteur s'élève à la hauteur des périls qui menaçaient alors le monde, quand il s'écrie, en s'adressant aux pontifes réunis autour de sa chaire : « Sauvez la foi, « sauvez votre siècle, sauvez la postérité. » Maury, dans le panégyrique de saint Augustin, voulut montrer quels services la religion peut attendre d'un grand évêque, et quelle gloire un grand évêque

---

[1] Voir notre *Histoire de saint Augustin*, tome I, p. 34 de l'Introduction, 3ᵉ édition.

peut attendre de la religion; il exécuta ce plan avec un rare talent. Il a pour l'évêque d'Hippone une admiration que Bossuet semble lui avoir enseignée; il en parle avec l'émotion d'un enthousiasme vrai. En prêchant dans cette chaire de l'église des Grands-Augustins, où, près d'un siècle auparavant, l'évêque de Meaux avait prononcé son fameux discours sur l'*unité de l'Église*, il amène habilement le souvenir de Bossuet, trace noblement sa figure à côté de celle d'Augustin, et distingue dans la chaîne des âges chrétiens quatre grands anneaux d'une splendeur et d'une solidité incomparables : saint Paul, saint Augustin, saint Thomas-d'Aquin et Bossuet. Ces quatre maîtres, qui ne forment qu'une seule école, *se tendent la main dans l'espace immense des siècles*. La seconde partie du panégyrique nous paraît supérieure à la première; il y règne comme une croissante éloquence. Il est certain que Bossuet prononça un panégyrique de saint Augustin; quelle grande perte que la disparition d'un tel discours! et, s'il était vrai que ce discours eût été jeté au feu en haine de la doctrine, que dire de ceux qui auraient consommé ce crime contre la foi et le génie?

L'abbé de Boismont, charmant esprit et, malgré le peu de naturel de son style, prédicateur distingué, a marqué sa place dans l'histoire littéraire du dix-huitième siècle; il était épris des talents du jeune abbé Maury, l'encourageait, l'admirait sans jalousie, et lui prouva son attachement par la résignation du prieuré de Lions en Picardie, beau bénéfice de quarante mille livres de rente, qui devait lui ouvrir les portes des États-Généraux. Une différence d'âge de trente ans n'ôtait aucun charme aux relations des deux amis; les vieillards qui gardent la jeunesse de l'esprit, aiment les jeunes gens; dans les entretiens et les échanges de la pensée, le protecteur et le jeune homme oublient le poids inégal des années : les cheveux blancs et les cheveux noirs se confondent. On a attribué au commerce littéraire de l'abbé de Boismont et de l'abbé Maury les *Lettres secrètes sur l'état actuel de la religion et du clergé en France*, publiées en 1781 [1]; nous ne croyons pas que cette brochure ait été leur ouvrage; le caractère satirique de cet écrit ne s'accorde pas avec le doux et nonchalant esprit de Boismont, déjà vieux et préoccupé avant tout de son repos; et, quant au jeune Maury, il avait trop d'esprit pour compromettre sa position déjà belle, en 1781, par des écrits légers à l'adresse du clergé. Mais les biographes se donnent rarement le temps d'approfondir, et répètent de génération en génération les mêmes erreurs.

L'abbé Maury, prédicateur, gardait ses relations

---

[1] Brochure in-12 de 22 pages.

avec les gens de lettres, et ne perdait pas de vue l'Académie ; c'est pour assurer son entrée dans le sanctuaire des Quarante, qu'il répandait dans ses sermons les teintes philosophiques de cette époque. Il avait eu quelque pensée de succéder à l'abbé de Boismont. Un jour que Maury pressait de questions l'académicien malade pour obtenir des détails sur sa vie, M. de Boismont lui dit : « L'abbé, « vous me prenez mesure.. » Ce fut Rulhière qui remplaça l'abbé de Boismont à l'Académie ; Maury, depuis un an, occupait le fauteuil de Pompignan, assez maltraité durant sa vie, et quelque peu grandi par sa mort. Pompignan avait du talent et beaucoup de savoir ; mais Maury, dans son discours de réception, le 27 janvier 1785, le loua avec une abondance qui dépassait la politesse académique. Le duc de Nivernais [1], grand seigneur, homme d'esprit, amateur de bon goût en littérature, et parfois joli poëte, répondit à l'abbé Maury dans un discours où la sobriété, la fermeté se mêlent à l'urbanité du langage, mais où se rencontrent des lignes d'une justesse douteuse et quelque trace d'amertume contre Pompignan. Il loua le nouvel académicien de s'être attaché à

____

[1] On connaît le mot très-aimable et très-poli de l'abbé Barthélemy sur le duc de Nivernais, après l'abolition des titres de noblesse : « Monsieur de Nivernais n'est plus duc à la cour, mais « il l'est encore au Parnasse. »

conserver l'esprit des grands hommes du clergé français, « comme les élèves de Raphaël ont su « perpétuer dans son école la pureté de son dessin « et la sagesse de ses ordonnances, s'ils n'ont pu « atteindre tout à fait jusqu'à la sublimité de ses « conceptions et à la grâce inimitable de ses con- « tours. Organe, après Fénelon et Bossuet, après « Bourdaloue et Massillon, de la parole sacrée, » ajoutait le duc de Nivernais, « vous ne lui avez « rien laissé perdre de ses droits; vous nous avez « fait voir Élisée, portant dignement le manteau « de son maître. » Il félicita Maury d'avoir « montré « la vérité sans voile, enseigné la religion sans fa- « natisme, et mêlé à ses saints préceptes les le- « çons de la morale et de la philosophie pour la « faire pénétrer dans tous les esprits. »

Le duc de Nivernais, dans sa réponse, complimenta l'abbé Maury sur deux ouvrages dont nous n'avons pas parlé encore : le Panégyrique de saint Vincent de Paul et l'Essai sur l'Éloquence de la Chaire. L'opinion permettait alors à un homme de bonne compagnie de dire à un prédicateur, au nom de l'Académie française : « Vous avez fait « pour saint Vincent de Paul plus que n'avait fait « sa canonisation même. » Le directeur de l'Aca- démie entendait par là que la canonisation avait seulement assuré à saint Vincent de Paul le culte des catholiques, et que le panégyrique l'avait montré aux hommes de tous les climats et de *toutes les religions comme un bienfaiteur de l'humanité entière.* La mise en lumière de la sublime vie de saint Vincent de Paul par l'acte même de sa canonisation, avait déjà recommandé ce prêtre prodigieux au respect de tout l'univers : il n'est pas besoin d'être catholique pour reconnaître et admirer cette charité sans égale chez les hommes. Mais ce qu'on peut dire, et ce qui est incontestable, c'est qu'avant le panégyrique de saint Vincent de Paul par l'abbé Maury, le public ignorait le nombre et la grandeur des œuvres de ce héros du dévouement chrétien, et connaissait bien plus le saint que le grand homme. Ce discours, qui fit voir dans Vincent de Paul *l'ouvrage de la Providence* et *l'instrument de la Providence,* déroula un tableau dont les imaginations furent saisies et confondues ; il révéla de saintes merveilles presque effacées de la mémoire humaine, et fit comprendre un génie inépuisable dans sa compassion pour les misères de ce monde. On s'étonne que Bossuet n'ait pas prononcé l'oraison funèbre de ce Vincent de Paul, dont il parlait avec tant de vénération, et que ni Bourdaloue, ni Massillon ne lui aient pas fait hommage de leur pieuse éloquence. Maury, dans son *Essai,* avait signalé ce grand sujet et tracé comme un plan d'un pareil discours ; il a réalisé ce qu'il appelait le *problème oratoire.* Son discours, plus complet, plus soutenu, plus riche que le panégyrique de saint Augustin, restera comme un monument de vérité et d'éloquence. Louis XVI, qui l'entendit à Versailles, le 4 mars 1785, en fut très-ému; nulle âme plus que la sienne n'était capable de sentir les prodiges du dévouement. Le panégyrique de saint Vincent de Paul n'a été imprimé qu'en 1827 par les soins d'un neveu de l'abbé Maury; tout le monde en parle, et très-peu de gens l'ont lu. Ce discours valut à saint Vincent de Paul les inutiles honneurs d'une statue parmi les grands hommes : à quoi bon une statue au Louvre ou à Versailles pour qui a des autels ?

CHAPITRE IV.

Un discours sur l'Éloquence de la chaire faisait
partie d'un volume, publié par l'abbé Maury en
1777 ; dans ses réimpressions multipliées, cet écrit
porte quelquefois le titre de *Principes d'éloquence
pour la chaire et le barreau.* En 1810, l'auteur en
publia une édition avec des développements très-
considérables, et l'intitula : *Essai sur l'Eloquence
de la chaire.* Son neveu, en 1827, en fit paraître
une édition nouvelle d'après les manuscrits autographes, mettant à profit des corrections et des
indications utiles. Il nous apprend que l'abbé
Maury s'occupait d'ajouter à son livre un chapitre
entier sur le barreau, et qu'il s'était préparé par
un long travail à juger d'Aguesseau, Élie de Beaumont, Cochin, Loyseau de Mauléon, Beaumarchais,

Bergasse, Lalli, Dupaty et Linguet. Parmi les matériaux de l'œuvre inachevée on trouve également des notes étendues sur les prédicateurs allemands : Reinbeck, qui vivait sous Frédéric-Guillaume Ier; Mosheim, docteur et professeur de théologie à Gottingen, Jérusalem, prédicateur à la cour de Brunswick; Spalding, ministre à Berlin ; Rosenmüller, ministre à Leipsick ; Sturm, qui eut pour traducteur français d'une partie de ses productions la reine Élisabeth-Christine, épouse de Frédéric II. Un examen de ces orateurs de la chaire chrétienne en Allemagne eût été neuf et piquant ; on doit regretter que ce double complément pour l'éloquence judiciaire en France et pour l'éloquence chrétienne chez les Allemands soit restée à l'état d'ébauche. L'*Essai sur l'Eloquence*, tel qu'il fut publié en 1827, est accompagné de l'Éloge de Fénelon [1], des Panégyriques de saint Louis et de saint Augustin, du Discours sur les sermons de Bossuet, du Panégyrique de saint Vincent de Paul, imprimé alors pour la première fois.

L'*Essai sur l'Éloquence de la chaire* est l'ouvrage littéraire le plus important de l'abbé Maury.

___

[1] Des notes intéressantes accompagnent l'*Éloge de Fénelon*. Maury avait laissé échapper dans ces notes quelques inexactitudes que lui signala, en 1808, en termes de bon goût, l'auteur de l'*Histoire de Fénelon*; il les a fait disparaître dans son édition de 1810.

Nous avons eu occasion de remarquer qu'il avait peu étudié les Pères de l'Église ; c'est une grave lacune dans son œuvre ; l'Église grecque et l'Église latine des vieux siècles ont des orateurs immortels dont la place est marquée partout où il s'agit d'éloquence chrétienne : c'est ici qu'il faut recourir au beau travail de M. Villemain ; mais, tel qu'il est, l'*Essai* se recommande par de hautes qualités qui le feront vivre. Le style est la marque à laquelle on reconnaît les dons supérieurs ; il ne vous servira de rien de bien observer et de bien penser si la puissance de l'expression vous manque ; un écrivain d'un vrai talent s'emparera de vos observations et de vos pensées, les frappera à son effigie, et restera le souverain maître de tout ce qu'il aura mieux dit que vous. *L'Essai sur l'Eloquence de la chaire* est parti de la main d'un bon écrivain. Le langage en est pur, noble, vif et plein ; parfois le feu de l'enthousiasme y éclate, et une verve entraînante vous tient en haleine. Le style lumineux de l'auteur plaît à l'esprit, car la clarté est elle-même un commencement d'élégance : dans la nature la lumière suffit déjà pour tout embellir. Maury a du nombre, du trait, beaucoup d'esprit ; il séduit et retient son lecteur ; mais il ne le frappe pas toujours ; en le lisant on va devant soi sans s'arrêter ; on ne s'interrompt pas pour se recueillir et pour penser. Maury est ingénieux et brillant, rarement profond.

On voit un homme emporté dans la vie, et qui ne se donne pas le temps de beaucoup creuser. Il a plus d'une fois de l'imagination dans l'expression ; mais les comparaisons qui ornent et colorent si bien le langage des maîtres, manquent au sien : il remplace les images par la variété des tons. Maury avait soigneusement lu les anciens, et s'était pénétré de leurs beautés ; il possédait à fond tout ce qui tient à l'architecture du discours et aux lois du goût ; il avait le sens littéraire très-droit et l'étoffe d'un grand critique.

L'auteur ne se mit pas en garde contre sa facilité, et lui, qui condamnait les redondances, tomba dans le luxe des mots. Fénelon dit avec vérité [1] : « Qu'un bon discours est celui où l'on ne peut rien « retrancher sans couper dans le vif. » Maury ne sortirait pas toujours triomphant de l'application de cette règle. Les mots qui se trouvent sous sa plume n'y sont pas tous pour le service rigoureux de la pensée ; ils s'y trouvent rassemblés en foule comme pour nous laisser le soin de choisir le mot propre et nous convier à faire la besogne de l'auteur à qui le loisir a manqué. Cette fastueuse abondance qu'il n'est pas rare de rencontrer dans l'*Essai sur l'éloquence de la chaire*, est, du reste, le défaut assez général des écrivains de son temps.

______

[1] Lettre sur l'Éloquence.

Les périodes de Cicéron avec leurs vastes richesses sont en possession de l'admiration des rhétoriciens; c'est une admiration bien légitime assurément; l'extrême longueur des phrases n'est pas pour cela autorisée, quelque habileté qu'il puisse y avoir à les mener à bon port sans que le choc de nos adverbes s'y fasse trop rudement sentir. On voit dans l'*Essai* défiler de ces périodes à plusieurs membres et à grande dimension; une phrase, qui définit très-bien d'ailleurs l'éloquence de Bourdaloue, n'a pas moins de trois pages. J'aime à voir passer les longues caravanes sur les chemins de Smyrne, du Caire ou de Stamboul; les longues caravanes de mots sur des espaces sans fin ont moins d'attraits pour moi.

La grandeur du ministère évangélique, l'art de convaincre un auditoire qui au fond se résume dans un seul homme, car tous les hommes se ressemblent, l'importance de l'étude de son propre cœur pour se mettre en possession des secrets du cœur humain, la nécessité d'un long travail avant d'écrire, de ce travail pour lequel, selon le mot de Cicéron, *on fait amas d'une forêt d'idées et de choses,* les faciles richesses qui sortent de la méditation profonde d'un plan de discours, tout ce qui tient aux préceptes essentiels de l'art oratoire occupe les premières parties de l'*Essai*. Maury connaissait particulièrement Cicéron ; il le cite avec à propos et bon goût, et apprécie son grand art, sa vaste littérature et sa philosophie. On peut dire, comme Brutus, que l'éloquence de Cicéron manque *de reins,* mais quelle majesté! quel éclat continu! quelle merveilleuse fécondité de génie! quel enchantement! Maury parle bien de Démosthènes; la contemplation de ce mâle génie lui porte bonheur comme la contemplation de Bossuet : il aime la force, et sait l'admirer.

Il se plaît à mettre en lumière ce qui est beau; ses découvertes à cet égard sont de vives jouissances auxquelles il s'abandonne. Le concours à l'Académie française en 1755 avait été marqué par une œuvre de grand talent : le discours du jeune jésuite Guénard sur l'*Esprit philosophique.* Ce discours était enfoui dans le recueil de l'Académie, et le monde l'avait oublié. L'auteur de l'*Essai sur l'éloquence de la chaire* le tira de la nuit et lui fit sa place. Le Père Guénard passa vingt-cinq ans à composer une *apologie du christianisme,* où il mit tout son talent, toute la force de sa pensée; en 1793, il crut ne pouvoir conserver ses jours qu'en brûlant son ouvrage encore inédit; et, lorsqu'il mourut, en 1796, peut-être regretta-t-il d'avoir acheté trois années de vie au prix de la destruction d'une œuvre qui eût recommandé aux siècles sa mémoire. Maury, après avoir tiré Guénard de son obscurité, se plut à ajouter un

rayon à la gloire de Fénelon; il inscrivit le nom
de l'archevêque de Cambrai à côté des grands
noms d'orateur, et pour cela n'eut qu'à rappeler
à la France ce qu'elle avait oublié : le discours
pour le sacre de l'électeur de Cologne et le sermon
pour le jour de l'Épiphanie prononcé aux Missions-
Étrangères. On sait quel hommage révélateur rendit à Bridaine l'écrivain qui nous occupe, et comment, en s'attachant à ce modèle, il peignit le parfait missionnaire. Parfois encore on cherche à connaître la part véritable de l'abbé Maury dans le
fameux exorde du premier sermon de Bridaine,
prêché à Saint-Sulpice; on se demande si sa mémoire retint ce beau morceau d'éloquence comme
elle avait retenu un sermon de l'abbé Poulle, ou
s'il ne fit qu'achever un exorde déjà admirable.
Mais cette discussion n'est elle-même qu'une mé-
prise; c'est un étrange oubli des dates. L'abbé
Maury nous dit dans l'*Essai sur l'éloquence* que ce
premier sermon du missionnaire à Paris fut prêché en 1751; or Maury avait tout juste alors cinq
ans et fréquentait quelque pauvre école de Valréas.
Il ne peut donc pas être question pour l'auteur de
l'*Essai* d'avoir composé en tout ou en partie le
célèbre exorde avec ses propres souvenirs; ce
morceau est l'œuvre du talent de Maury, qui
s'était mis merveilleusement à la place du missionnaire.

Voici comment la pensée lui vint de composer cet exorde. Il étudiait en théologie au grand séminaire d'Avignon, et avait dix-huit ans lorsque, mêlé à d'autres condisciples, il entendit pour la première fois parler du sermon du Père Bridaine à un prédicatenr qui s'était trouvé au nombre des auditeurs du missionnaire en 1751 ; à treize ans de date, le prédicateur racontait avec vivacité ses souvenirs et ses émotions ; il reproduisit quelques traits de cet exorde *ex abrupto,* par lequel le pauvre missionnaire établit tout à coup son autorité d'apôtre au-dessus d'un riche et illustre auditoire *si nouveau pour lui ;* le jeune séminariste s'enflamma au récit du prédicateur, mit sur le papier le peu qui avait été retenu de l'exorde, et ce furent là les premiers et les seuls éléments oratoires à l'aide desquéls il composa un morceau d'éloquence d'une impérissable beauté.

Marmontel, dans sa jeunesse, avait entendu le Père Bridaine, cet homme apostolique à l'âme de feu, à la voix tonnante ; il avait cru voir *Epiménide au milieu d'Athènes, Therpandre ou Tyrtée au milieu de Lacédémone, Alcée au milieu de Lesbos* [1] ; jamais transformation poétique ne fut moins heureuse. Comment peut-on se souvenir d'Épiménide ou d'Alcée en face du Père Bridaine

____

[1] *Éléments de Littérature,* article *lyrique.*

laissant tomber avec l'accent du tonnerre des paroles comme celles-ci?

« Eh! sur quoi vous fondez-vous donc, mes
« frères, pour croire votre dernier jour si éloigné?
« Est-ce sur votre jeunesse? Oui, répondez-vous:
« je n'ai encore que vingt ans, que trente ans.
« Eh! vous vous trompez du tout au tout. Non,
« ce n'est pas vous qui avez vingt ou trente ans:
« c'est la mort qui a déjà vingt ans, trente ans
« d'avance sur vous, trente ans de grâce que Dieu
« a voulu vous accorder en vous laissant vivre,
« que vous lui devez, et qui vous ont rapprochés
« d'autant du terme où la mort doit vous achever.
« Prenez-y donc garde, l'éternité marque déjà
« sur votre front l'instant fatal où elle va com-
« mencer pour vous. Et savez-vous ce que c'est
« que l'éternité? c'est une pendule dont le ba-
« lancier dit et redit sans cesse ces deux mots
« seulement dans le silence des tombeaux: tou-
« jours, jamais! jamais, toujours! et toujours!
« Pendant ces effroyables révolutions, un réprouvé
« s'écrie: quelle heure est-il? et la voix d'un autre
« misérable lui répond: *l'éternité!* »

Quelles furent les vraies causes de la décadence
de la chaire au dix-huitième siècle? Cette question
fournirait matière à une curieuse étude. La première idée qui se présente à l'esprit c'est que la
chaire perd sa gloire, parce que la succession des

générations n'est pas la succession des génies. La décadence de la chaire peut s'entendre de deux manières : affaiblissement de l'art oratoire par l'absence de grands prédicateurs, corruption de l'éloquence chrétienne par l'oubli des devoirs essentiels du prédicateur. Ces deux caractères de décadence se rencontrent au dix-huitième siècle. A mesure que la société française devenait moins chrétienne, les grands talents se sentaient moins attirés vers l'Église ; la forte invasion des idées du temps entraînait les prédicateurs hors de la sévère région des vérités révélées. A la place des sublimes et terribles enseignements de Bossuet et de Bourdaloue, on faisait entendre des leçons de morale accommodées au goût d'une société nouvelle ; on rappelait les dogmes avec ménagement, et ce n'est pas sans précaution qu'on prononçait le nom du Sauveur des hommes. On ne faisait plus des sermons mais des discours. Les chrétiens ne tremblaient plus au pied de la chaire, ils écoutaient avec plaisir des instructions à leur convenance. L'abbé de Boismont, en remplaçant à l'Académie M. Boyer, évêque de Mirepoix, appelait l'*art* au secours du prédicateur, souhaitait des différences *dans l'expression des mêmes vérités*, et pensait qu'il fallait écarter les *couleurs tristes et sauvages*. Ce n'est point ainsi que Bossuet comprenait les devoirs du prédicateur ; il disait que *ce n'est point l'homme que l'on doit entendre dans la chaire, mais Dieu lui-même;* « une seule parole de l'Évangile, » disait-il encore, « a plus de pouvoir sur nos âmes que toute la véhémence et toutes les inventions de « l'éloquence profane [1]. » Le grand évêque, dans un sermon *sur la parole de Dieu,* admirable sermon digne de rester le guide et la règle des prédicateurs, signalait les écarts de son temps et pressentait le mal qui allait venir :

« Pensez maintenant, mes frères, disait-il,
« quelle est l'audace de ceux qui attendent ou
« exigent même des prédicateurs autre chose que
« l'Évangile, qui veulent qu'on leur adoucisse les
« vérités chrétiennes, ou que, pour les rendre
« agréables, on y mêle les inventions de l'esprit
« humain. Ils pourraient, avec la même licence,
« souhaiter de voir violer la sainteté de l'autel en
« falsifiant les mystères. Cette pensée me fait
« horreur; mais sachez qu'il y a obligation de
« traiter en vérité la sainte parole et les mystères
« sacrés; d'où il faut tirer cette conséquence qui
« doit faire trembler tout ensemble les prédica-
« teurs et les auditeurs : que tel que serait le crime
« de ceux qui célébreraient les divins mystères
« autrement que Jésus-Christ ne les a laissés,
« tel est l'attentat des prédicateurs et tel est celui

---

[1] 3e sermon pour la fête de la Nativité de la sainte Vierge.

« des auditeurs, quand ceux-ci désirent et que
« ceux-là donnent la parole de l'Évangile au-
« trement que ne l'a déposé entre les mains de
« son Église le céleste prédicateur que le Père nous
« ordonne aujourd'hui d'entendre : *ipsum audite*.

« C'est pourquoi, ajoute Bossuet, l'apôtre saint
« Paul enseigne aux prédicateurs qu'ils doivent
« s'étudier non à se faire renommer par leur élo-
« quence, *mais à se rendre recommandables à la*
« *conscience des hommes par la manifestation de*
« *la vérité* : or il leur enseigne deux choses : en
« quel lieu et par quel moyen ils doivent se rendre
« recommandables. Où ? dans les consciences.
« Comment ? par la manifestation de la vérité ; et
« l'un est une suite de l'autre ; car les oreilles sont
« flattées par l'harmonie et l'arrangement des pa-
« roles, l'imagination réjouie par la délicatesse de
« pensées, l'esprit gagné quelquefois par la vrai-
« semblance du raisonnement : la conscience veut
« la vérité ; et, comme c'est à la conscience que
« parlent les prédicateurs, ils doivent rechercher
« non un brillant et un jeu d'esprit qui égaie, ni
« une harmonie qui délecte, ni des mouvements
« qui chatouillent, mais des éclairs qui percent,
« un tonnerre qui émeuve, un foudre qui brise
« les cœurs. Et où trouveront-ils toutes ces grandes
« choses, s'ils ne font luire la vérité et parler Jé-
« sus-Christ lui-même ? »

Cette malheureuse transformation de l'éloquence de la chaire, au dix-huitième siècle, œuvre rapide de l'affaiblissement de la foi dans la société française, eut-elle pour point de départ quelque illustre et innocent exemple? Peut-on soutenir avec l'abbé Maury que la *véritable origine* de la décadence de la chaire à cette époque est dans l'immense vogue du *Petit-Carême* de Massillon, promoteur involontaire d'une révolution déplorable? Ce serait peut-être trop dire; il est pourtant certain que cette station prêchée devant un roi enfant, écartant les dogmes pour se renfermer dans des sujets de pure morale, et consacrant cette nouveauté par un grand talent et un grand succès, ouvrait une route qui pouvait tenter les successeurs de Massillon; ce qui n'avait été fait qu'en vue du jeune âge d'un souverain et toutefois à la vive satisfaction d'un illustre auditoire, on pouvait désirer l'essayer dans toutes les réunions religieuses. Le retentissement des discours prononcés devant Louis XV enfant avait mis à la mode la substitution des devoirs généraux de la vie humaine à l'enseignement chrétien proprement dit; l'intronisation de ce genre devenait facile par le dépérissement des croyances. Assurément la morale est assez belle par elle-même pour inspirer le génie de l'éloquence, mais il est incontestable que si vous privez l'éloquence de la chaire de la mystérieuse majesté des dogmes, de la magnifique poésie des Écritures, de la vigoureuse et féconde assistance des Pères de l'Église, elle perd tout à coup de sa grandeur; vous descendez des hauteurs du Sinaï, de l'Oreb et du Calvaire, et vous vous enfermez dans les proportions ordinaires d'une école. C'est la morale pure qui fait la frappante infériorité des prédicateurs protestants : Saurin catholique eût été un grand prédicateur.

L'abbé Maury a peint en traits heureux la révolution qui atteignit alors la chaire catholique : « On ne put sanctifier la philosophie, on sécula- « risa pour ainsi dire la religion.... on s'efforça « de traiter philosophiquement les sujets chré- « tiens et chrétiennement les sujets philosophi- « ques, en les ralliant ou en les suspendant, le « mieux qu'on put, à l'étendard de la religion. »

Dans son jugement sur les prédicateurs du dix-huitième siècle Maury a consacré au Père de Neuville des pages du meilleur goût littéraire; il ne lui reproche pas d'avoir délaissé les grands et sé-vères sujets de la chaire chrétienne, car le Père de Neuville n'était pas de ceux dont le lâche ministère se montrait embarrassé des dogmes et de Jésus-Christ; mais l'auteur de l'*Essai* fait ressortir un mauvais genre d'éloquence, *le genre déchu de Pline et de Sénèque*. Il accorde au célèbre prédicateur de l'étendue, de l'élévation, du trait, de la

clarté et quelque profondeur dans le raisonnement, une grande connaissance de la religion,
mais il ne lui reconnaît pas la verve et les jets d'é-
loquence qui font la beauté et la grandeur du discours; il l'accuse de ne pas profiter assez de l'É-
criture sainte, de manquer d'onction et de ne pas
creuser ce qu'il rencontre. « Je suis, dit-il, ébloui
« de ses saillies : je n'en suis jamais frappé. Son
« imagination s'évapore en éclairs qui ne sont
« suivis d'aucun tonnerre... Il ne descend jamais
« dans son propre cœur, ni par conséquent
« dans le mien... Sa languissante et incurable fa-
« cilité n'est trop souvent que le luxe ambitieux
« d'un rhéteur trop chargé de synonymes et d'é-
« pithètes.... Il mâche très-souvent à vide... » Le
jugement de Maury sur le Père de Neuville a paru
sévère, et, pour notre compte, nous ne pensons
pas que la comparaison avec *un robinet d'eau tiède*
soit méritée; le robinet d'eau tiède n'aurait pas
joui dans Paris d'une vogue extraordinaire pendant quarante ans; le Père de Neuville a des idées
et de la force, du style et du mouvement; toutefois Maury nous semble avoir bien vu les faux airs
d'éloquence et de génie qu'on trouve dans le sermon du célèbre jésuite, et avoir très-habilement
caractérisé l'ensemble de ses défauts.

En lisant la partie de l'*Essai* qui montre la chaire
du dix-huitième siècle infidèle à la grandeur des

mystères chrétiens, on se souvient que Maury fut un des prédicateurs dévoyés de ce temps-là ; et l'on se demande si l'auteur oublie qu'il condamne ses propres sermons, dont la couleur religieuse était beaucoup trop *sécularisée;* mais non, il ne l'oublie pas, car il s'occupera un jour de remplacer les sermons de sa jeunesse par des discours plus chrétiens, plus dignes de la chaire catholique.

On sait avec quel art supérieur Maury a marqué la part de gloire de Bourdaloue et de Massillon ; ses grandes appréciations garderont toujours leur vérité. Il venge nos grands orateurs du dix-septième siècle des insinuations par lesquelles Voltaire veut leur enlever la couronne de l'éloquence au profit de l'Angleterre, si peu riche alors en orateurs, et venge la France elle-même des injustices de Voltaire, qui n'a pas craint de dire que le dix-septième siècle pourrait s'appeler le *siècle des Anglais aussi bien que celui de Louis XIV.*

Les panégyriques sont une importante partie de l'éloquence ; Maury dit avec vérité que l'oraison funèbre fut élevée, sous le règne de Louis XIV, à une hauteur qu'on ne surpassera probablement jamais ; mais il prétend « que les panégyriques « sont restés parmi nous à une distance infinie de « ces magnifiques discours, » que « c'est le do- « maine le moins riche de notre éloquence sacrée, « quoiqu'il ait été cultivé par tous nos grands ora-

« teurs, » qu'ils n'ont laissé dans la cárrière des éloges « aucun chef-d'œuvre, soit qu'ils n'eussent « pas le vrai talent de ce genre, soit plutôt qu'ils « ne l'eussent pas assez étudié pour le créer, « comme on devait l'attendre de leur génie, s'ils « en avaient mieux saisi le caractère et la mé- « thode; » il cherche vainement dans cette lice oratoire une composition qu'on puisse « citer « comme un ouvrage classique, comme un mo- « nument qui marque la borne au moins présumée « de l'art; » enfin il ajoute que « l'orateur pané- « gyriste n'est donc probablement pas encore né « pour la France. » Maury juge ensuite, et juge bien ce que Bourdaloue a fait en ce genre, ce qu'ont fait Massillon et Fléchier, et donne ex- cellemment lui-même des règles pour les pa- négyriques.

Toute cette partie de l'*Essai* serait irréprocha- ble si Bossuet n'avait pas existé. Maury étonne quelquefois par ses légèretés. Dans son remarqua- ble travail *sur les Sermons de Bossuet,* il avait cité un magnifique fragment du panégyrique de saint Paul, et s'était écrié : « On n'imagine rien, et il « n'y a rien au delà d'une pareille éloquence. » Dans ce même travail il avait signalé à l'admira- tion les panégyriques de saint André, de saint Thomas de Cantorbéry, de saint Pierre Nolasque, de saint Victor, de sainte Catherine, et tout à coup les ouvrages de Bossuet ne sont plus présents à sa pensée, et lui qui professait un culte passionné pour le génie de l'évêque de Meaux, il ne craint pas de dire que *l'orateur panégyriste n'est donc probablement pas encore né pour la France !* Hàtons-nous de répéter que tous les panégyriques prononcés par Bossuet abondent en beautés du premier ordre, et que parmi ces ouvrages il en est deux : le *Panégyrique de saint Paul* et le *Panégyrique de saint André*, qui sont *des chefs-d'œuvre*, des *ouvrages classiques*, des monuments qui *marquent la borne de l'art;* le dix-septième siècle en fut très-vivement frappé, et tant que la langue française sera comprise chez les hommes, on lira ces deux discours avec profit, émotion et ravissement. Grâce à ces deux discours, la France n'est jalouse d'aucune nation du monde, ancienne ou moderne, dans la carrière des panégyriques.

L'*Essai sur l'Eloquence de la chaire*, que nous avons essayé de juger avec justice, ne s'adresse pas uniquement aux jeunes lévites destinés au ministère de la divine parole; il intéresse tout homme qui aspire à parler aux hommes, tout ami des lettres qui veut se familiariser avec les règles et les secrets de l'art et pénétrer dans le génie des maîtres.

CHAPITRE V.

Il est temps d'arriver aux jours magnifiques de
l'abbé Maury, à ses jours de tribune à l'assemblée
nationale. Il a conspiré contre sa gloire par ses
faiblesses et ses torts, et c'est déjà un châtiment
en ce monde que d'être diminué dans la pensée
des hommes par l'infidélité aux devoirs. «Nous ne
« pensons pas, avons-nous dit ailleurs [1], en par-
« lant de l'abbé Maury, que sa défense des an-
« ciennes institutions n'ait été que la défense de
« ses bénéfices... L'abbaye de Frénade et le prieuré
« de Lyons n'étaient pas de nature à enchaîner à
« jamais un grand talent, si les profondes études
« de l'abbé Maury ne l'avaient conduit aux opi-

[1] Voir notre *Histoire de la Révolution française*, tome Ier,
chap. VI, p. 190.

« nions dont il se montra l'interprète. Le monde
« ne donne point son admiration à ceux qui ne
« sont que des acteurs jouant un personnage ou
« des avocats pouvant passer d'une cause à l'autre.
« Or, l'Europe entière admira l'abbé Maury à la
« Constituante. Quelle niaiserie de sa part à s'ex-
« poser tant de fois aux fureurs de la populace
« pour des idées qui n'eussent été que sur ses lè-
« vres, et que son cœur eût repoussées! »

Lorsque nous écrivions ces lignes, nous ne con-
naissions pas un trait que nous ont révélé les Mémoires de Mallet du Pan et qui appuie notre
pensée : « Les Mirabeau et autres lui offrirent (à
« l'abbé Maury) cent mille écus s'il voulait s'en-
« gager à ne parler ni sur les assignats, ni sur les
« finances, ni sur le pouvoir exécutif. On lui lais-
« sait la liberté de défendre le clergé. Il eut la
« vertu de refuser. »

Nommé député du clergé aux états-généraux par
le bailliage de Péronne, Roye et Montdidier, où
l'avait fait entrer son prieuré de Lyons, l'abbé
Maury, avec cette *science de beaucoup de choses
(multarum rerum scientiam)* que Cicéron demande
à son orateur, se trouvait fortement préparé aux
combats de tribune; ses travaux auprès du garde
des sceaux, M. de Lamoignon, l'avaient quelque
peu initié aux questions d'État.

Petit de taille, mais vigoureusement taillé, Maury

semblait créé pour la lutte; son ardent regard l'acceptait, la provoquait; il avait la tête forte et le front haut, la voix rude et retentissante, un invincible aplomb, la parole rapide, harmonieuse [1], abondante en saillies, le long trait de l'ironie, une belle mémoire; la véhémence de sa nature se plaisait dans les orages; il piquait le flanc du lion révolutionnaire pour le faire rugir; la tempête doublait sa force; il y comptait souvent. L'abbé Maury improvisait presque toujours, mais sa langue était correcte et littéraire, son éloquence classique, quoique un peu déclamatoire : il parlait comme il aurait écrit. Mirabeau, qui fut si prodigieux à entendre, perd beaucoup à être lu; on écoutait Maury avec ravissement, et ses discours imprimés se font admirer encore. La pompe de sa forme se trouvait corrigée par les ressources variées et rapides de son esprit et par les heureuses vivacités de son à propos. Le député de Péronne eut d'abord l'air effrayé de son mandat; il parut un moment vouloir s'y dérober, et la verve de Rivarol s'en égaya; mais cette perplexité passagère fit place à de vaillantes résolutions. Maury ne s'était pas mépris sur les forces déchaînées en 1789; « J'ai observé les deux partis, » disait-il à Marmontel,

[1] « Je n'oublierai jamais, » dit le comte de Ségur dans ses *Souvenirs,* « l'impression que produisirent sur mon esprit l'har- « monie et la pompe des discours de l'abbé Maury. »

qui venait de lui répéter une instructive et menaçante conversation de Chamfort; « ma résolution « est prise de périr sur la brèche; mais je n'en ai « pas moins la triste certitude qu'ils prendront la « place d'assaut, et qu'elle sera mise au pillage [1].» Puisque, aux approches des grands combats, l'abbé Maury s'était résigné au sacrifice de ses jours, que n'a-t-il *péri sur la brèche!* il aurait épargné à son nom la dernière part de sa vie, et serait noblement entré dans l'histoire.

Nous n'avons pas à rendre compte ici jour par jour des travaux de Maury à l'Assemblée nationale; ce serait faire l'histoire de la Constituante, et tel n'est pas notre dessein. Mais il nous faut montrer à la tribune cet homme acharné à la défense du vieux monde croulant sous les coups portés de toute main, cet orateur intrépide qui dénonçait les fautes, les extravagances, les crimes et prophétisait les malheurs, qui, dans les entraînements de la bataille politique et sociale, ne se souvint plus du cahier de doléances du clergé de Péronne, plein de réformes utiles dont il avait été l'inspirateur, et qui finit par tout refuser à des gens qui voulaient tout détruire. Presque toujours Maury a raison dans ses vues générales et ses principes de gouvernement et d'administration; la vérité de sa pensée

---

[1] Mémoires de Marmontel, liv. XIV.

politique n'a pas souffert des révolutions accumulées depuis soixante ans.

La propriété des biens ecclésiastiques fut une des premières questions qui mirent en pleine lumière la puissance oratoire de l'abbé Maury. Il aborda pour la première fois cette question le 13 octobre 1789. La France ne lui paraissait pas réduite à la déplorable extrémité de ne pouvoir éviter une banqueroute que par une confiscation ; il défendait un corps composé de cent cinquante mille Français, dont les propriétés étaient les plus anciennes de la monarchie, dont la fortune était liée à plus d'un million de personnes : « La spo- « liation du clergé, » s'écriait-il, « voilà le grand « secret que l'on révèle pour rétablir les finances.» Il montrait dans la ruine du clergé la grande spéculation des agioteurs; ceux-ci attendaient une riche proie qu'on leur préparait en silence. L'orateur flétrissait les coupables avidités de la bourse, « ces marchands de crédit qui trafiquaient du « destin de l'État *à la hausse ou à la baisse.* » « Là, » disait-il, « se rassemble de toutes les ex- « trémités du royaume et de toutes les contrées « de l'Europe, une armée de prêteurs, de spécu- « lateurs, d'intrigants en finances, toujours en « activité entre le trésor national et la nation, « pour arrêter la circulation du numéraire par « l'extension illimitée des effets publics. » —

« Mais pourquoi, » disait-il encore, « désespére-
« rions-nous assez lâchement de l'État pour croire
« que nous ne pouvons plus le sauver que par la
« confiscation des biens du clergé? Une ancienne
« nation que l'on invitait à être injuste envers ses
« ennemis, répondit avec un sentiment noble qui
« n'était au fond qu'un calcul sage, que rien n'est
« utile que ce qui est juste. Et nous, Messieurs,
« qui représentons la plus loyale des nations,
« nous nous abaisserions à cette morale rétrécie,
« qui mesure le droit sur l'intérêt ! Eh ! par quel
« aveuglement ose-t-on nous proposer ici de sau-
« ver l'État, en changeant seulement de victi-
« mes?... Pour enrichir des spéculateurs avides,
« vous nous enleveriez des biens qui, n'étant point
« héréditaires, sont le patrimoine successif et
« commun de toutes les familles, des biens que
« nous voulons vous conserver pour vos propres
« enfants, des biens dont les descendants de tous
« nos concitoyens sont les héritiers présomptifs,
« et dont les cinq sixièmes seront toujours néces-
« sairement affectés à la classe des communes?
« Ces biens, que nous possédons, nous ont été
« garantis par toutes les lois du royaume, et la loi
« sacrée du dépôt nous oblige de les transmettre
« fidèlement à nos successeurs. »

En parlant du crédit qu'on avait si bien défini,
l'usage de la puissance d'autrui, il allait au fond

même de la chose que ce mot exprime, et ne craignait pas de l'appeler un *mal nécessaire,* une *vaste
calamité,* le *plus terrible fléau* qui *soit jamais
tombé sur les peuples.* Il lui reprochait d'avoir
engendré ces ténébreuses complications d'impôts,
de dettes, d'anticipations, d'offices, d'arrérages,
qui rendaient alors si difficile la simple connaissance des maux dont on était menacé ; il lui
reprochait d'avoir *dévoré d'avance* la *subsistance*
des générations futures. « Oui, Messieurs, ajoutait
« l'orateur, lorsque François Ier ouvrit, pour la
« première fois, un emprunt sur l'hôtel de ville
« de Paris, en 1521, il créa une nouvelle source
« de calamités pour le genre humain : il posa la
« première pierre de cet édifice désastreux qui,
« plus chancelant aujourd'hui, nous fait craindre
« d'être tous ensevelis sous ses débris. Le plus ri-
« che royaume de l'univers n'a pu résister que
« pendant deux siècles et demi à ce système d'em-
« prunts, sans fonds libres affectés aux intérêts,
« sans extinction de dettes plus onéreuses, sans
« ordre invariable de remboursement ; système
« imaginé par un roi dissipateur, développé par
« des Italiens concussionnaires, détesté et cité
« à la chambre ardente par Sully, honteusement
« renouvelé sous les Médicis, flétri par deux infi-
« délités à la foi publique sous le dernier règne,
« et porté de nos jours à un excès de démence,

« qui a fait regarder le dernier terme de la ruine
« du royaume comme la plus brillante époque de
« nos prospérités pécuniaires. »

Ces vives paroles portaient avec elles, il y a plus
de soixante ans, une vérité terrible ; ne pourraient-
elles pas retentir avec quelque profit aux oreilles
des générations nouvelles ?

Avec quel accent prophétique l'orateur disait à
l'Assemblée constituante ! « La propriété est une
« et sacrée pour nous comme pour vous. Nos pro-
« priétés garantissent les vôtres. Nous sommes
« attaqués aujourd'hui ; mais, ne vous y trompez
« pas, si nous sommes dépouillés, vous le serez à
« votre tour : on vous opposera votre propre im-
« moralité, et la première calamité en matière de
« finances atteindra vos héritages. »

Des dons, des acquisitions, des défrichements,
voilà l'origine des propriétés ecclésiastiques. Maury
remarquait que les dons ne pouvaient pas retourner à la nation parce qu'ils n'en venaient pas ; tout
avait été individuel entre le donateur qui avait
légué et l'église particulière qui avait reçu ; on ne
connaît aucun don générique fait à l'Église. L'o-
rateur établissait que, si la nation avait le droit de
remonter à l'origine de la société pour atteindre
des propriétés reconnues pendant plus de quatorze
siècles, ce nouveau principe métaphysique con-
duirait directement à toutes les insurrections de

la loi agraire. Le peuple profiterait du chaos pour entrer en partage de ces biens, qu'une possession immémoriale ne garantirait pas de l'invasion. « Il « aura sur vous, disait Maury, tous les droits que « vous exercerez sur nous; il dira aussi qu'il est « la nation, qu'on ne prescrit pas contre lui. » L'orateur annonce que le produit des propriétés ecclésiastiques, une fois vendues, ne répondra pas à ce qu'on attend; les régies fiscales absorbent les revenus. « Quand les Jésuites furent supprimés, « on exaltait partout leur opulence. A peine leurs « biens furent-ils entre les mains des séquestres, « qu'ils devinrent insuffisants pour payer la pen-« sion indécemment modique qui leur avait été « promise. Les propriétés de cette société célèbre « ont disparu sans aucun profit pour l'État. »

L'abbé Maury ne pouvait pas oublier la puissance des aumônes ecclésiastiques. « C'est par ses « incalculables aumônes que le clergé rend les « peuples dociles à ses instructions. Comment « pourrait-il les contenir, lorsqu'il n'aurait plus « la faculté de les assister? La charité tient lieu « au royaume d'un impôt vraiment immense. De-« puis que l'Angleterre a usurpé les propriétés « des monastères, quoiqu'elle ait respecté les pos-« sessions des évêchés, des chapitres, des univer-« sités, qui sont encore les plus riches de l'Eu-« rope, l'Angleterre a été obligée, depuis le règne

« d'Henri VIII, de suppléer aux aumônes du clergé
« par un impôt particulier en faveur des pauvres ;
« et cette imposition s'élève annuellement à près
« de soixante millions dans un royaume dont la
« population forme à peine le tiers de la nôtre.
« Comparez, messieurs, calculez et prononcez. »
Maury, en présence d'une multitude toujours croissante d'indigents, redoutait des désastres pour les
temps où l'aumône ne formerait plus une *espèce
d'assurance patriotique*. Il terminait son discours
par ces mots d'une vérité profonde :

« Vous voulez être libres ! Eh bien ! souvenez-
« vous donc que, sans propriété, il n'y a plus de
« liberté ; car la liberté n'est autre chose que la
« première des propriétés sociales, la propriété
« de soi. »

Les orateurs du côté gauche s'agitèrent autour
de ce discours ; les impuissants efforts de Duport,
de Thouret, de Dupont, de Garat, de Lebrun pas-
sèrent par-dessus l'argumentation vigoureuse de
l'abbé Maury ; il y avait dix-sept jours que l'assemblée demeurait sous le coup de sa parole,
quand, le 30 octobre, Mirabeau parut à la tribune
pour combattre l'antagoniste dont jusque là il n'a-
vait pas mesuré la force ; il parcourut les différents
aspects sous lesquels la question venait d'être con-
sidérée par les précédents orateurs, établit le droit
de l'État de dissoudre les corps particuliers, dis-

tingua divers genres de fondation, et chercha à prouver le caractère temporaire de toute propriété ecclésiastique. Il écarta habilement l'idée que le clergé dût être dépouillé de ses biens, et se borna à demander doucement qu'*il fût de principe que toute nation est seule et véritable propriétaire des biens de son clergé.* Maury répondit séance tenante, et révéla tout son génie d'improvisation.

« J'ai besoin, messieurs, d'être soutenu par un
« sentiment profond de mes devoirs pour rentrer
« dans la lice. Je me vois encore environné de
« ces mêmes génies qui demandent un décret
« dont je m'efforce de vous démontrer l'injustice.
« Mais au delà de cette enceinte, qui renferme
« tant de citoyens illustres, j'aperçois la France,
« l'Europe, et la postérité qui jugera vos juge-
« ments. »

L'orateur, traçant ce qu'il appelait la *généalogie* de la question, parla des *publicistes obligeants* qui, dans l'ancienne Rome, voulurent soutenir que tous les biens des Romains appartenaient à César : on rejeta ce principe destructeur du genre humain. Lorsque le chancelier Duprat reproduisit ce système pour l'appliquer d'abord au clergé et ensuite à toutes les propriétés, la France le repoussa. On le proposa de nouveau à Louis XV, qui l'appela un système de Machiavel. Ce système se réfugia alors dans l'Encyclopédie : « C'est de là, dit Maury,

« que M. Thouret l'a tiré, de même que M. de
« Mirabeau le sien sur les *fondations;* ainsi, je
« puis éviter ici toutes personnalités, et j'aime
« mieux répondre à un paragraphe de l'Encyclo-
« pédie qu'à M. Thouret.... La loi nous autorise
« depuis quatorze cents ans, à posséder et à ac-
« quérir des biens, que la nation voudrait aujour-
« d'hui envahir comme par déshérence! Où sont
« ses titres? » Il n'y a pas de distinction à faire
pour les individus et les corps en ce qui touche le
droit de propriété : il n'y a pas de propriétés sans
lois. « Dites-moi, quelles sont les propriétés anté-
« rieures aux conventions sociales? Est-ce le droit
« du premier occupant? Eh bien! le clergé vous
« oppose ce droit : pouvez-vous lui enlever des
« biens qu'il possédait avant que vous existassiez?

« La nation n'a d'autre droit que celui du plus
« fort : les hostilités de la force seraient-elles donc
« des décrets de la loi?... Malheur à une nation
« où les propriétaires n'auraient que ces patentes
« antérieures à la loi pour défendre leurs pro-
« priétés! En trois syllogismes on les envahirait.
« L'auteur d'*Emile,* pour donner une définition
« de la propriété à son élève, a cité la loi : per-
« sonne n'aurait cultivé la terre s'il n'eût été sûr de
« recueillir. La propriété est le rapport des choses
« et des personnes; elle est un premier rempart
« pour le travail; au delà tout est chimérique.

« Interrogez l'homme du peuple, lui que la phi-
« losophie devrait interroger plus souvent ; il ré-
« pondra que personne ne peut chasser l'homme
« qui est dans sa maison, et le cultivateur qui la-
« boure son champ. Nous possédions la plupart
« de nos biens avant Clovis, et il serait peut-être
« facile de prouver qu'alors le clergé était beau-
« coup plus riche qu'il ne l'est aujourd'hui. De-
« puis ce temps, nos propriétés ont été, comme
« les vôtres, sous la sauvegarde de la loi ... Le
« clergé, dit-on, ne peut acquérir ni aliéner; lui
« a-t-on disputé sa propriété lorsqu'il a payé la
« rançon de François Ier, payé les dettes de
« Charles IX? Ne nous aura-t-il été permis de
« posséder quatorze cents ans que pour nous dé-
« posséder en un seul jour? Si cela était, il ne
« faudrait pas dire que nous sortons des forêts de
« la Germanie ; mais il faudrait répondre aux au-
« teurs de ces maximes antisociales qu'ils veulent
« nous y ramener. »

Maury demande si on veut prendre les biens du
clergé comme des *épaves*, ou par droit de confiscation. A ceux qui disent qu'il importe de multiplier les mutations, il répond qu'il n'est pas de
propriétés qui changent plus souvent de mains que
les propriétés du clergé : tous les vingt ans il y a
mutation. « On prétend favoriser l'agriculture :
« est-il des terres mieux cultivées que les nôtres?.

« M. de Mirabeau vous a proposé de conserver le
« principe sans s'occuper des conséquences. Je
« m'honore d'avoir à combattre un tel adversaire ;
« mais je ne lui répondrai que quand l'assem-
« blée nationale sera devenue une école de méta-
« physiciens. Il ne veut pas qu'on discute les con-
« séquences ; mais si elles sont funestes, dange-
« reuses, il faut donc laisser de côté le principe. »

Après avoir réfuté quelques assertions et raisonnements de Mirabeau, l'orateur convient qu'il y a
des réformes à faire, mais il ajoute que, pour re-
médier aux abus d'un corps, il n'est pas nécessaire
de l'étouffer : « le talent de régénérer ne sera-t-il
« donc que l'art malheureux de détruire? Vous
« l'avez dit vous-même avec amertume : *vous êtes*
« *environnés de ruines*, et vous voulez augmenter
« les décombres qui couvrent le sol où vous deviez
« bâtir!... »

Les derniers mots de ce discours resteront
comme le jugement des gouvernements révolutionnaires dont l'épreuve hélas ! n'est pas encore
achevée ; ces mots, les voici : « Le plus terrible
« despotisme est celui qui porte le masque de la
« liberté. »

Nous n'avons pas à suivre ici Mirabeau dans son
grand discours du 2 novembre 1789, uniquement
destiné à renverser les solides démonstrations de
l'abbé Maury; ce discours modéré, froid et subtil et

qui porte la trace d'un grand travail, ne fut certainement pas l'œuvre de Mirabeau, mais le produit d'une pensée étrangère plus accoutumée que la sienne aux arguments spécieux d'une métaphysique étudiée; pour triompher des scrupules honnêtes de beaucoup de députés, on se contenta de faire *déclarer le principe de la propriété de la nation,* et ce fut à l'aide d'un mensonge prudent que le décret spoliateur réunit la majorité des voix.

La vente des biens du clergé est un fait accompli qui demeure couvert par la pacifique magnanimité du chef suprême de l'Église [1]; il est couvert aussi et à jamais par la puissance temporelle. La charte de 1814 renferme ces mots : « la vente des biens « nationaux restera irrévocable. » Louis XVIII, dans sa proclamation de Cambrai, le 28 juin 1815, disait : « Si les acquéreurs de domaines natio- « naux ont conçu des inquiétudes, la charte aurait « dû suffire pour les rassurer. » Ainsi donc il n'y a plus à revenir sur ces décrets ; mais la conscience humaine a jugé leur moralité. Il n'y a pas de droit de propriété sous le soleil qui puisse résister aux raisonnements qui triomphèrent à la Constituante. Ce qui étonne, c'est qu'au temps où nous sommes et après expérience faite, il se rencontre des gouvernements en Europe pour copier ces grandes et

[1] Article 13 du Concordat de 1801.

funestes injustices. Quel profit la France a-t-elle tiré des milliards des biens nationaux si promptement dévorés? A quoi servira la spoliation aux gouvernements imitateurs? La spoliation ne fera qu'élargir la plaie du paupérisme, cette grande et terrible menace contre les États de l'Occident.

CHAPITRE VI.

En 1790, le *Moniteur* ne recueillait pas textuellement, comme il l'a fait plus tard, tous les discours prononcés à la tribune; parfois la sténogra-
phie les saisissait; le plus souvent, l'orateur lui-
même interrogeait vivement ses souvenirs et re-
faisait son œuvre, ce qui devait être un supplice.
Maury, avec sa mémoire merveilleuse, quand il
en avait le temps, répétait le lendemain à un co-
piste sa harangue de la veille. Il exprima l'intention de rechercher, à des jours de loisir, tant de
choses dont il n'était rien resté pour le public,
mais qui demeuraient au fond de sa pensée comme
des lignes sur une page d'impression. « Dès que
« nos séances finiront, disait-il, je tâcherai de
« retrouver dans ma mémoire, et de recueillir le

« résultat de mes anciennes études sur les prin-
« cipales questions que j'ai traitées. » Maury, dans
ses années de liberté en Italie, repassa ainsi ses
luttes de tribune, retrouva, par un incroyable
effort, des discours qui n'avaient jamais été imprimés, dicta dans son cabinet ce qui était parti de
sa bouche au milieu des frémissements de l'assemblée nationale, et c'est à ce tour de force que
nous devons un certain nombre de discours restés
inédits avec d'autres manuscrits du célèbre orateur. Parmi ces discours, il en est un sur la *souveraineté du peuple* qui a été imprimé pour la première fois en 1852 [1] ; chose étrange ! il a passé in-
aperçu. C'est une question d'à propos perpétuel,
grâce à nos révolutions ; l'abbé Maury la traita avec
étendue en combattant l'article 1er du titre 3 du
projet de constitution ; il sera intéressant d'étudier
sa pensée telle qu'elle se produisit en 1790 en
face des champions les plus forcenés de la souveraineté populaire.

L'orateur voit dans cette doctrine une *vieille
erreur* que le fanatisme des hérésiarques a mise en
vogue pendant les discordes religieuses, et que le
fanatisme philosophique a souvent essayé de ra-

---

[1] Opinion sur la souveraineté du peuple, prononcée dans l'Assemblée nationale, en 1790, par l'abbé Maury, et publiée sur les
manuscrits autographes de l'auteur par Louis-Sifrein Maury, son
neveu. Avignon, 1852.

jeunir au milieu des révolutions des empires. Il lui semble que sa seule généalogie devrait suffire pour la faire condamner. Le comité de constitution n'a pas découvert un nouveau système politique *en abaissant les faisceaux devant la majesté du peuple ;* sans vouloir remonter bien haut, on trouve dans le sixième volume des Mémoires de Condé, que le fameux ligueur Jean Boucher soutint le dogme de la souveraineté du peuple pour justifier l'assassinat de Henri IV par Châtel. Luther, voulant légitimer les guerres de religion, adopta la même doctrine. Elle fut le catéchisme séditieux des synodes et des consistoires protestants dans les seizième et dix-septième siècles. Cromwel ne parlait que de la souveraineté du peuple. La question s'engagea sur les débris du trône d'Angleterre entre Charles Ier et Bradshaw, président de la commission régicide. La sentence de Charles Ier *traduisit cette doctrine en langue vulgaire dans toute l'Europe.* Bossuet, dans son cinquième Avertissement aux protestants, attaqua l'opinion des révolutionnaires anglais ; son génie raffermit le sceptre dans la main des rois *en détrônant la multitude.* Rousseau tira la doctrine du tombeau où elle était descendue avec ses derniers défenseurs, et lui donna une nouvelle vie dans ses écrits.

« C'est de ce répertoire de paradoxes qu'un es-

« prit de vertige et de révolte s'est répandu depuis
« trente ans sur toute la France. Vous, Messieurs,
« qui devriez être, au milieu du délire universel
« de ces vingt-six millions de rois en idée, les ré-
« gulateurs de l'opinion publique ; vous qui de-
« vriez multiplier les signaux de ralliement au-
« tour d'un trône qui chancelle, et dont la chute
« momentanée écraserait l'État, vous avez au con-
« traire proclamé sans examen la souveraineté du
« peuple, dans ce code antisocial où une fraudu-
« leuse anarchie nous présente sans cesse l'homme
« de la nature à la place de l'homme de la société ;
« où tous les principes de la révolte sont consa-
« crés comme les premières bases de la constitu-
« tion française ; où le peuple, proclamé roi na-
« turel, domine entièrement son roi constitu-
« tionnel ; où la souveraineté populaire prononce
« la déchéance de tous les rois ; enfin, dans cette
« théorie scandaleuse de l'insurrection que vous
« avez publiée comme un manifeste contre tous
« les gouvernements, sous le titre déguisé de
« *Déclaration des droits de l'homme*.... On dirait
« qu'il suffit de l'énoncer (la souveraineté popu-
« laire) comme un axiome politique sur lequel
« nous sommes tous d'accord, et que la cause en-
« tièrement désespérée des rois, ou plutôt de la
« société tout entière, ne peut plus avoir ici pour
« défenseurs que des idiots ou des esclaves. Eh

« bien ! Messieurs, je suis l'un de ces idiots, l'un
« de ces esclaves qui n'admettent pas la souve-
« raineté du peuple. »

L'abbé Maury, défendant la nation contre elle-
même, rend hommage au roi généreux qui a eu
les torts très-graves d'oublier que *ses droits nous
intéressent autant que ses devoirs, et de se jeter
du haut de son trône dans les bras de l'assemblée avec une si loyale et si imprudente confiance;* il montre le *nouveau souverain des tribunes et des carrefours* déjà tellement inaccessible
à la vérité qu'il crie hautement au blasphème dès
qu'on ne lui parle plus *dans le sens de la révolution.* Il regrette d'avoir à remuer un principe fondamental de la tranquillité publique, mais c'est le
comité de constitution qui l'a mis en délibération.
« Comment l'autorité souveraine des rois resiste-
« rait-elle aux invasions des sophismes, tandis
« que les droits les plus incontestables et les plus
« saints, les droits paternels, les droits de Dieu
« lui-même, sont compromis toutes les fois qu'on
« les discute publiquement ? Une fatale expérience
« a dû vous apprendre que toutes ces subtiles ana-
« lyses de l'esprit ne tendent qu'à relâcher le
« nœud social, et qu'elles affaiblissent nécessai-
« rement le ressort de la morale en rendant tout
« problématique avec des syllogismes. » Rousseau
a dit que les longs débats, les dissensions, les tu-

multes annoncent l'ascendant des intérêts particuliers et le déclin des intérêts de l'État. Maury cite
Montesquieu, *qui n'a pas voulu tout dire en matière politique, mais qui a tout vu.* Et apparemment
le nom de Montesquieu avait fait sauter Robespierre sur son banc. « Oh ! Monsieur Robespierre,
« de grâce ! dit l'orateur, ne contraignez pas vos
« dédains, ne lui dérobez pas vos huées, et souriez
« avec votre insultante pitié à ma superstitieuse
« admiration pour l'auteur de l'*Esprit des Lois.*
« Je me vante hautement de n'avoir pas, comme
« vous, le droit de mépriser ce grand homme. »
Montesquieu a dit que, lorsque le peuple en corps
a la souveraine puissance, c'est une démocratie.
Maury dénonce le travail des Constituants pour
fonder une véritable démocratie sous la dénomination hypocrite d'une monarchie, en attendant
l'occasion de laisser éclater leurs desseins. « Que
« pouvez-vous proposer dans cette marche évi-
« demment républicaine, si ce n'est de placer des
« pierres d'attente très-saillantes du côté de l'es-
« pace vide que le roi occupe encore provisoire-
« ment dans votre constitution, pour appeler et
« élever bientôt, sur les ruines du trône, un gou-
« vernement entièrement populaire, qui n'aura
« besoin que de changer de nom pour être une
« monstrueuse démocratie !... Cette forme de gou-
« vernement, reconnue généralement comme la

« plus mauvaise de toutes, principalement dans
« un grand État, donne une si énorme puissance
« à tous les vices, elle est accompagnée de tant de
« lenteurs et de tant de désordres, elle est tellement
« incompatible avec l'esprit de suite, l'activité et
« le secret, qu'il faut qu'elle anéantisse nécessai-
« rement et promptement un grand empire, ou
« qu'elle s'anéantisse elle-même, en le précipi-
« tant, comme elle l'a toujours fait, dans le des-
« potisme.... Vous ne réussirez donc pas, suivant
« votre nouvelle expression, à *démonarchiser* la
« France pour longtemps par tous vos complots
« démocratiques. Mais cette expérience passagère
« d'anarchie serait pour elle un grand désastre de
« plus, et une nouvelle épreuve de calamités à
« travers lesquelles nous serions obligés de passer,
« pour revenir, de révolution en révolution, à
« l'ombre de ce même trône dont le torrent des
« opinions philosophiques nous éloigne, et vers
« lequel la nécessité, l'intérêt commun, le besoin
« du repos nous ramèneront tôt ou tard. »

Après avoir relevé l'incompatibilité absolue
entre une constitution monarchique, telle que doit
être celle de la France, et les éléments naturels et
universellement reconnus de la démocratie, Maury
attaque directement dans ses bases le principe de
la souveraineté du peuple ; cette prétendue souveraineté ne sera jamais qu'une illusion momentanée,

un rêve convulsif de puissance. L'orateur rappelle
ces mots de Montesquieu : « Il faut que les affaires
« aillent, et qu'elles aient un certain mouvement
« qui ne soit ni trop lent ni trop vite. Mais le
« peuple a toujours trop d'action ou trop peu ;
« quelquefois avec cent mille bras il renverse tout ;
« quelquefois avec cent mille pieds il ne va que
« comme les insectes. [1] » Maury dit que pour le
peuple le *bonheur est un besoin, la puissance n'est
qu'un écueil.* « Puisqu'il doit toujours être gou-
« verné, son véritable intérêt consiste à être bien
« gouverné, et non pas à poursuivre une souve-
« raineté idéale, dont on ne l'investirait qu'en
« l'obligeant aussitôt de la céder. Eh ! qu'a-t-il
« donc à gagner, ce peuple crédule, à tomber
« d'un peu plus haut, tandis que, sans courir les
« risques d'une chute, il est condamné à rester
« toujours à la même place ? » L'orateur, interrompu par Chapelier au nom du comité de constitution, reconnaît que la démocratie légalement
établie est une forme de gouvernement très-légi-
time, et qu'elle peut même assurer la prospérité
d'un petit Etat ; mais il soutient que ce gouvernement serait pour la France un *fléau national*, et
il combat le principe même que le peuple est partout souverain ; Chapelier lui ayant cité l'Amérique

----

[1] Esprit des Lois, liv. II, chap. II.

et la Suisse, Maury répond qu'il ignore la future destinée de l'Amérique septentrionale, mais que, *jusqu'à ce qu'une opulence corruptrice y amène une nouvelle révolution*, on ne peut rien conclure de cet exemple pour la France, si différente d'un Etat nouveau; il parle fort bien de l'union américaine, qui n'a pas cru qu'il fallait tout détruire pour tout créer, et qui se tient *le plus près possible de l'esprit et des formes du gouvernement anglais.* Dans une vive peinture des novateurs qui amoncèlent les décrets calamiteux, nous remarquons ces paroles : « Il est évident qu'aucun gouverne-
« ment de l'Europe ne peut durer quinze ans, et
« que toutes les autorités établies dans le monde
« sont frappées de mort, si la souveraineté active
« du peuple est admise comme un droit universel
« du genre humain. » A mesure que les pages de ce grand discours se déroulent sous nos yeux, nous voudrions à chaque instant citer des passages dont la vérité politique frappe si fortement après que les événements ont donné raison à la logique de l'orateur : « Vous menacez chaque jour les souve-
« rains dans cette tribune, où l'on ne les appelle
« déjà plus que des tyrans. Vous leur faites à tous
« une guerre de décrets, de révolte et d'anarchie.
« Vous reconnaissez vous-même, par la mons-
« trueuse institution de votre active propagande,
« qu'il faut que la révolution échoue en France si

« elle ne s'étend pas dans toute l'Europe ; et vous
« comprenez que votre périlleuse entreprise vous
« oblige de renverser tous les gouvernements éta-
« blis, sous peine d'être écrasés vous-même par
« leur coalition inévitable. » L'exemple de la
Suisse, invoqué par Chapelier, inspire à Maury un
tableau très-bien fait de la révolution helvétique,
des causes qui ont fait réussir la confédération,
des différences essentielles entre l'Helvétie et la
France, entre la démocratie des cantons et celle
des démolisseurs de 1790. Maury dit ce mot bien
digne de rester éternellement dans notre langue
politique : « En genre de gouvernement, la nature
« n'a laissé d'option à la France qu'entre la mo-
« narchie et l'anarchie. »

L'orateur, allant au fond même de la question
soulevée, examine si la souveraineté appartient
partout de plein droit au peuple, si la démocratie
est le seul gouvernement légitime qui existe dans
l'univers. Il définit la souveraineté : « le pouvoir
« indépendant et irrévocable de commander en
« dernier ressort dans la société civile et d'y faire
« des lois. » Il caractérise la liberté politique et
la liberté civile, et remarque que toutes les nations
qui ont joué un rôle dans l'univers ont été entièrement passives à l'égard de leur constitution.
C'est par une pure et chimérique fiction que l'on
prétend exprimer la volonté de tout un peuple

dans un pouvoir représentatif; le peuple n'exprime que son vœu dans le choix de ses députés et nullement sa volonté dans des délibérations qu'il ne peut ni prévoir ni régler. De quelque manière que l'on procède à la rédaction du code politique, soit que la force le règle, soit que des députés le discutent, il est évident que le peuple se soumettra toujours sur parole à la constitution qu'on voudra lui donner. L'histoire nous montre les grands empires fondés par la conquête, et les établissements politiques nés d'une convention entre les vainqueurs et les vaincus. Il y eut convention entre les Francs et les Gaulois. *Force n'est pas droit,* avait crié Mirabeau de son banc, en répétant un mot de Rousseau. Maury, que les interruptions grandissaient toujours, relève ce mot avec puissance; il convient de l'axiome, et demande s'il faudra en conclure, pour bouleverser l'univers, que les constitutions politiques n'ayant été nulle part l'ouvrage des peuples, tous les gouvernements de l'Europe soient illégitimes et qu'il faille tous les refondre; il dit que ce n'est pas la force qui consacre une constitution imposée par un conquérant, et qu'elle devient légitime en défendant la vie et la propriété, en maintenant la paix et la tranquillité des peuples. Dans chaque Etat voilà le vrai et voilà le bien. L'acquiescement des nations, dont on ne peut du moins contester le silence, légitime, selon Rousseau, toutes les formes de gouvernement auxquelles les peuples se sont soumis pour éviter l'anarchie.

Maury s'élève à une belle hauteur quand il montre l'erreur des novateurs politiques qui s'imaginent que les gouvernements ont été composés à force de combinaisons; quand, remontant à l'établissement du pouvoir souverain, il voit que cha-
« que peuple en a trouvé le besoin, et par consé-
« quent l'idée primitive, dans la formation, même
« purement intellectuelle, de toute société; » quand il ne sépare pas l'origine de l'autorité souveraine de l'origine même de la société, qui ne fut d'abord qu'une réunion de familles. La paternité sociale fut une extension de la paternité domestique. La nature créa la puissance paternelle, et voilà pourquoi, dans les âges lointains, presque tous les gouvernements ont été monarchiques. C'est sur la sociabilité naturelle de l'homme que se fondent le besoin et l'institution de la souveraineté, et c'est de Dieu même que la souveraineté découle. Mirabeau, en entendant soutenir la doctrine sur l'origine divine de l'autorité, avait défié Maury de citer un seul homme de bon sens qui eût *soutenu cette ineptie*. Maury aurait pu invoquer les témoignages de Bossuet et de Fénelon; il aima mieux répondre à Mirabeau par un témoignage moins suspect, celui de David Hume :

« Dès lors, dit l'écrivain anglais [1], qu'on admet
« une providence universelle qui préside à l'uni-
« vers, qui suit un plan uniforme dans la direc-
« tion des événements, et qui les conduit à des
« fins dignes de sa sagesse, on ne saurait nier que
« Dieu ne soit le premier instituteur du gouver-
« nement. Le genre humain ne peut exister sans
« gouvernement; au moins n'y a-t-il pas de sû-
« reté où il n'y a point de protection. Il est donc
« indubitable que la souveraine bonté, qui veut
« le bien de toutes ses créatures, a voulu que les
« hommes fussent gouvernés. Aussi le sont-ils,
« et l'ont-ils été dans tous les temps et dans tous
« les pays du monde : ce qui fait encore une
« preuve plus certaine des attentions de l'être tout
« sage qui a créé le genre humain. »

Et Maury, après avoir lu ce passage, se tournant vers son antagoniste, « En avez-vous assez,
« Monsieur de Mirabeau? lui dit-il; je vous fais
« grâce de dix citations pareilles. »

Selon la pensée de notre orateur, le peuple,
dans l'hypothèse la plus favorable à son intervention, ne déléguerait pas la souveraineté en élisant
un souverain; il désignerait simplement, par ce
droit d'élection restreint dans ses véritables bornes,
le ministre suprême de cette seconde providence

---

[1] Essais politiques.

qu'on appelle la souveraineté. La société est l'œuvre
de Dieu ; et, puisque la souveraineté en est le principe conservateur, puisqu'elle est comme l'âme du
corps politique, elle a dû nécessairement découler
du Créateur lui-même. « Dieu est, dans un sens
« rigoureux (nous citons Maury), le seul souve-
« rain naturel de tous les hommes, et nul ne peut
« exercer la souveraineté sur ses créatures qu'au-
« tant qu'il le représente. » Plus loin, l'orateur
dit que la souveraineté n'étant que l'ensemble des
pouvoirs nécessaires au gouvernement de la société civile, elle est manifestement antérieure à
toutes les conventions publiques, puisque, sans
elle, l'état social serait impossible. Il ajoute que,
pour obscurcir ces vérités fondamentales, Rousseau
s'est perdu dans un abîme de paradoxes. Il combat Rousseau et Locke et cite les Anglais, *ce peuple
aîné de la liberté*, les Anglais qui, voulant pourvoir dans leur constitution au bonheur du peuple,
ont toujours évité de donner au mot *peuple* une
trop grande latitude ; il défère à la propriété les
droits d'activité politique, et comme une voix de la
gauche lui crie qu'il *plaide la cause des riches*,
Maury répond qu'il plaide la cause du corps social
tout entier. Continuant à creuser cette question
de la souveraineté du peuple, *ce grand mystère
métaphysique sur lequel on veut fonder la révolution française*, il touche aux faits et demande à ses

antagonistes ce que donnent à la multitude leurs décrets les plus plébéiens. On accorde au peuple l'unique faculté de voter dans un scrutin préparatoire pour concourir de loin au choix de ses représentants ; il n'est pas autorisé à élire ses députés au Corps législatif, mais seulement le corps électoral qui le choisit. Voilà donc pour le peuple tout le *produit net* d'une révolution ! Voilà à quoi se réduisent les conquêtes réelles de cette souveraineté populaire ! Maury aurait pu employer les mêmes arguments en face du droit populaire d'élire directement les représentants. Les opérations du scrutin une fois terminées, *on renvoie le souverain primitif à la plus passive obéissance*, sans même laisser aux commettants le droit de donner des instructions, et, bien moins encore, des règles à leurs mandataires. Le règne du peuple se borne donc à émettre son vœu dans un scrutin, et ce règne ne dure qu'un instant. « Il faut en convenir
« entre nous, Messieurs, nous nous conduisons
« envers ce peuple-roi comme les maires du pa-
« lais traitaient autrefois nos rois fainéants de
« la première race : ils se montraient en public
« une seule fois chaque année, et prenaient ha-
« bilement la place du souverain, en ne laissant
« jamais régner que son nom. » L'exercice de la souveraineté du peuple devait subir plus tard des destinées bien plus illusoires, et ce souve-

rain d'un jour devait tomber de bien plus haut.

A mesure que l'orateur avance dans ses démonstrations, ses adversaires multiplient leurs
protestations et leurs paradoxes ; il ne laisse debout aucune parole opposée à la sienne et achève
de mettre sa pensée en relief par cette ingénieuse
comparaison : « Admettre, du moins dans un
« grand empire de vingt-six millions d'individus
« (car c'est toujours à cette considération qu'il
« faut revenir), admettre dans un pareil État le
« principe de la souveraineté du peuple, c'est re-
« nouveler, en genre de gouvernement, le mons-
« trueux système de Spinosa, qui attribuait une
« portion de la divinité à chaque élément de la
« matière, comme on défère ici une portion de
« la souveraineté à chaque membre du corps so-
« cial. En spéculation métaphysique, ce paradoxe
« aboutit à l'athéisme, et en droit public, il con-
« duit rapidement un grand État au terme où vous
« êtes arrivés, Messieurs, à l'anarchie. »

Maury, ayant contrôlé en passant le titre de la
mission politique que s'était donné la Constituante,
mission qui, au terme des cahiers, aurait dû se
borner à *aviser*, *à consentir*, *à remontrer*, Mirabeau lui crie qu'il ne *s'agit plus de tous ces vieux
mandats*, qu'il s'agit de réclamer l'exécution du
contrat primitif entre les peuples et les rois, et le
somme de déclarer ses principes *sur ce contrat*

national dont Jean-Jacques Rousseau a délivré des copies authentiques à tous les Etats dans son immortel Contrat social ; Mirabeau demande qu'on s'en rapporte à lui seul pour réfuter les *hérésies politiques* de l'abbé Maury : il lui avait parlé *de sa robe des anciens esclaves.*

« Toujours des défis, Monsieur de Mirabeau !
« lui répond Maury ; je croyais vous avoir dégoûté
« de cette périlleuse formule oratoire. Vous obser-
« verez d'abord que chez les anciens peuples les
« esclaves n'avaient pas le droit de se parer de la
« robe, et que ce vêtement honorable n'a jamais
« été nulle part un signe de servitude. Mais allons
« au fait. Je ramasse le gant que votre superbe
« ignorance me jette avec un dédain qu'elle ex-
« piera bientôt. Je consens volontiers qu'on vous
« applaudisse pourvu que l'on m'écoute. Obtenez-
« moi donc du silence, si vous croyez réellement
« triompher de mes principes ; car au milieu du
« bruit, vous ne triompheriez que de mes pou-
« mons. »

Après cette apostrophe d'une fermeté magnifique, Maury dit qu'il connaît depuis longtemps tous les romans politiques sur l'origine des gouvernements, et qu'il est loin de regarder de pareils rêves comme l'histoire du genre humain. Il reproche à Mirabeau d'être, lui aussi, l'un de ces enthousiastes de Rousseau qui ne l'ont jamais bien lu, et qui lui attribuent des systèmes diamétralement opposés à ses opinions, en croyant marcher sous ses enseignes. Maury établit que Rousseau, dans son *Contrat social,* n'a jamais eu en vue les pactes primitifs des nations avec les rois, qu'il s'est borné au contrat d'association entre les membres du corps politique, et que l'écrivain génevois a combattu formellement comme une chimère (chap. 16, livre III) les conventions des peuples avec les rois [1]. Rousseau trouve *absurde* et *contradictoire* l'existence de ce prétendu pacte primitif et fondamental. Mirabeau n'a donc pas compris ce que le philosophe entend par contrat social. Les vrais principes de Rousseau sur cette matière une fois mis au jour, Maury développe les siens. Appuyé sur d'autres raisons que celles de Rousseau, il nie qu'un contrat social et primitif ait jamais existé, ni de droit, ni de fait, dans le code politique d'aucune monarchie héréditaire de l'univers : la société se forma sans contrat, la famille, image première de la société, exista sans aucun pacte entre le père et les enfants. Si un pacte primitif et révocable était le titre fondamental de la royauté, la menace d'une insurrection, toujours suspendue sur un pays, créerait un état perma-

---

[1] Le XVIe chapitre du livre III du *Contrat social* de Rousseau est intitulé : *Que l'institution du gouvernement n'est point une contrat.*

nent de doute et d'inquiétude : l'intérêt du peuple est-il compatible avec le droit funeste de bouleverser sans cesse l'État ? L'anarchie sortirait toujours vivante des clauses résolutoires du contrat. Quant au fait, il n'y a pas trace de ce prétendu acte entre les rois et les peuples à l'origine des nations. Les *capitulations impériales,* les *grandes chartes,* les *pacta conventa* appartiennent aux temps nouveaux, et ces modifications de l'autorité royale ne se sont jamais accomplies au nom de la souveraineté du peuple. Dans l'histoire des trois dynasties de France, on ne rencontre pas de contrat souscrit avec la nation ; le serment du Sacre, invoqué par Mirabeau, n'avait pas de clause résolutoire : c'était comme un traité purement religieux entre Dieu et la conscience du roi. Hors de France, il n'existe pas non plus, chez un peuple policé, le moindre vestige de contrat avec clause résolutoire dans aucune monarchie héréditaire. Maury défie à son tour Mirabeau de découvrir rien de pareil dans l'histoire du monde : « Il serait bien « extraordinaire que ce contrat eût existé partout, « et qu'on ne pût le trouver nulle part. Fouillez « donc dans les archives du genre humain, et dé- « couvrez-y un seul de ces pactes dont vous parlez « avec tant d'assurance. Je vous en défie, et je « vous attends ! »

Maury déclare que Dieu a imposé aux rois des

obligations et des devoirs immenses, qu'ils sont inviolables, mais que leur pouvoir n'est nulle part illimité; le pouvoir royal est borné par la loi divine, par le droit naturel, par l'équité, la raison, les lois fondamentales de chaque monarchie, enfin par l'intérêt propre des rois, qui sera toujours la plus sûre des garanties pour les peuples. Mirabeau demande quelles sont les ressources des nations contre l'*atroce démence d'un tyran;* Maury répond qu'une simple consultation de médecin tient lieu à cet égard de la loi constitutionnelle ; il répond que, dans les principes du droit public, l'état de démence est un véritable état de minorité. On enferme un roi fou sans que l'État éprouve aucune secousse. L'orateur croit que les tyrans, rares dans tous les temps, deviendront plus rares dans l'avenir, et qu'il y aura plus de profit à prendre des sûretés contre la tyrannie de la multitude. Il exècre d'avance la supposition que les représentants du peuple, usurpant le pouvoir judiciaire, puissent juger un roi. Il recule devant l'idée d'un roi responsable et justiciable. Maury ajoute que, quand même le prétendu pacte existerait, il n'en résulterait pas que le peuple se fût réservé la souveraineté : ce pacte prouverait au contraire que le peuple l'aurait cédée en se donnant un roi. Maury n'admet pas d'ailleurs cette hypothèse, quelque favorable qu'elle fût à son opinion, parce que, dans ses principes, le pouvoir souverain ne vient pas du peuple. Mirabeau, repoussant l'autorité de Bossuet, cité par Maury, avait dit que « l'évêque « de Meaux était un théologien qui n'avait point « fait de philosophie, et que la question du *Con-* « *trat social* excédait de beaucoup le cercle de ses idées. » Maury lit le passage si vrai, si profond, de Bossuet sur la souveraineté populaire, tiré du cinquième Avertissement aux protestants, et presse Mirabeau de s'avancer, de parler, de répondre : « Qu'il fasse justice, dans ma personne, du théo- « logien Bossuet, dont le génie préparait ainsi, « un siècle d'avance, le contrepoison philosophi- « que de Jean-Jacques Rousseau, et qu'il dise si « le superstitieux côté droit s'explique nettement « sur les pactes primitifs qu'on nous allègue ici « comme les titres de la souveraineté du peuple. » L'orateur, en finissant, prédit les malheurs de sa patrie, annonce aux révolutionnaires qui l'écou- tent qu'ils se dévoreront les uns les autres, que le peuple les brisera, car ses ombrageuses défiances ne laissent jamais vieillir sa faveur. Notre dernière citation sera un tableau prophétique des crimes et des calamités de ce grand pays livré aux fatales expériences :

« Hélas, s'écrie Maury il (le peuple) n'est en- « core parmi nous que spectateur de la révolution, « mais il en sentira bientôt tout le poids. Il va être

« mis en action ; et ce ne sera qu'aux dépens de
« son bonheur et de son repos qu'il servira votre
« ambition et vos vengeances. Il éprouvera, ce
« peuple égaré, que sa propre autorité est un
« fléau pour lui, que lui seul peut se faire tous
« les maux auxquels il se dévoue, et qu'il lui se-
« rait infiniment moins funeste d'être opprimé
« que d'être puissant. Il se traînera ainsi de crimes
« en malheurs et de malheurs en crimes, dirai-je
« durant un règne ou durant un rêve si convulsif
« et si court, jusqu'à ce que, épuisé par son délire,
« ses désastres et ses forfaits, dégoûté d'illusion
« et las de toute-puissance, il trouve enfin un
« asile dans le despotisme, en tendant ses défail-
« lantes mains aux fers d'un maître absolu qui
« daigne le délivrer de ses propres fureurs. O
« vous qui parlez encore de bonheur aux nations,
« en prostituant ainsi à la multitude la suprême
« puissance, ouvrez les yeux : voilà le tableau en
« action de la souveraineté du peuple ! tel sera,
« tel est déjà le règne de ce peuple français que
« nous avons vu si tranquille et si grand sous
« l'empire accoutumé de ses rois. »

Nous avons donné une large et abondante analyse de ce discours, parce qu'il a les proportions
d'un ouvrage et qu'il n'est pas connu, parce que,
depuis soixante-cinq ans qu'il a été prononcé, il
garde un profond intérêt, et que la durée de nos

révolutions fait éclater avec une frappante évidence la vérité des doctrines de l'orateur de 1790. Quoique l'ensemble de ce discours porte le caractère tout vivant et en quelque sorte dramatique d'une œuvre de tribune, nous l'avons certainement plus complet, plus achevé qu'il ne le fut en sortant de la bouche du célèbre député de Péronne; on y sent le produit de réflexions profondes et d'une parfaite étude. Les mêmes pensées y reviennent quelquefois sous diverses formes; cette répétition tient à la nécessité de répondre à des interpellations fréquentes qui roulaient sur un même fond. Quel sens politique! quelle élévation et quelle justesse d'esprit! quelle sûreté d'élégante érudition dans ce discours! Comme Maury tourne et retourne cette vaste et terrible question de la souveraineté du peuple et comme il en sonde les profondeurs! Il *pousse à bout* Mirabeau, ainsi qu'il le dit lui-même; il le domine de bien haut et domine avec la fierté du vrai les murmures de la gauche et les huées des tribunes.

Le principe de la souveraineté du peuple, d'invention moderne, habite près des lieux où se forme la foudre; aussitôt qu'il sort du vague lointain de l'abstraction, il est une menace; on ne peut en presser les conséquences sans mettre le feu aux empires, et le peuple, cet étrange souverain, tantôt si terrible et tantôt si résigné, est condamné à n'être roi qu'un instant sous peine de ne plus être ! Jamais souveraineté ne sut mieux pratiquer la soumission et ne fut moins exigeante, et jamais puissance ne ressembla plus à un instrument.

CHAPITRE VII.

Les débats sur le droit de paix et de guerre sont
restés l'un des plus beaux souvenirs de l'Assemblée
constituante, l'une des plus grandes gloires de la
tribune française. Mirabeau, en qui la révolution
ne reconnaissait plus un ami et que le peuple
poursuivait de ses menaçantes injures, parla en
homme fatigué des ruines et en homme d'État, et
monta au plus haut point que son éloquence ait
jamais atteint; Cazalès s'inspira de son patriotisme
et de sa fermeté; Barnave, orateur de la révolution, plus coupable par un mot que par toutes ses
harangues, et dont l'échafaud devait sitôt dévorer
la jeunesse, prononça, sur la question de droit de
paix et de guerre, son meilleur discours; mais Mirabeau, dans sa mémorable réponse, put dire en

toute vérité que si Barnave avait fait voir du talent, il n'avait pas *montré la moindre connaissance d'homme d'Etat, des affaires humaines*. Maury était entré dans la lice avant ces trois orateurs ; ce fut le 18 mai 1790 qu'il prononça son discours sur cette question grave, pour laquelle il aurait fallu une assez longue préparation d'étude et dont l'Assemblée demanda soudainement la solution. L'abbé Maury se trouvait prémuni contre les surprises de ce genre par les trésors de son savoir et la promptitude de son esprit. Etait-ce au roi ou au Corps législatif que la nation devait déléguer le droit de faire la guerre, de conclure les traités d'alliance, de commerce et de paix? Voilà ce qu'il s'agissait d'examiner.

L'orateur juge que Grotius, dans son *Traité de la guerre et de la paix*, et Puffendorf, dans son *Traité du droit de la nature et des gens*, se montrent plus jurisconsultes que publicistes ; il leur reproche de ne pas avoir soupçonné les droits du genre humain ni les droits non moins sacrés de chaque peuple ; et, quant aux souverains, de supposer toujours leurs prérogatives sans jamais les établir. Il reproche à Mably et à Guibert [1] trop d'a-

---

[1] C'est ce Guibert, fort admiré de son temps, fort peu lu aujourd'hui, dont Mme de Staël a composé un *Éloge* en 1790, et dont La Harpe disait que, dans *ses saillies d'enthousiasme*, il visait à *remplacer Turenne, Corneille et Bossuet*. Certaines admi-

mour pour les maximes républicaines et trop de prévention contre l'autorité royale : ces deux écrivains oublient les nombreux exemples qui accusent les républiques dans l'histoire ; ils dissimulent les erreurs et les passions auxquelles une Assemblée est exposée autant que le conseil d'un roi. Maury pourra paraître défendre le despotisme en plaidant la cause des rois, mais la crainte de la calomnie n'énervera jamais dans son âme le courage de la vérité. « Les mêmes hommes, dit-il avec une vérité que les révolutions nouvelles se sont chargées de rajeunir, les mêmes hommes que nous avons vu ramper lâchement aux pieds de tous les dépositaires de l'autorité absolue, flattent aujourd'hui l'orgueil populaire, parce qu'ils encensent le pouvoir partout où ils le trouvent. Tous ces vils adulateurs de la multitude ne sont que des courtisans qui ont changé d'idole. »

Maury trouve d'abord étrange que les membres d'une assemblée librement convoquée par le roi contestent à la couronne l'antique prérogative de faire la guerre et la paix ; les prétentions sur lesquelles on se fonde lui semblent chimériques ; il sommera celui qui voudra les défendre de produire

rations le conviaient à cette difficile entreprise. Guibert, auteur de l'*Essai général de Tactique* et du *Traité de la Force publique*, fit aussi des tragédies, entre autres le *Connétable de Bourbon*, dont raffolèrent Paris et Versailles : *c'était Corneille, Racine et Voltaire eux-mêmes, mais fondus et perfectionnés.*

le titre fondamental de sa députation, et la discussion ne sera ni longue ni sérieuse. Ce n'est pas la première fois que l'orateur rappelle à l'Assemblée son origine et attaque ses conquêtes d'autorité ; il répète à ses collègues que pas un d'entre eux n'aurait été honoré de la confiance de la nation, si on avait professé dans les bailliages les principes qu'on étale tous les jours à la tribune. L'Assemblée, ayant reconnu que la France est une monarchie, elle devrait, fidèle au moins à ses propres décrets, laisser au roi la puissance du glaive, l'unité de résolution qui forme le caractère essentiel de la monarchie : toutes les royautés de l'univers ont exercé le droit de la guerre et de la paix ; ce droit est de l'essence même du pouvoir exécutif. Pendant tout le temps que le pouvoir exécutif fut confié au sénat de Rome, ce fut le sénat qui décida de la guerre et de la paix et jamais le peuple : Rome républicaine était pourtant assez jalouse de sa liberté. Lorsque, à l'exclusion du roi, on veut attribuer le droit de paix et de guerre à la puissance législative, on oublie que la constitution a fait la part du souverain dans cette puissance, et qu'elle a associé le vœu du représentant héréditaire de la nation au vœu de ses représentants passagers. Cet argument de l'abbé Maury fut vivement développé par Mirabeau dans sa réponse à Barnave.

Les adversaires de la prérogative royale avaient cherché des armes dans le vieux droit public de notre pays. Maury établit sur ce point les vraies coutumes, les maximes anciennes du gouvernement français. Dès la première race, le roi seul avait le droit de faire crier en France le *Lent-vert,* c'est-à-dire la proclamation militaire par laquelle il avertissait la nation qu'il venait de déclarer la guerre. Depuis le traité d'Andlau, qui fut notre premier traité national, jusqu'aux Carlovingiens, on ne trouve pas que la nation ait délibéré une seule fois sur le droit de la guerre et de la paix : les rois seuls en décident et traitent seuls avec l'ennemi. Les monuments de Charlemagne sont positifs sur cet article constitutionnel. Le droit de la paix et de la guerre s'y trouve exclusivement réservé au monarque ; il est obligé, bien entendu, d'en conférer avec son conseil, car de tout temps les rois de France n'ont exercé leur puissance que de l'*avis de leur conseil,* et ces mots désignaient les ministres qu'on appelait les *premiers des premiers.* Pétion avait cité, à l'appui de son opinion antimonarchique, l'assemblée des états généraux en 1356, après la défaite de Maupertuis, près de Poitiers. Cette assemblée ou plutôt cette grande conjuration, dirigée par Etienne Marcel, prévôt de Paris, entreprit d'interdire au Dauphin, régent du royaume, la décision de la guerre et de la paix.

Quel exemple et quelle époque ! Marcel, ce *brigand populaire*, avait couvert la France de sanglantes horreurs ; il avait livré aux Anglais et aux Navarrais la Porte Saint-Antoine ; le roi Jean était captif à Londres, et le régent mineur. Ce fut au milieu d'un pillage universel et de l'envahissement de tous les pouvoirs du roi qu'une séditieuse et coupable assemblée, se prévalant de la captivité du monarque et de la minorité du régent, si grand depuis sous le nom de Charles V, contesta au roi le droit de décider de la guerre et de la paix. Mais cette vaste conspiration succomba bien vite ; les Etats de 1359 reconnurent un droit essentiel à la monarchie, et s'ils refusèrent d'adhérer au traité conclu entre le roi Jean et Edouard, c'est que le roi n'était pas libre quand il le signa.

Le député Fréteau soutenait que depuis cent soixante ans les rois de France avaient usurpé le droit de la guerre et de la paix ; il disait qu'il avait étudié l'histoire de France, pendant cinq ans, dans son exil ; Maury tint à lui prouver qu'*il avait besoin de l'étudier encore, au moins pendant cinq ans, dans une bibliothèque*, s'il voulait avoir le droit d'en parler. Pendant que Fréteau citait la guerre de la Ligue, le traité de Madrid, les croisades, Maury l'avait interrompu pour demander que le discours de ce magistrat fût *condamné à l'impression ;* le magistrat s'y étant *modestement*

refusé, Fréteau marchait appuyé sur l'autorité de
Mezerai. Maury n'a pas la même confiance que son
collègue dans l'*Histoire de France* de Mezerai,
œuvre républicaine d'un pensionnaire de la cour.
Il estime l'*Abrégé chronologique* de Mezerai et surtout son traité *de l'Origine des Français*, mais il
s'étonne que son *Histoire de France* soit sérieusement invoquée dans une assemblée. « Cet histo-
« riographe du roi, plus hardi dans ses opinions
« qu'exact dans ses récits, était superficiel, incor-
« rect, et quelquefois son pinceau poétique s'éle-
« vait à la couleur et aux passions de l'éloquence.
« Mais légèrement instruit de notre droit public,
« il ne connaissait ni les véritables sources ni
« l'esprit philosophique de l'histoire : il était ou-
« vertement passionné dans ses opinions, et la
« seule vivacité de son style lui attira des lecteurs
« durant la longue disette de nos historiens. »
Après ce jugement rapide, Maury ne pense pas
qu'on doive opposer l'opinion d'un seul écrivain
aux actes fondamentaux de l'histoire, et défie ensuite qu'on puisse prouver que Mezerai ait jamais
contesté au roi le droit de faire la guerre et la paix.
Passant à l'examen des trois faits dont on s'était
armé, il restitue à la guerre de la Ligue son vrai
caractère, démontre dans quel sens les notables
de la Bourgogne résistèrent au traité de Madrid
signé par le royal prisonnier de Pavie, et ne trouve

pas que les croisades soient une preuve du droit attribué à la nation de faire la guerre et la paix. Maury a raison ici d'une façon générale, mais il se trompe en disant que « depuis le concile de Cler- « mont, depuis les missions de Pierre-l'Hermite, « depuis le règne de Louis-le-Jeune, aucune croi- « sade ne fut déterminée par le vœu national. » S'il avait été plus avant dans l'étude des monu- ments historiques de cette vieille époque, il aurait vu que le droit de paix et de guerre n'entra pour rien dans ces premières croisades ; elles se pré- sentent dans l'histoire comme un mouvement im- mense qui emporte les peuples comme les princes et les rois ; dans la pensée universelle, ce fut Dieu lui-même qui, par la bouche du pape, déclara la guerre aux ennemis de la Croix ; nulle puissance humaine n'eût été de force à empêcher ces explo- sions de la foi contre l'islamisme en Orient ; et n'oublions pas que la question ne se passa point entre la France et son roi ; le signal partit de notre pays, mais l'Europe tout entière, toutes les nations de l'Occident se précipitèrent à la fois sur l'Asie musulmane. Il y eut donc profonde ignorance à citer les croisades comme un témoignage du droit attribué à la nation française de faire la paix et la guerre ; le grand mouvement de la fin du onzième siècle ne prouve rien, tant s'en faut, à cet égard ; dès que le mouvement des croisades se régularise, le droit public de la France reparaît, et nos rois figurent seuls dans les relations politiques avec les princes d'Asie.

Après avoir établi par les témoignages de l'histoire le principe constitutionnel de l'Angleterre, qui attribue au roi seul le droit de faire la guerre et de conclure la paix et les alliances, Maury se demande s'il serait bon que les représentants de la nation française exerçassent ce droit, s'il serait bon que la démocratie devînt la forme de notre gouvernement. Il rappelle les grands efforts de Mazarin, *le plus habile ministre des affaires étrangères qui soit jamais entré dans le conseil de nos rois*, les grands efforts de ce ministre, après la mort tragique de Charles Ier, pour engager les Anglais à introduire dans leur île un gouvernement purement républicain : Mazarin avait compris combien cette forme de gouvernement, par ses lenteurs et par ses divisions intestines, aurait affaibli la puissance politique de nos voisins. « Serait-il « patriotique d'exécuter en France, dans l'espoir « de la rendre plus florissante, le complot le plus « sinistre que le génie du cardinal Mazarin ait « jamais tramé contre la prospérité de l'Angle- « terre ? » L'orateur fait observer que la permanence de l'Assemblée nationale est une garantie contre le despotisme ministériel, que les impôts, sans lesquels il n'est pas de guerre, tiennent au consentement de l'Assemblée, que le refus des subsides est en pareil cas le plus sûr bouclier de la liberté publique. Le Corps législatif userait mal pour la nation du droit de la guerre et de la paix; il ne pourrait pas, comme un roi, tout suivre, tout embrasser, tout surveiller; la lenteur inévitable des délibérations lui ferait perdre cette promptitude de résolutions, « sans laquelle le premier des « avantages politiques, l'art de profiter du mo- « ment, ne saurait exister... Vous avez encore « un autre danger à redouter; vous êtes en- « tourés de nations dont les cabinets vous dégui- « seront tous leurs desseins, et connaîtront avec « certitude tous les vôtres; de sorte que (pour me « servir ici d'une image familière), vous jouerez, « pour ainsi dire, à jeu découvert avec un adver- « saire qui cachera soigneusement le sien... Vous « n'aurez point de secret, et tout sera secret au- « tour de vous. Les décisions les plus mystérieuses « du gouvernement deviendront des décrets que « la plus prompte publicité répandra dans toute « l'Europe; et vous appellerez ainsi tous vos en- « nemis à votre conseil national. » Tout à coup, portant ses yeux du côté des tribunes, Maury aper- çoit le ministre d'Angleterre, M. de Fitz-Herbert, et, avec cette puissance d'à propos qui faisait partie de son éloquence, il s'écrie :

« Levez les yeux dans ce moment, et voyez au

« milieu de cette enceinte un ministre anglais qui
« va négocier en Espagne les intérêts de sa na-
« tion. Plus ses talents et ses qualités morales
« méritent d'estime, plus son caractère public
« doit inspirer de défiance. C'est en présence d'un
« tel témoin que nous discutons, dans cet instant,
« les droits du trône ! Ce sera bientôt devant les
« émissaires de toute l'Europe que les Français
« délibéreront dans cette Assemblée, pour leur ap-
« prendre qui ils ont à craindre, ou qui ils doivent
« corrompre. Quel peuple voudra être notre allié,
« et exposer ainsi ses secrets les plus importants
« à la publicité inséparable de nos délibérations ? »

On avait dit à la tribune que le crédit public
s'était rétabli par la lumière portée dans les ténèbres des finances, et que, de même en déchirant
les anciens voiles de la politique, un comité ferait
mieux les affaires du royaume. L'orateur répond
qu'il n'y a rien de commun entre l'administration
du trésor public et les relations extérieures ; que
le crédit, toujours fondé sur une confiance éclairée,
exige la publicité de la situation pécuniaire, mais
que les opérations politiques ne sont pas de la
même nature. « Ici vient s'exercer la véritable
« puissance de l'opinion ; ici l'empire de l'imagi-
« nation commence. Ici les personnes ont plus de
« poids que les choses ; ici il faut de longues com-
« binaisons, des détours multipliés, la patience

« des affaires et la prévoyance des événements.
« Ici il faut prendre en considération, outre la
« force naturelle des états, le caractère moral des
« rois, leurs talents, leurs vertus, leurs vices,
« ceux de leurs ministres, ceux de leurs généraux,
« ceux des alliés et des ennemis de l'Etat. Fau-
« dra-t-il transformer cette tribune nationale en
« un tribunal journalier de médisance et de ca-
« lomnie? faudra-t-il citer tous les hommes pu-
« blics de l'Europe et les y diffamer sans pudeur?
« Auriez-vous osé lire dans une assemblée pu-
« blique les dépêches de Jeanin, de D'Ossat, de
« tous nos ambassadeurs enfin, dont les corres-
« pondances, si elles eussent été publiques, au-
« raient allumé plus de guerres que leurs négo-
« cations n'ont pu jamais en étouffer? Ah ! si votre
« corps diplomatique était destiné à nous fournir
« de pareils matériaux de satires et de détractions,
« je vous inviterais à le supprimer dès ce moment,
« parce que vos ministres diffamateurs ne seraient
« plus reçus dans aucune cour de l'Europe. »

Les adversaires de l'opinion que soutenait Maury
craignaient que les rois n'abusassent de ce terrible
droit de la guerre ; mais quelle république, quel
sénat n'en abusa dans tous les temps? Il ne suffit
pas de jouir de la liberté pour respecter la liberté
des peuples voisins ; les Etats les plus libres ont
été les plus ambitieux et les plus guerriers. Y eut-il

des conquérants plus injustes, plus opiniâtres que
les Romains? « Voyez si les emportements popu-
« laires n'ont pas entraîné les guerres les plus ab-
« surdes et les plus odieuses; et hâtez-vous de
« changer, par l'autorité de vos décrets, la nature
« humaine, si vous voulez prévenir tous les abus
« et atteindre à la perfection idéale d'un gouverne-
« ment, dont l'histoire du monde ne peut fournir
« aucun modèle. » L'orateur trouve dangereux de
soumettre les questions de paix et de guerre à l'opinion publique, lorsque sa souveraineté s'exerce dans
une immense capitale où il est si aisé de la tromper.
Nous transcrivons ici une bonne page d'histoire :
« Représentez-vous le cardinal de Fleury à la
« fin de sa carrière. Ce ministre vertueux, qui pré-
« féra toujours la considération à la gloire; qui,
« par son désintéressement, se préserva de tous
« les travers de l'opulence; qui répara par la sa-
« gesse de son administration les malheurs glo-
« rieux de Louis XIV et les folles prodigalités de
« la Régence; ce ministre que l'Europe entière
« révérait comme le père commun de tous les
« rois, satisfait d'avoir donné la Lorraine à la
« France, refusait d'entreprendre, à l'âge de
« quatre-vingt-dix ans, la guerre de 1741, qui
« répugnait autant à son caractère qu'à ses prin-
« cipes. L'ambitieux maréchal de Belle-Isle tra-
« vailla l'opinion de Paris. Des clameurs univer-

« selles s'élevèrent bientôt contre ce vieillard vé-
« nérable, qui se montrait plus sage que toute la
« nation. On l'accusait de toute part d'une poli-
« tique bornée, qui tendait à rétablir, sous un
« autre nom, cette même maison d'Autriche, dont
« le cardinal de Richelieu avait conjuré l'abaisse-
« ment, comme la base la plus solide de la gran-
« deur de la France. Fleury résista longtemps au
« vœu et aux injustices de ses concitoyens : mais
« enfin fatigué des persécutions de la capitale,
« qui n'était, dans son délire, que l'organe d'un
« courtisan, il se vit forcé, sur les bords de la
« tombe, dans tous ses projets, et emporté au
« delà de toutes ses mesures ; et il entreprit malgré
« lui cette guerre dont Louis XV signa, pour ainsi
« dire, la déclaration au milieu des acclamations
« insensées de toute la France. Cette guerre de
« sept années, après nous avoir coûté un million
« de combattants et plus de six cent millions de
« livres, fut terminée à Aix-la-Chapelle par un
« traité de paix qui renvoya les vainqueurs et les
« vaincus dans leurs anciennes limites, ou plutôt
« sur leurs communs débris, pour y pleurer leur
« désastre et payer leurs dettes. »

Comme Louis XIV avait été indécemment outragé dans la discussion, l'abbé Maury rappela à
ceux qui l'oubliaient que les guerres du grand roi
ont ajouté six provinces à la France. Ah ! nous con-

naissons des héros populaires qui n'ont pas agrandi d'un pouce le territoire de la nation dont ils ont prodigué le sang et les trésors !

Charles de Lameth avait ramassé, je ne sais où, une odieuse calomnie et l'avait lancée au visage d'Henri IV. Il avait prétendu que ce roi, quand vint le frapper le poignard d'un forcené, se préparait à porter la guerre dans toute l'Europe pour retrouver Charlotte de Montmorency, princesse de Condé, et dans l'intérêt unique d'un fol amour. Le nom de Sully s'était rencontré sur ses lèvres en témoignage contre le prince que le célèbre ministre appelait son *bon maître*. Maury s'indigna de cette audace de son collègue, montra dans Sully, non pas un accusateur, mais un défenseur d'Henri IV, réduisit au néant la calomnie, et prouva à l'Assemblée nationale que la guerre projetée, loin d'être l'œuvre coupable d'une passion insensée, était au contraire le produit d'une pensée longue et profonde, un projet médité depuis vingt et un ans, concerté avec la reine Elisabeth par une correspondance suivie et par une ambassade particulière. « Ce roi, général et soldat, qui savait « calculer les obstacles parce qu'il s'était accou- « tumé à les vaincre, voulait entreprendre une « guerre de trois ans pour former de l'Europe une « vaste confédération et pour léguer au genre hu- « main le superbe bienfait d'une paix perpétuelle.

« Tous les fonds de cette entreprise étaient prêts,
« tous les événements étaient prévus. Pendant
« quinze ans, il n'avait pu persuader son ami
« Sully, dont le caractère sage et précautionné ne
« pouvait se livrer à aucune illusion, et encore
« moins aux illusions de la gloire; mais Sully,
« convaincu enfin par Henri IV, reconnut que le
« plan de son héros était juste, facile et glo-
« rieux. C'est cette sublime conception du génie
« d'Henri IV, c'est cette guerre politique et vrai-
« ment populaire dont le succès devait faire de
« notre Henri le plus grand homme de l'histoire
« moderne, disons mieux, le plus grand homme
« qui eût jamais paru dans le monde; c'est ce ma-
« gnifique résultat de vingt et une années de ré-
« flexions qu'on ne rougit pas de nous présenter
« ici comme le monument de la plus honteuse
« faiblesse. Au milieu des préparatifs de son dé-
« part pour l'Allemagne, le bon Henri, le vain-
« queur de la Ligue, de l'Espagne, de Mayence,
« le héros d'Ivry, d'Arques, de Fontaine-Fran-
« çaise, le seul conquérant légitime, le meilleur
« de tous les grands hommes, avait une si haute
« idée de son projet qu'il ne comptait plus pour
« rien toute sa gloire passée, et qu'il ne fondait
« plus sa renommée que sur le succès de cette
« conquête immortelle de la paix. Quatre jours
« avant sa mort, il écrivait à Sully : *Si je vis en-*

« core lundi, ma gloire commencera lundi. O
« ingratitude d'une aveugle postérité! ô incerti-
« tude des jugements humains! *Si je vis encore
« lundi, ma gloire commencera lundi.* Hélas! il
« ne vécut pas jusqu'au lundi ; et ce fut le ven-
« dredi que le plus exécrable des parricides ren-
« dit nos pères orphelins, et fit verser à toute la
« France des larmes qu'une révolution de près de
« deux siècles n'a pas encore pu tarir. »

Ici Maury fut interrompu par la vive émotion et
les témoignages les plus prolongés de l'approbation unanime de l'Assemblée nationale, et, pour
prendre acte de tous ces applaudissements au nom
de Henri IV lui-même, il continua en ces termes,
dès qu'il lui fut possible de se faire entendre :

« Je croyais, Messieurs, devoir une réparation
« publique à la mémoire de Henri IV; mais c'est
« vous qui venez de la faire d'une manière bien
« plus digne de lui. Henri IV est vengé ! »

Le Béarnais méritait ces beaux accents de la tribune française et les émotions d'une grande assemblée; l'éloquence fit ainsi cortége à son souvenir et le montra dans sa gloire; il y eut comme
une apparition du Béarnais : que ne pût-il écarter
les nuages chargés de la foudre qui devait frapper
sa chère France et ceux de sa race! Hélas! trois
ans plus tard, la révolution, non contente de porter
la main sur la postérité vivante de Henri IV, allait

le chercher lui-même mort et l'arracher à l'éternelle paix des tombeaux !

Dans cette grande question où l'on balançait les
prérogatives de la couronne avec les intérêts des
peuples, Maury, qui se déclarait en faveur de l'autorité royale, repoussait toute pensée de retour de
l'ancien despotisme ministériel ; il disait que nul
ne regrettait cet ancien pouvoir des ministres, mais
que tous sentaient le besoin d'un roi pour les protéger contre le despotisme de la force armée, contre
le despotisme municipal, contre le despotisme populaire. Il disait que le Corps législatif ne devait
pas se réserver le droit de la guerre, parce qu'un
corps qui ne répond de rien ne saurait garantir
comme un roi la sûreté et la dignité de la nation,
parce qu'une assemblée, plus facile à surprendre
et à tromper, ne peut pas, au moment d'une ex-
plosion imprévue, faire sortir, comme autrefois
Cadmus, des hommes tout armés du sein de la
terre. Maury regardait comme un malheur qu'il
pût y avoir des défiances et des malentendus entre
la France et son roi ; il rappelait que la France devait tous ses établissements et toute sa gloire à ses
monarques, et qu'ils n'avaient jamais séparé leurs
intérêts de la grandeur de la nation ; qu'après
avoir reconquis par la voie des armes la plupart
des anciennes provinces démembrées de la monarchie, ils avaient réuni au royaume la Bretagne

par un mariage, la Bourgogne par un droit de mouvance, le Dauphiné par un testament, le comté de Toulouse par une transaction, la Provence par droit d'héritage et par des sacrifices pécuniaires, l'Alsace et la Lorraine par des traités.

Ces vérités, glorieuses pour nos rois, mais toutes simples comme des pages d'histoire, échappaient de temps en temps au souvenir dans les luttes politiques de la fin du dernier siècle; aujourd'hui qui donc y songe, et qui s'en doute? Les grandeurs du passé reposent solitaires dans l'histoire, et ce n'est pas pour elles que les temps nouveaux ont une justice. Les partis font la nuit autour de ce qui leur déplaît.

Maury terminait son discours par une peinture de ce qu'était la France avant la convocation des états-généraux en 89, et de la situation où l'avait réduite une seule année de révolution; au bout de ce lugubre tableau, il apercevait trois désastres menaçant notre patrie : le despotisme du gouvernement, l'invasion des étrangers, le démembrement des provinces du royaume. La France a éprouvé les deux premiers fléaux : elle n'a pas subi le troisième et ne le subira pas, avec l'aide de Dieu et de notre épée.

Le décret que l'orateur proposait à l'Assemblée, comme conclusion de son discours, laissait au roi le droit de déclarer la guerre et de conclure tous les traités avec les puissances étrangères ; les traités de paix devaient être ratifiés par le Corps législatif, s'ils stipulaient l'aliénation de quelques parties du territoire, de même que les traités d'alliance, s'ils portaient un engagement de payer des subsides, et les traités de commerce, s'ils réglaient une nouvelle diminution ou augmentation des droits de douane, pour l'entrée ou la sortie de certaines marchandises, aux frontières du royaume.

Les orateurs du côté droit de l'Assemblée se rangèrent à la pensée de ces conclusions. Mirabeau imagina un parti mitoyen, proposa de déléguer l'exercice du droit de la paix et de la guerre concurremment au Corps législatif et au pouvoir exécutif; ce fut son projet qui triompha. La proposition de Maury était plus conforme aux principes monarchiques; celle de Mirabeau, plus rapprochée de l'état des opinions, pouvait seule réussir.

Les deux discours de Mirabeau demeurent dans le cercle de la question, vont droit au fait et sont pressés de conclure; c'est l'allure et le langage serré, de l'orateur qui résume et parle le dernier; le discours de Maury établit les principes généraux, déblaie le chemin, relève les erreurs, répand la lumière; il est large, élevé, plein de faits et ne languit pas : on y sent un vigoureux souffle d'éloquence et on le sent jusqu'au bout.

On admire cet esprit en complète possession de tout ce qui, de près ou de loin, se rapporte à une question si considérable et si soudainement posée à la tribune. On doit bien se garder de croire que Maury, en réclamant pour le roi le droit de paix et de guerre, entende qu'un chef d'Etat puisse lancer de son seul mouvement, de sa seule volonté une nation dans les sanglantes aventures ; quand nos rois ont fait appel à la vaillance française, ils l'ont toujours fait de l'*avis de leur conseil*. La royauté prend conseil, le despotisme seul n'écoute que lui-même. Que Dieu préserve notre pays de ces décisions souveraines et solitaires qui précipitent dans des voies où l'honneur, le sang et les trésors, tout est fatalement engagé !

CHAPITRE VIII.

Le discours sur les assignats, le 28 septembre 1790, *saisi à la prononciation par la société
qui écrit aussi vite que la parole,* est resté comme
une des plus célèbres improvisations de l'abbé
Maury. Le *Moniteur,* qui n'était pas encore devenu
l'impassible dépositaire de la parole politique, mais
qui se trouvait sous la main d'un parti, diminue
ici l'abbé Maury au profit de Mirabeau; on sait
pourtant que le député de Péronne avait demandé
au député d'Aix de vider entre eux ce grand débat, et que Mirabeau, qui d'abord avait accepté le
duel oratoire, finit par s'y refuser malgré les som-
mations réitérées de son rival. L'abbé Maury rap-

pelait l'infidélité de Mirabeau à cet engagement en commençant son discours, non pas tel qu'on le trouve dans le *Moniteur*, mais tel qu'il fut réellement prononcé :

« Je m'étais préparé à soutenir aujourd'hui un
« combat dans cette assemblée, et non pas à y
« prononcer un discours. M. de Mirabeau, qui
« avait d'abord loyalement ramassé le gant que je
« lui avais jeté en votre présence, s'est ensuite re-
« fusé constamment à un mode de discussion qui
« aurait résolu tous nos doutes, et qui aurait dis-
« sipé tous les vains prestiges de l'éloquence. Je
« regretterai toute ma vie ce dialogue intéressant
« que nous avions annoncé à l'Europe entière;
« et mes regards cherchent encore dans ce mo-
« ment M. de Mirabeau sur cette même arène où,
« au milieu de tant d'adversaires de mon opinion,
« je me vois réduit avec douleur à la solitude du
« monologue. [1] »

On avait imaginé d'éteindre la dette remboursable et exigible par l'émission soudaine d'un papier-monnaie, élevé à la somme de deux milliards. Maury traita avec clarté, avec force, avec une verve chaleureuse les questions du change, du numé-

---

[1] Le discours sur les assignats est un de ceux que Maury dicta plus tard à Montefiascone, et qui font partie des manuscrits restés entre les mains de ses héritiers.

raire et du crédit, et poursuivit l'agiotage comme étranger au véritable commerce territorial, au véritable commerce national, au véritable commerce productif; il raconta l'histoire du papier-monnaie, sa naissance en Amérique en 1720, montra le papier du congrès déshonoré par une banqueroute, le papier-monnaie de la Pensylvanie, le plus solidement hypothéqué, émis avec les plus vertueuses précautions, perdant 91 pour 100 au moment de son extinction. L'orateur regardait comme moralement impossible le phénomène d'un papier-monnaie ne perdant rien de son titre; et du moment que la dépréciation était inévitable, la hideuse banqueroute se trouvait comme autorisée. La véhémence de l'orateur dénonçait les agioteurs et autres marchands d'argent, qui menaçaient de faire en 1790 ce qu'ils avaient fait en 1720, et dont la *conjuration pécuniaire* était un grave péril; ces agioteurs conseillaient un papier-monnaie repoussé par la loyauté de la nation française, un papier-monnaie qui, soixante et dix ans auparavant, avait ruiné le pays; l'éloquence indignée de Maury montait à mesure qu'il se rapprochait de Law et des désastres de 1720 : « Ce perfide étran-« ger qui ruinait le royaume n'avait, disait-on, « pour ennemis que les ennemis du genre hu-« main; et c'était lui qui était l'ennemi de notre « patrie; c'était lui qui était l'ennemi du genre

« humain ; et ce sont ses successeurs, ce sont ses
« pareils, ce sont ses échos qui sont les ennemis
« du peuple... Que le peuple nous entende et
« nous juge ; je ne détruirai pas son jugement. »
Maury, précipitant sa parole et comme hors d'haleine, demandait au peuple d'examiner où étaient
ses amis, où étaient ses dangers, où était sa prochaine ruine ; il le conjurait d'examiner *si c'est
par des menaces que l'on commande à la conscience publique, et si le royaume de France est
restreint dans la rue Vivienne.* « Le sort des pa-
« piers monnaie nous est connu, disait-il ; le sort
« des papiers-monnaie est encore récent. » Puis,
tirant de sa poche des billets de Law, « J'ai extrait,
« Messieurs, s'écriait-il, ces deux actes de Law
« d'un tas où il y en a des millions amoncelés.
« Voilà, Messieurs, ces papiers encore couverts
« des larmes et du sang de nos pères. Ces papiers
« désastreux doivent être, Messieurs, comme des
« balises placées sur des écueils pour nous avertir
« d'un grand naufrage et pour nous en éloigner. [1] »

---

[1] Nous donnons ces paroles telles qu'elles semblent avoir été
prononcées. Voici comment on les retrouve dans le même discours revu par l'abbé Maury : « Hélas ! je presse dans ce mo-
« ment même de mes tremblantes mains plusieurs de ces billets
« de Law, que j'ai tirés d'un vaste dépôt où l'on a accumulé,
« pour l'instruction de la postérité, ces gages fictifs d'un capital
« immense et dérisoire. En contemplant avec douleur ces pa-
« piers, instrument de tant de crimes, je crois les voir encore

Mirabeau fut plus applaudi que Maury dans cette lutte; l'un, au sortir de la séance, trouva les acclamations du triomphe, l'autre les clameurs de la menace; mais Mirabeau ne fut ni plus fort ni plus éloquent que Maury, et les catastrophes amenées par le papier-monnaie ne tardèrent pas à donner trop raison à l'orateur de la droite.

Quatre jours plus tard, le 2 octobre 1790, Maury, dans un de ses discours les plus intrépides, discutait le rapport de la procédure du Châtelet; il s'agissait d'examiner s'il y avait lieu à accusation contre quelques membres de l'Assemblée nationale pour les événements des 5 et 6 octobre 1789, et le rapporteur avait fait un mémoire justificatif dont la lecture remplit deux longues séances. Maury disait à l'auteur de ce panégyrique en faveur des accusés, comme autrefois Papinien à Caracalla : *Il n'est pas aussi facile de justifier un crime que de le commettre.* Mirabeau, chargé dans plusieurs dépositions, n'avait parlé au commencement de la séance que pour inculper les témoins et les juges; il s'était engagé à prendre à partie non-seulement ses accusateurs, mais tous les magistrats qui composaient le Châtelet; Maury en appelait de *la co-*

« couverts des larmes et du sang de nos pères; et je les offre
« aujourd'hui aux regards des représentants de la nation fran-
« çaise comme des balises placées sur des écueils pour perpétuer
« le souvenir d'un grand naufrage. »

lère de Mirabeau à sa raison, et défendait à la fois les témoins et les magistrats du Châtelet ; il trouvait les menaces de Mirabeau *aussi puériles qu'illusoires*. Il établissait la vraie doctrine sur le caractère des investigations de l'Assemblée nationale, qui, à moins de confondre et d'usurper les pouvoirs, ne pouvait pas se réserver le ministère des juges. Le rapporteur avait dit que la procédure du Châtelet était uniquement dirigée contre la révolution, et Maury, après avoir énergiquement flétri les crimes des 5 et 6 octobre, dont il appelle les auteurs un *vil ramas de brigands*, faisait entendre ces courageuses paroles : « Je demande enfin si « l'on regarde comme ennemis de la révolution « tous ceux qui sont profondément révoltés des « horribles attentats de Versailles, et, dans cette « supposition, je déclare que je me mets à leur « tête. » Maury ajoutait qu'il s'agissait d'une révolte contre la constitution elle-même, dont le roi faisait essentiellement partie : « C'est déshonorer, « disait-il, la chaîne de nos décrets que d'en sus- « pendre honteusement le premier anneau au « poignard des assassins. » Il voulait que cette affaire fût approfondie, et pensait que l'instruction d'une procédure criminelle ne pouvait être suspendue ou étouffée que *par des tyrans ou des complices intéressés à l'ensevelir dans les ténèbres.* L'Assemblée constituante, après avoir détruit tous les priviléges, oserait-elle *se réserver à elle-même le plus odieux de tous les priviléges, un privilége en matière criminelle?* Maury demandait qu'on se soumît à *la seule égalité qui ne soit point une chimère, à l'égalité devant la loi.* Il ne préjugeait pas la cause de ses collègues ; il les plaignait d'être sous le coup des tristes perquisitions d'une procédure criminelle ; mais il s'intéressait plus à leur honneur qu'à leur repos ; Montesquieu lui avait appris que la *rigueur des formes est un tribut que chaque citoyen doit payer à sa propre sûreté.* Maury espérait que l'Assemblée écarterait l'obstacle de l'inviolabilité, et qu'elle ne retracerait pas en action la fable si philosophique des animaux malades de la peste. Répondant ensuite au rapporteur, qui n'apercevait dans la journée du 6 octobre qu'un jeu cruel du sort et une fatalité, il prouvait que cette journée avait été l'œuvre d'un complot ; il croyait insuffisantes les charges articulées contre Mirabeau ; mais, quant au duc d'Orléans, il le trouvait *trop gravement accusé pour ne pas devoir ambitionner lui-même un prompt jugement.* « Je « sens mieux, disait-il, ses véritables intérêts en « lui donnant un conseil sévère, que si je l'abusais « par de lâches adulations. Il s'agit ici de l'hon- « neur d'un petit-fils d'Henri IV. Les égards qu'il « doit à ses ancêtres et à sa postérité, dont les re- « jetons peuvent être un jour appelés au trône,

« ne lui permettent aucune capitulation indigne
« de son grand nom. » La motion de Maury fut
appuyée par Cazalès, l'éloquent, le loyal et courageux compagnon de ses luttes à la tribune.

Le 25 octobre 1790, Maury s'opposait à la formation de la haute Cour nationale, proposée par
le Comité de constitution ; il voulait d'abord connaître le Code des délits et des peines dont l'exécution serait confiée à ce nouveau tribunal. « Je
« ne veux reconnaître, » disait-il, « aucun juge
« dans la nation, sans avoir lu auparavant le code
« auquel il vient me soumettre. » Dans son examen des articles du projet, il établissait les vrais
principes en matière de jury. D'après l'œuvre du
Comité, les représentants devaient se rendre accusateurs auprès de la haute Cour nationale ; Maury
voulait que le Corps législatif fût soumis à des
dommages et intérêts envers tout citoyen qu'il ac-
cuserait injustement, lorsque le prévenu serait dé-
chargé d'accusation par le tribunal suprême. Il
réclamait aussi pour le roi le droit d'accuser, par
le ministère du procureur général de la couronne.
En rappelant à l'Assemblée que ses décrets avaient
dépouillé le roi de ses plus essentielles prérogatives, et qu'elle lui avait ôté le droit de nommer
les juges, il disait : « Vous avez fait du roi de
« France, que vous appelez encore, je ne sais
« pourquoi, le roi des Français, un roi *in partibus*.

« Il est un grand pensionnaire du royaume ; mais
« il n'est plus le magistrat suprême de l'État ; or,
« je vous annonce qu'en affaiblissant ainsi conti-
« nuellement son autorité par vos conquêtes con-
« stitutionnelles, vous avez préparé vous-mêmes
« la chute de votre constitution. Ce n'est point la
« réunion, c'est l'équilibre des pouvoirs qui doit
« le conserver ; et il ne peut plus y avoir d'équi-
« libre quand il ne reste plus aucun contre-poids
« à cette puissance colossale que vous avez usur-
« pée. Vous avez oublié que vous étiez les man-
« dataires responsables du peuple français. Vous
« avez agi comme les plénipotentiaires de toutes
« les extravagances du jour, que vous appelez fiè-
« rement l'opinion publique »

Tous les articles du projet passent successivement à l'épreuve du jugement de l'orateur, et c'est
merveille de le voir pulvériser tout ce qui blesse la
raison et le bon droit ; il relève les erreurs, supplée aux lacunes, ne perd pas de vue ce qu'on doit
accuser, et l'on jouit à la fois du charme attaché
à la vérité et de l'entraînante beauté de sa parole.
Il raisonne avec force et se moque avec esprit ; la
variété des tons fait partie des richesses de son éloquence. « Ce même Comité de constitution, dit-il
« en finissant, qui, pour paraître actif, met tou-
« jours les législateurs de la France au présent et
« les lois au futur, joint à cette étrange proposition

« (de révoquer l'attribution accordée au Châtelet
« pour juger tous les crimes de lèse-nation) un
« projet d'organisation de la haute Cour nationale,
« sans nous présenter ni l'énumération des crimes
« qu'elle doit poursuivre, ni le tableau des peines
« qu'elle pourra infliger, ni la marche judiciaire
« à laquelle ses jugements seront soumis ; en
« sorte, Messieurs, que, dans la même séance, ce
« Comité de l'avenir vous invite à laisser d'un côté
« les accusés sans juges, et de l'autre le tribunal
« suprême de la nation sans lois. Ses destructions
« réelles mènent à l'anarchie, et ses prétendues
« créations au retour du chaos. »

L'opinion de Maury, qui avait été triomphante
à la tribune, le fut aussi dans le scrutin.

L'esprit de Maury, souple et facile, ne reculait
devant aucune étude, ne se laissait rebuter par
aucune sécheresse ; il éclairait et approfondissait
toujours, et semblait l'homme spécial de chaque
sujet qu'il traitait. Le 15 novembre 1790, on l'entendit, avec une surprise bientôt mêlée d'admiration, plaider pour l'impôt du tabac, qu'il appelait
*le plus ingénieux, le plus doux, le plus volontaire,
et par conséquent le plus réparti de tous les impôts ;* en combattant les *romans économiques,* il se
montra bon économiste. On avait demandé, au nom
des trois comités d'imposition, d'agriculture et de
commerce, la suppression d'un impôt indirect qui

rapportait alors trente millions ; Maury défendit le trésor public, déjà si malade, contre les ruineuses entreprises des Constituants. Il repoussa par des calculs incontestables et des notions agricoles précises la libre culture du tabac en France, et conjura l'Assemblée de ne pas *écouter les applaudissements insensés d'une multitude aveugle qui implorait la famine en croyant conquérir ou étendre la liberté*. Il prouva, comme il s'y était engagé, que le projet des trois comités ne pouvait pas *soutenir les regards de la raison*. Ce discours est considérable, plein d'idées et de faits : la lecture en est encore attachante : c'était la première fois que l'élégance du langage se mettait au service de l'impôt sur le tabac.

CHAPITRE IX.

La souveraineté d'Avignon; soupçon absurde de l'abbé de Pradt;
grand discours de Maury; le gouvernement papal à Avignon,
et le gouvernement des rois au dix-huitième siècle; Maury,
trois fois vainqueur dans l'affaire d'Avignon; l'escamotage du
5 mai 1791; mémorable réponse de Maury au rapport de Menou; Maury sous les poignards.

Nous sommes frappés de voir tant de grands
discours de Maury si rapprochés les uns des autres; le précédent, qui ne forme pas moins de
soixante-quatorze pages, est du 17 novembre
1790; le premier discours sur la *souveraineté* d'A-
vignon est du 20 novembre. Maury se remettait de
la fatigue d'une harangue par une harangue nouvelle : il avait une vigueur de corps qui le dispen-
sait du repos. Il lui arriva de monter treize fois à
la tribune dans une seule semaine. Enfant du
comtat Venaissin, c'est à Maury que revenait particulièrement la mission de défendre les droits du
pape à Avignon [1]. Ce discours, du 20 novembre

[1] M. de Pradt, dans ses *quatre concordats*, a insinué fort à tort
que le réquisitoire de M. de Castillon, avocat général du Parle-

1790, est un des grands discours de Maury, un des plus solides et des plus complets; quelle puissance de talent et de raison! L'histoire à la main, l'orateur prouve la légitimité de la possession du pape, possession de plus de cinq siècles reconnus par treize de nos rois depuis la réunion de la Provence à la couronne de France. Il raconte avec de vives couleurs et d'horribles détails comment sont nés à Avignon les pensées de réunion à la France, et met à nu cette tourbe d'aventuriers factieux qui n'avaient que des *potences pour arguments*. Il signale dans Paris un foyer de scélératesse savante, d'où le crime part pour se répandre partout. « La ligue « exécrable qui s'est formée, dit-il, contre les sou- « verains, est une épée nue, dont la pointe se « montre en mille endroits différents, et dont la « poignée est dans cette capitale. »

Maury rapprochait du tableau des violences révolutionnaires la douceur du gouvernement papal

ment d'Aix, contre les droits du pape, à l'époque où Louis XV mit la main sur Avignon, avait été l'ouvrage de l'abbé Maury. Ce soupçon n'est pas soutenable. Maury, à la date de ce réquisitoire, n'était plus à Avignon depuis trois ans; il vivait obscurément dans l'étude à Paris, devait recevoir la prêtrise l'année suivante, et vraiment l'avocat général du Parlement d'Aix ne pouvait guère avoir l'idée d'appeler à son aide un ci-devant séminariste d'Avignon. L'abbé de Pradt se montra jaloux de l'abbé Maury, et fut rarement ingénieux dans ses suppositions peu obligeantes.

à Avignon, et des gouvernements monarchiques au dix-huitième siècle :

« Je suis né sous la domination paternelle du
« Souverain-Pontife; et je ne crains pas d'être
« démenti en publiant hautement que j'ai entendu
« bénir, dès mon enfance, cette douce souverai-
« neté comme le plus heureux gouvernement de
« l'univers. Nous ne payons à notre souverain
« aucune espèce d'impôt. Nous vivons libres sous
« ses lois, et nous ne le connaissons que par sa
« protection et ses bienfaits. Nous partageâmes,
« l'année dernière, avec tout le royaume, non
« pas la disette, mais l'extrême cherté du pain.
« La bonté prévoyante de Pie VI nous envoya d'I-
« talie des grains en abondance ; approvisionnés
« par ses soins, nous eûmes le bonheur de four-
« nir à nos voisins l'excédant de ses largesses, sans
« lesquelles le comtat et nos provinces méridio-
« nales auraient été livrées à ce fléau terrible de
« la famine, qui en amène toujours tant d'autres
« à sa suite. J'aime à rendre au Souverain-Pontife,
« dans cette assemblée, cet hommage public de
« la reconnaissance que lui doit mon pays. Eh !
« pourquoi faut-il qu'en lui offrant dans ce mo-
« ment toutes les bénédictions qu'il a droit d'a-
« tendre de ses sujets, je sois forcé d'ajouter que
« cet approvisionnement de grain ne lui a pas en-
« core été payé ; que l'on a profané avec la plus

« sacrilége ingratitude ce grand bienfait public
« en employant le prix du blé, dont le pape avait
« nourri le comtat et la ville d'Avignon, à cor-
« rompre la fidélité de son peuple, et à soudoyer
« les insurgents qui se sont armés contre lui de
« ses propres libéralités! Ah! gémissons, Mes-
« sieurs, sur la nature humaine, gémissons sur
« les décourageantes leçons que les peuples don-
« nent quelquefois aux rois, et surtout aux bons
« rois! Ce n'est presque jamais contre les tyrans
« que l'on se soulève; et par je ne sais quelle fa-
« talité trop malheureusement attestée dans toutes
« les histoires, c'est la bonté, c'est cette douceur
« trop souvent voisine de la faiblesse, qui enhar-
« dit toujours les insurrections et les révoltes. Il
« semble que l'on veuille désormais condamner
« les rois à se faire craindre, s'ils veulent être
« respectés, je dirai plus, s'ils veulent être aimés.
« Hélas! si la postérité jugeait un jour du carac-
« tère moral des souverains qui régnèrent en
« Europe vers la fin du dix-huitième siècle par les
« révoltes continuelles qui semblent former au-
« jourd'hui l'esprit public des nations, elle croi-
« rait que tous les trônes étaient alors remplis par
« des tyrans. Eh bien! il faut la détromper d'a-
« vance. Il faut lui dire que la calomnie elle-même
« fut obligée de respecter la modération de ces
« mêmes princes, dont la rebellion ne cessa de fati-

« guer les vertus. Il faut lui dire qu'un petit nom-
« bre de conjurés souleva les peuples, en flattant
« bassement toutes les passions de la multitude
« ou plutôt tous ses crimes. Il faut lui dire que les
« nations les plus agitées n'eurent alors à repro-
« cher aux princes que d'avoir montré un désin-
« téressement excessif de puissance, et d'avoir
« oublié que l'autorité du trône qui n'est qu'un
« dépôt pour les souverains, est une propriété
« commune et nécessaire à leurs sujets. Il faut lui
« dire que, loin d'avoir à se plaindre du despo-
« tisme, les insurgents profitèrent au contraire
« de l'absence des despotes pour énerver l'auto-
« rité légitime des rois. Il faut lui dire enfin et
« lui redire que le blé envoyé par le Pape aux
« Avignonnais pour les empêcher de mourir de
« faim, fut vendu au profit d'une faction qui en
« employa le produit à fomenter une insurrection
« contre le Pape, et que l'argent du souverain
« forma le premier trésor des rebelles. »

En parlant de l'inestimable prix de la ville d'A-
vignon pour le siége apostolique, de cette possession enclavée dans l'intérieur de la France, et par
conséquent garantie au Pape contre toute invasion étrangère, l'abbé Maury disait ces mots dont
on pourrait être particulièrement frappé dans ces
temps où Rome garde si mal ses pontifes : « Cette
« cité est l'asile assuré et inviolable des vicaires

« de Jésus-Christ. Comment pourraient-ils jamais
« oublier que leurs prédécesseurs n'ont trouvé
« dans le quatorzième siècle que cet honorable
« refuge, et que la souveraineté d'Avignon est
« peut-être encore aujourd'hui pour eux le garant
« le plus assuré de la souveraineté de Rome? »

L'assemblée, qui deux fois avait écarté la motion
ou ajourné sa décision sur Avignon, voulut ajour-
ner encore. Trois défaites ne découragèrent point
ce que Maury appelle la coalition de l'intrigue et
les infatigables poursuites de l'esprit de parti; en
mai 1791, on espéra la majorité des voix qu'on
n'avait jamais pu obtenir, et la question reparut,
portée au bout des piques d'une députation des
clubs d'Avignon : ces mandataires et les bandes
nombreuses recrutées dans Paris, demandaient à
grands cris et sous peine de mort que l'Assemblée
décrétât la réunion d'Avignon à la France. « L'ar-
« gument est en forme, » disait Maury qui monta
à la tribune le 24 mai 1791, et qui était accoutumé
à entendre sans émotion de pareils syllogismes,
« et j'avoue que la liberté de nos opinions ne sau-
« rait être mieux constatée. » Le 4 mai 1791, cent
voix de majorité, à l'appel nominal, s'étaient prononcées pour les droits du Saint-Siége; le soir,
tandis que des bandes poursuivaient jusque dans
leurs demeures Maury et ses amis, la minorité,
réunie au club des jacobins, combinait une petite

campagne pour le lendemain à la lecture du procès-verbal, et, le 5 mai, réussissait à faire réformer le décret de la veille en l'absence d'un nombre considérable de membres de l'assemblée.

Maury, dans la séance du 24 mai, répondant à un rapport de Menou, qui déjà avait été rapporteur de la même question le 30 avril 1791, commence par dévoiler toutes les circonstances de l'escamotage du 5 mai; puis il prend corps à corps Menou, *sophistique militaire qui ne sait faire des conquêtes qu'avec des décrets*, relève sa doctrine sur le droit du peuple de se débarrasser d'un souverain chaque fois que la fantaisie lui en prend, bafoue son système tendant à ménager les forts et à frapper les faibles, système trop semblable aux théories de Mandrin, caractérise *le vœu de la ville d'Avignon* réduite au tiers de sa population ordinaire, avec une municipalité entourée de potence, présidée par des bourreaux, et trace une peinture de l'armée avignonnaise marchant sous les ordres de Jourdan *coupe-tête, régicide en espérance, que l'échafaud redemande à Paris.* Cette municipalité avait porté en dépense, dans un état imprimé, une somme de soixante-six mille quatre cent quatre-vingt-quatre livres pour ce qu'elle appelait l'*affaire du 10 juin (1790)*, c'est-à-dire pour le supplice de quatre citoyens honorables qu'elle fit pendre à la porte de l'hôtel de ville, moyennant une somme

de dix-sept mille livres par tête! Ce Jourdan faisait circuler une formule de proscription et de
mort ainsi conçue : *Ceux qui voudront que les ci-
après nommés soient pendus n'auront qu'à signer.*
Maury triompha de nouveau, et, le 24 mai 1791,
à la suite d'un appel nominal, l'Assemblée nationale décida que la ville d'Avignon ne serait pas
réunie à la France. Le 14 septembre suivant, elle
devait décréter la réunion. On sait qu'une des conditions imposées au Pape dans le traité de Tolentino, signé le 19 février 1797, fut la renoncia-
tion à la souveraineté d'Avignon et du comtat Venaissin. Le traité de Vienne, qui restitua les légations au Saint-Siége, laissa définitivement le comtat
à la couronne de France. Pendant que Louis XV
occupait Avignon comme gage, il avait offert au
Pape quatre à cinq millions qu'il croyait être le
prix juste de ce petit pays [1]. Mais les révolutions
n'y mettent pas tant de façons.

Maury, à l'Assemblée constituante, étonna par
son courage, mais dans cette grande affaire d'A-
vignon, où il se trouvait en face de la révolution
vivante, hideuse et couverte de sang, il dénonça
les crimes et brava la mort, non pas une fois, mais
souvent avec une vaillance superbe, une verve audacieuse qui grandissait sous les poignards, une

---

[1] Lettre du duc de Choiseul à M. de Bernis, du 12 novembre
1770.

magnifique fureur d'attaque dont la vie civile d'aucun homme ne montra jamais peut-être un exemple aussi soutenu. Ses discours sur la souveraineté d'Avignon, sans compter leur haute valeur oratoire, ont une valeur historique; ce sont des monuments sans lesquels il est impossible de bien connaître cette page moderne qu'on appelle la réunion d'Avignon à la France.

CHAPITRE X.

Lorsque, après avoir mis la main sur tous les
droits, l'Assemblée entreprit sur les droits spirituels de l'Église, les défenseurs de la religion refusèrent de prendre part à une délibération qui
outrepassait les pouvoirs des législateurs politiques ; ils proclamèrent l'incompétence de l'Assemblée en matière de juridiction ecclésiastique, de-
mandèrent un concile national pour accomplir canoniquement les réformes nécessaires, invoquè-
rent en dernier lieu le recours au Pape et puis se
renfermèrent dans un silence absolu. Le 27 novembre 1790, Maury, prenant la parole, annonça
qu'après s'être interdit jusqu'à la discussion de la
constitution civile du clergé, les membres ecclésiastiques de l'Assemblée ne pouvaient pas, sans

l'intervention de l'Église, concourir à son exécution. Il demanda qu'on attendît patiemment la réponse du Souverain-Pontife, qui, dans une si grave matière, devait garder sa prudence accoutumée : « On ne va pas si vite quand on ne doit « jamais revenir sur ses pas. » L'affaire était soumise à vingt cardinaux, à des canonistes et à des théologiens consultants. Maury invitait l'Assemblée nationale à de sages tempéraments. « Ah !
« Messieurs, qu'un homme dont le pouvoir est
« toujours précaire et passager, doute de sa force,
« et qu'il se hâte de mettre sa volonté à la place
« de sa raison, je le conçois ; mais qu'une nation
« dont la puissance est permanente et éternelle,
« craigne d'associer le temps, ce grand conseiller
« des hommes, à l'exécution de ses desseins pour
« les accomplir sans secousse et sans obstacle,
« c'est une pusillanime précipitation, une hon-
« teuse méfiance, indigne des représentants d'un
« grand peuple qui doivent toujours ménager l'o-
« pinion, même en opérant le bien, parce que
« pour des législateurs la patience est le courage,
« et la sagesse le génie. »

Les auteurs de la constitution civile du clergé jugeaient purement arbitraire le refus d'adhésion des ecclésiastiques de l'Assemblée ; ils n'y voyaient qu'une aveugle jalousie de puissance, et accusaient cette résistance de compromettre, sans aucun véritable intérêt, la tranquillité du royaume. L'abbé Maury démontra que cette résistance était fondée sur le devoir, qu'il était de l'intérêt de la religion, de l'intérêt des peuples eux-mêmes que les ecclésiastiques n'obtempérassent point, sans le concours de la puissance spirituelle, aux nouveaux décrets relatifs au clergé. L'Église a nécessairement une discipline; il appartient à elle seule d'en poser les règles; elle a joui de ce droit essentiel sous les empereurs païens. « Ce serait une hérésie « en théologie et une absurdité en droit public, « que de méconnaître en ce genre son autorité « législative, puisque, sans cette prérogative in- « contestable, il lui serait impossible de gouver- « ner la société des fidèles. » Maury fait observer la différence entre les principes généraux et invariables de la discipline et des points particuliers de discipline qui peuvent changer selon les temps, les lieux et les personnes. La désignation des villes épiscopales, des cités métropolitaines ou patriarcales fut toujours l'œuvre des canons. L'orateur rappelle que l'Eglise seule a érigé toutes les chaires épiscopales de l'univers et déterminé les juridictions, et qu'il n'y a d'autorité spirituelle que celle qui va prendre sa source au centre de l'unité catholique. Supprimer des évêchés, en ériger de nouveaux, étendre les limites des diocèses sans l'intervention du chef suprême de l'Eglise, ce n'est pas seulement porter la main à l'encensoir, c'est l'arracher avec violence des mains des pasteurs légitimes, et se précipiter dans le schisme; il n'y a plus ni fixité ni famille spirituelle pour l'ordre pastoral : on pourra expulser et proscrire comme on voudra.

« Ne vous êtes-vous donc proposés, disait Maury
« à ses adversaires, que de déplacer le despotisme
« en France, et de vous l'approprier au lieu de
« l'anéantir?... Quoi! vous avez décrété qu'un
« sous-lieutenant d'infanterie ne pourrait pas être
« destitué de son emploi sans le jugement préa-
« lable d'un conseil de guerre, et vous prétendez
« refuser la même inamovibilité et les mêmes ga-
« ranties judiciaires à nos pasteurs? Par où ont-ils
« donc mérité cette exhérédation de la loi?... »

« Vous n'exigerez pas sans doute sérieusement,
« disait l'orateur, que nous nous arrêtions à la
« misérable difficulté dont on a osé se prévaloir à
« cette tribune pour écarter l'invincible ascendant
« de ce principe de droit public, quand on a dit
« que le corps constituant était affranchi de toutes
« les règles. Si les règles n'existent plus, lorsque
« cette prétendue autorité, que vous vous arrogez
« sans titre et sans mission, se déploie dans un
« Etat, comment avez-vous pu être constitués
« vous-mêmes? Si vous nous ramenez à l'origine
« de la société, si vous supposez que nous sortons

« des forêts de la Germanie, où est donc l'acte de
« cette convention qui vous a constitués corps
« constituant? Non, ce n'est pas de la nation fran-
« çaise, c'est de vous seuls que vous tenez cette
« prétendue et extravagante mission. Ne voyez-
« vous pas qu'à force d'étendre votre autorité vous
« la sapez par ses fondements? Nous vous décla-
« rons que nous ne reconnaissons pas, que nous
« ne reconnaîtrons jamais cette autorité consti-
« tuante dans la réunion des députés du bailliage
« que le roi seul a convoqués, sans prétendre ab-
« diquer sa couronne pour la recevoir de vos
« mains. Nous vous répétons que si vous étiez un
« corps constituant, vous auriez le droit de définir,
« de diviser et de déléguer tous les pouvoirs, mais
« que vous ne pourriez en retenir aucun, parce
« que la réunion des pouvoirs est l'essence du
« despotisme et que le despotisme n'a jamais pu
« être institué légalement. Vous ne serez plus dan-
« gereux, Messieurs, le jour où vous déclarerez à
« la nation que cette autorité despotique vous est
« dévolue. Il nous suffira que vous manifestiez
« franchement vos prétentions pour établir invin-
« ciblement la nullité radicale de tous ces décrets.
« Pardonnez, Messieurs, si ma raison ne fléchit
« pas ici devant la logique des murmures. Je n'en-
« tends pas la langue que vous me parlez en tu-
« multe, lorsque vous n'articulez aucun mot.

« C'est ainsi qu'on arrête un opinant, je le sais
« bien, ce n'est pas ainsi qu'on le réfute....

«... S'il est vrai que vous puissiez supprimer
« de plein droit les cures et les évêchés du royaume
« et qu'une loi générale opère ces extinctions par-
« ticulières, vous agissez à la fois en législateurs,
« en pontifes, en juges, et il ne manque plus à votre
« magistrature universelle que le manifeste des
« huissiers. Ah! si l'on disait, à cinq cents lieues de
« Paris, qu'il existe dans le monde une puissance à
« laquelle sont dévolues les fonctions de pontife,
« de législateur et de juge, ce ne serait pas sans
« doute dans cette capitale, ce serait dans le divan
« de Constantinople ou d'Ispahan que l'on croi-
« rait devoir en chercher le modèle. »

Maury dénonce l'action usurpatrice des comités
de l'Assemblée établis pour l'Assemblée seule, et
qui, envahissant toutes les prérogatives, corres-
pondaient avec les provinces et réglaient les destinées du royaume ; il dénonce le comité ecclésiastique, où l'on ne trouvait pas un seul évêque, où
l'on rencontrait à peine un petit nombre de curés
dont on connaissait les sentiments haineux et jaloux ; ce comité excitait une fermentation dangereuse par ses correspondances sans mission avec
les bénéficiers, avec les corps ecclésiastiques, avec
les municipalités et les départements ; il leur trans-
mettait des ordres que l'Assemblée elle-même n'a-

vait pas le droit de donner; «c'est lui, disait Maury,
« qui, par l'organe d'un chef de bureau qu'il ap-
« pelle fastueusement son président, a écrit aux
« corps administratifs : *Osez tout contre le clergé,
« vous serez soutenus*. Vous avez beau m'interrom-
« pre, vous ne perdrez pas un mot de ma censure.
« Vous demandez à répondre ? vous avez en effet
« grand besoin d'une apologie. Attendez donc que
« l'accusation soit entière, car je n'ai pas encore
« tout dit, et il faut tout dire aujourd'hui pour n'y
« plus revenir. Je veux tirer enfin de vous la justice
« que me promet l'opinion publique en révélant à
« cette assemblée l'esprit dont vous êtes animés.
« C'est votre comité ecclésiastique, Messieurs, qui
« a usurpé le pouvoir exécutif, et qui s'est fait
« modestement roi de France, en préjugeant à son
« profit la vacance du trône, pour toute la partie
« des décrets qui nous concernent. C'est lui qui
« a écrit dans toutes nos provinces des lettres aussi
« fastueuses que barbares, dans lesquelles, man-
« quant aux lois les plus communes de la décence,
« il a adopté les formules les plus hautaines des
« chancelleries allemandes. C'est lui qui s'est
« érigé en mandataire de l'Assemblée nationale,
« qui s'est chargé de faire exécuter vos décrets
« sous vos ordres, qui a prévenu la réponse du
« Saint-Siége que vous sembliez attendre avec
« tant de modération, lui qui a provoqué les per-

« sécutions et les soulèvements populaires qui
« vous sont dénoncés, lui qui s'est emparé de
« toutes les autorités, qui a aggravé la rigueur de
« ses décrets en enjoignant aux municipalités de
« fermer les églises des chapitres, d'interdire aux
« chanoines l'habit canonial, l'entrée du chœur,
« et les fonctions de la prière publique. Qu'il parle
« donc maintenant ce comité, et qu'il nous dise
« en vertu de quel droit il a donné de pareils or-
« dres, qu'il nous dise quel est le décret qui l'a
« autorisé à renouveler les horreurs des Huns, des
« Visigoths et des Vandales en condamnant à la
« solitude d'un vaste désert ces sanctuaires d'où
« les lévites sont bannis comme des criminels
« d'État, et autour desquels les peuples consternés
« viennent observer, avec une religieuse terreur,
« les ravages qui attestent votre puissance : comme
« on va voir, après un orage, les débris d'une en-
« ceinte abandonnée qui vient d'être frappée de
« la foudre. »

L'orateur attaque ce qu'il appelle la théologie
de Mirabeau, la chicane et la fausse érudition de
Camus. Mirabeau qui, dans son livre sur la *monarchie prussienne*, ne reconnaissait pas à la puissance politique le droit de toucher à la hiérarchie
ecclésiastique, avait lu à la tribune une dissertation théologique où il professait des principes contraires ; il y soutenait que, chaque évêque tenant

sa juridiction de son ordination, et le caractère divin ne souffrant aucune limite, le pouvoir épiscopal ne pouvait pas être circonscrit par les bornes d'un diocèse; il invoquait à cet égard, avec un parfait aplomb d'ignorance, le premier article de la déclaration du clergé en 1682. L'évidente conclusion de son raisonnement faisait de chaque évêque dans l'Eglise un évêque universel. Maury saisit ici Mirabeau qui l'avait interrompu de son banc aux grands applaudissements des tribunes; il le frappe des coups de sa logique, de son savoir et de son esprit, l'étreint et le cloue dans une silencieuse défaite. Il se tourne ensuite vers Camus, le principal inspirateur de la constitution civile, Camus, ci-devant avocat du clergé, fort attaché à cette utile clientèle jusqu'au jour où l'Eglise fut dépouillée de ses biens; Maury lui rappelle qu'il a soutenu le pour et le contre, et que, *puisqu'il a deux avis, il ne lui en reste aucun.* Camus avait montré avec force la nécessité de l'intervention du Pape pour procéder à la réunion des évêchés de Digne et de Sénez, et maintenant qu'il est question de la suppression de cinquante-trois évêchés, le même Camus juge inutile l'intervention du Souverain-Pontife.

« Il faut être bien étrangement encouragé par le « désir de nuire, disait l'orateur, pour se montrer « versatile dans son opinion. Pour nous, Messieurs,

« qui, au lieu de nous faire des principes au be-
« soin, dans chaque cause, sommes persévéram-
« ment fidèles à la doctrine de nos pères, nous
« vous avons déclaré, dès que ces projets nous ont
« été connus, que les suppressions et les unions
« de diocèses ne pouvaient pas s'opérer sans l'au-
« torisation formelle du Vicaire de Jésus-Christ...
« Quand nous professons cette doctrine, nous
« n'innovons rien, nous nous conformons aux
« principes qui nous ont été transmis par l'anti-
« quité, aux principes que nos adversaires eux-
« mêmes ont constamment réclamés jusqu'à nos
« jours; aux principes qui ont toujours été et qui
« sont encore en vigueur dans la discipline de
« l'Église universelle; aux principes qui ont servi
« de base au contrat entre l'Eglise et l'Etat; et
« vous aurez beau, Messieurs, vous déclarer corps
« constituant, vous aurez beau vous arroger tous
« les pouvoirs, il en est un qui ne dépend ni de
« vos commettants, ni de vos systèmes, ni de vos
« invasions, c'est le pouvoir divin de l'Église.
« Voilà la borne où votre puissance doit s'arrêter!.
« Le tumulte de cette assemblée pourra bien
« étouffer ma voix, mais elle n'étouffera point la
« vérité. La vérité, ainsi repoussée et méconnue,
« reste toute vivante dans le fond de mon cœur,
« et la nation m'entend quand je me tais! »

Après avoir justifié contre Camus la discipline

de l'Église par les monuments de l'antiquité ecclésiastique et par le bon sens lui-même, Maury
venge M. de La Laurencie, évêque de Nantes, et
M. de Juigné, des injures d'un obscur rapporteur.
Chacun sait comment M. de Juigné, archevêque
de Paris, fut payé de son dévouement aux pauvres
dans l'hiver, de 1788 à 1789 : sa vaisselle vendue,
son patrimoine engagé, un emprunt de trois cent
mille francs généreusement garanti par son frère
aîné le marquis de Juigné, attestaient l'étendue
des libéralités du pieux archevêque. De tels souvenirs n'avaient pas trouvé grâce devant la multitude au mois de juin 1789, et, plus tard, n'arrê-
tèrent pas de téméraires reproches contre le prélat
forcé de chercher un refuge à Chambéry. « Quoi !
« disait Maury, M. l'archevêque de Paris, ce pré-
« lat si régulier, si doux, si exact à tous ses devoirs,
« et dont les ennemis du bien public n'ont que
« trop bien calculé le caractère pacifique et la
« trop facile résignation ; ce bienfaiteur du peuple,
« que ses pieuses largesses ont encore plus appau-
« vri que vos décrets ; ce représentant de la nation,
« qui, dès le mois de juin 1789, a été lapidé im-
« punément en plein jour, au milieu de Versailles,
« à l'issue de l'une de ces séances, entre l'Assem-
« blée nationale et le trône, sans qu'il se soit per-
« mis de rendre aucune plainte contre ses bour-
« reaux, sans qu'aucun procès-verbal ait constaté

« un attentat si mémorable, sans qu'il vous ait dé-
« noncé cette proscription effrayante qui a donné
« à l'Europe entière de si terribles doutes sur la
« liberté de vos opinions; ce prélat qui, durant
« trois mois entiers, a pris part à vos délibérations
« après une pareille catastrophe, et qui ne trou-
« vant plus de protection suffisante dans les tri-
« bunaux, s'est vu obligé, malgré son inviolabilité,
« de demander à cette assemblée un congé qu'il
« a obtenu, et d'aller chercher sa sûreté dans une
« terre étrangère, c'est ce même homme que vous
« osez accuser de s'être éloigné de son diocèse !
« c'est cette retraite, c'est cet exil involontaire
« qui lui a fait verser tant de pleurs que vous lui
« reprochez ! et sans respect pour ses vertus, pour
« ses malheurs, pour son silence du moins qui
« devrait vous être si précieux, vous le traduisez
« devant vous comme le prévaricateur des lois de
« la résidence ! »

L'abbé Maury jugeait ainsi le nouveau serment
demandé au clergé pour la Constitution civile :

« Remarquez, Messieurs, que les serments sem-
« blent se multiplier parmi nous à mesure que
« l'esprit de la religion s'éteint dans le royaume;
« comme on ne parle jamais tant de fanatisme que
« lorsqu'il n'y a plus de foi, et de despotisme que
« lorsqu'il n'y a plus d'autorité. Il semble, en
« effet, que l'on veuille faire dans la nation une

« cérémonie purement verbale de cet acte reli-
« gieux, qui est le plus ferme lien des sociétés hu-
« maines. Une inquiétude vague exige tyrannique-
« ment que la liberté s'établisse dans le royaume
« par les mêmes précautions que l'on prendrait
« pour y naturaliser le despotisme. Quoi! cette
« constitution qui devait assurer le bonheur des
« Français, cette constitution qui, en remplissant
« tous les vœux des peuples, ne semblait appeler
« dans ce sanctuaire que des bénédictions et des
« actions de grâces, a-t-elle donc besoin que cha-
« cun de vos décrets aille chercher dans le ciel un
« garant qu'il ne saurait trouver dans la recon-
« naissance de la nation? Pourquoi n'osez-vous
« donc plus vous fier à l'opinion de vos conci-
« toyens? Pourquoi tant de serments pour nous
« lier à nos intérêts? Craignez-vous que nous ne
« puissions pas être heureux par vos nouvelles
« lois, sans avoir fait à Dieu la promesse la plus
« solennelle? Louis XI exigeait sans cesse des
« serments de ses sujets. Henri IV ne leur en de-
« mandait point; il ne tourmentait pas la con-
« science de son peuple; il était juste et bon, il
« se confiait à la sienne. Ah! laissez, laissez aux
« tyrans ces ombrageuses inquiétudes du remords
« qui voudrait, à force de serments, s'associer la
« religion même pour complice! »
La constitution civile du clergé fut une coupable

erreur ; la parole de Maury, qui ne fut jamais plus belle que dans cette cause, en a été le jugement : le génie du bien venait en aide à son propre génie. Écoutons la fin de ce célèbre discours de Maury ; c'est l'Église de France elle-même qui ce jour-là parlait par sa bouche :

« Le règne de la justice n'est pas encore arrivé;
« mais le moment de la vérité est venu, et vous
« allez l'entendre. Nous dirons donc que, lorsque
« vous vîntes inviter le clergé, *au nom d'un Dieu*
« *de paix,* à prendre place dans cette Assemblée
« parmi les représentants de la nation, il ne de-
« vait pas s'attendre à s'y voir livré du haut de
« cette tribune au mépris et à la rage des peuples.
« Nous dirons qu'il y a autant de lâcheté que d'in-
« justice à attaquer des hommes qui ne peuvent
« opposer aux outrages que la patience, et à la fu-
« reur que la résignation. Nous dirons à nos dé-
« tracteurs que si le tombeau, dans lequel ils
« croient nous avoir ensevelis, ne leur paraît pas
« encore assez profond pour leur répondre de
« notre anéantissement, ce seront leurs persécu-
« tions qui nous en feront sortir avec gloire pour
« reconquérir l'estime et l'intérêt de la nation, et
« que la pitié publique nous vengera bientôt du
« mal que nous a fait l'envie. Vous demandez
« qu'on me rappelle à l'ordre ? Eh ! à quel ordre
« me rappelerez-vous ? Je ne m'écarte ni de la

« question, ni de la justice, ni de la décence, ni
« de la vérité. Les orateurs qui m'ont précédé
« dans cette tribune n'ont pas été rappelés à l'or-
« dre quand ils ont insulté sans pudeur et sans
« ménagements nos supérieurs dans la hiérar-
« chie; je ne dois donc pas être rappelé à l'ordre
« quand je viens décerner au corps épiscopal une
« juste et solennelle réparation. Tous les vertueux
« ecclésiastiques du royaume s'empresseront de
« ratifier cet hommage public de respect, d'atta-
« chement et de confiance que nous devons à nos
« évêques. Nous avons vécu sous leur gouverne-
« ment paternel, que l'on ose nous dénoncer
« comme un gouvernement despotique. Pour nous,
« nous déclarons que nous avons toujours chéri
« leur autorité douce et bienfaisante, qu'il est bien
« plus facile de calomnier que d'imiter. Nous dés-
« avouons hautement les éloges insultants que
« l'on a prodigués au second ordre du clergé, en
« déprimant le premier. Le piége est trop grossier
« pour nous tromper. Nous ne nous séparerons
« jamais de nos chefs et de nos guides; nous nous
« ferons gloire de partager tous leurs malheurs...
« L'Europe et la postérité confirmeront ce témoi-
« gnage incontestable que je leur rendis en votre
« présence... Vous verrez par l'exécution même
« du fatal décret que vous êtes prêts à prononcer,
« si vous ne devez pas regarder comme des enne-

« mis de la patrie les fanatiques persécuteurs qui
« oppriment et tourmentent sans intérêt de fai-
« bles pasteurs accoutumés à prier pour ceux qui
« les insultent, et dont la patience a dû vous ap-
« prendre, dans la séance d'hier au soir, ce qu'ils
« savent souffrir en silence, quand ils défendent
« les intérêts de la religion. Nous imiterons avec
« enthousiasme le bel exemple de fermeté sacer-
» dotale que vient de donner à toute la France le
« brave et bon clergé de Quimper... Nous retrou-
« verons cette énergie de courage qui ne compte
« plus pour rien le sacrifice de la fortune et de
« la vie quand il faut s'immoler au devoir. Pre-
« nez garde, Messieurs, il est dangereux de faire
« des martyrs ; il est dangereux de pousser à bout
« des hommes qui ont une conscience, des hom-
« mes qui sont disposés à rendre à César ce qui
« appartient à César, mais qui veulent aussi ren-
« dre à Dieu ce qu'ils doivent à Dieu ; et qui, en
« préférant la mort au parjure, vous prouveront,
« par l'effusion de leur sang, que s'ils n'ont pas
« été assez heureux pour se concilier votre bien-
« veillance, ils savent du moins mériter et forcer
« votre estime. »

Le monde n'a pas ignoré comment le clergé de
France s'honora par l'héroïsme de sa résistance à
des décrets contraires aux lois de l'Église. Il est
beau de pouvoir répéter que sur cent trente évêques

français, il ne s'en rencontra que quatre qui se soumirent à la constitution civile : l'un de ceux-ci est mort à Charenton. Un homme du grand air et de beaucoup d'esprit qui, pendant plusieurs années, fit à Rome les honneurs de la France à toute l'Europe, qui composa le poëme de la *Religion vengée* pour faire oublier la légèreté peu ecclésiastique des poésies de sa jeunesse, et qui perdit plus de quatre cent mille livres de rente aux décrets de la Constituante et au refus du serment, le cardinal de Bernis écrivait de Rome, à la date du 17 novembre 1790 : « Je me souviendrai que, « dans un âge avancé, on ne doit s'occuper qu'à « rendre au Juge suprème un compte satisfaisant « de l'accomplissement de ses devoirs. »

CHAPITRE XI.

En lisant les discours de Maury à la Constituante, ce grand théâtre de sa gloire, on sent l'homme qui travaille toujours, qui veille sur tous les points, qui est prêt pour toutes les questions ; il parle avec la même abondance de faits et d'idées, avec la même force substantielle, avec la même plénitude lumineuse, soit qu'il touche aux études de son état ou à la politique générale, soit qu'il aborde les matières de finances, d'administration, d'économie, d'ordre judiciaire. Mais, en dehors des hautes et graves questions de religion, il semble se plaire à dominer quand il s'agit d'évoquer le passé à l'appui de ce qu'il avance. Les exemples des âges écoulés, les citations heureuses font toujours de l'effet sur une assemblée, parce qu'une

assemblée, dans la disposition générale de ceux qui la composent, ne se donne pas le temps et n'a pas la volonté de s'appliquer aux profondeurs historiques d'une question. Le discours de Maury sur la régence, le 22 mars 1791, frappa surtout l'attention par les témoignages de l'histoire. Le projet, présenté au nom du Comité de constitution, excluait les mères des rois, proposait de conférer la régence au premier prince du sang qui serait majeur, et déférait le choix du régent aux assemblées primaires de la nation, dans le cas où aucun parent du roi n'aurait atteint l'âge de majorité. Maury combattit les deux mesures, et fit voir tout ce qu'il y avait de superficiel et d'imprévoyant, d'incomplet et de faux dans l'œuvre du Comité. En traitant cette grande question de droit public, il s'éleva bien au-dessus des auteurs du projet. Ce fut au milieu des marques d'une extrême surprise qu'il cita vingt-quatre exemples de régences de femmes dans notre pays. « C'est précisément
« parce qu'une loi fondamentale de l'État, disait
« Maury, exclut à jamais du trône les mères de
« nos rois, et qu'elles ont moins de droit pour y
« monter que le dernier des Français, que la na-
« tion, rassurée par cette exhérédation même, les
« a toujours vues sans inquiétude, chargées d'ad-
« ministrer l'autorité royale, pendant la minorité
« de leurs enfants. Notre amour naturel pour nos

« rois nous invitait à mettre leur enfance sous la
« garde du sentiment le plus profond du cœur hu-
« main.» L'orateur ne supportait pas l'idée qu'on
enlevât à une mère la tutelle de son fils. « Nous
« croirions l'égaler, la surpasser en tendresse, en
« vigilance; nous oserions entrer en concurrence
« avec son cœur, et soustraire à l'œil maternel le
« berceau de son enfant ! Eh ! Messieurs, ne voyez-
« vous pas que si vous accoutumiez votre roi à ne
« pas connaître la première des vertus domesti-
« ques, la piété filiale, il n'aurait jamais aucune
« vertu publique?... Ah ! il lui reste une mère, et
« vous voudriez en faire un orphelin !... Vous avez
« eu tous une mère, et vous ne décréterez jamais
« une loi qui outragerait la nature. »

Le discours de Maury sur la régence fut une
grande et mémorable improvisation; après la lecture du rapport de Thouret, Mirabeau malade avait
demandé l'ajournement de la discussion; Cazalès
l'avait appuyé, rappelant avec une courtoisie qui
honorait Mirabeau, que le parlement d'Angleterre
décida l'ajournement d'une importante question
pour attendre le rétablissement de la santé de Fox;
Maury s'était joint à eux; il déclarait, en passant,
son intention d'attaquer le projet de tout point;
plusieurs voix du côté gauche le pressèrent aussitôt
de prendre la parole, lui lancèrent les provocations
et les défis; Maury n'était jamais plus fort que sous

le coup de ces défis passionnés ; avec la permission de l'Assemblée, il alla chez lui prendre ses notes, revint dans moins d'un quart d'heure, et, montant à la tribune au milieu d'une vive et curieuse attente, prononça le discours très- applaudi dont nous n'avons pu donner qu'une bien faible idée.

Le lendemain du jour où il avait attaqué le projet du comité de constitution sur la régence, Maury reparaissait à la tribune ; le comité militaire menaçait l'hôtel des Invalides, monument d'un grand roi et d'un grand siècle ; il voulait supprimer cette institution qui naquit d'une noble pensée, d'un généreux respect pour de vivants débris. Maury ne perdait jamais l'occasion de défendre Louis XIV ; il y avait ici à défendre plus que le prince et le patriotisme de ses longues pensées : c'était la gloire même de notre pays qu'on allait atteindre. Elle inspira Maury, et la journée du 23 mars 1791 est une de ses plus belles journées. L'orateur démontra les avantages et l'indispensable nécessité d'un établissement pareil dans une grande monarchie, fit l'histoire de l'hôtel des Invalides et reconnut la majesté de la France dans la majesté du monument. Mais laissons Maury répondre aux détracteurs de Louis XIV :

« Oh ! s'il existait des hommes assez malheu-
« reux pour être contristés du bien même qu'un
« grand roi fit à la France, si leur lâche jalousie

« se flattait de faire oublier à la nation française
« l'âme de Louis XIV en renversant tous les mo-
« numents de son règne, comme on vit, dans le
« dernier siècle, les ennemis de Le Sueur se flat-
« ter d'étouffer le génie de ce peintre à jamais
« célèbre, en essayant d'effacer ses immortels tra-
« vaux, ne vous flattez pas, leur dirons-nous, non,
« ne vous flattez pas dans votre superbe délire de
« retrancher ce nom glorieux de nos annales.
« Plus vous ferez d'efforts pour le dévouer à l'oubli,
« plus vous lui susciterez des panégyristes et des
« vengeurs. Sa gloire n'a plus besoin de tous ces
« monuments que vos mains sacriléges veulent
« renverser. Vous ne pouvez plus rien lui ôter;
« car il est retranché dans sa tombe contre vos
« attentats. Vous n'ôteriez donc qu'à sa nation ce
« qu'il a fait pour elle, et ce qu'elle n'oubliera ja-
« mais. Mais, que dis-je? ce beau nom et sa vaste
« influence tiennent à tout ce qui est grand dans
« cet empire. L'innombrable multitude des éta-
« blissements de Louis XIV échappera toujours
« au vain projet que vous avez formé de conquérir
« sa renommée et d'envahir sa gloire. La disci-
« pline militaire, la création des corps de l'artil-
« lerie, de la marine et du génie; la construction
« de tant de forteresses qui forment un rempart
« autour de la France pour la ceindre comme une
« seule cité; les six provinces qu'il a réunies à son

« empire, les routes qu'il a ouvertes dans ses
« Etats, et cent autres monuments indestructibles
« qu'il n'est plus au pouvoir ni des hommes ni du
« temps de séparer de son nom, vous condamne-
« ront à le laisser jouir en paix de ce titre de grand
« qui l'accompagnera jusqu'à la postérité la plus
« reculée. Eh! que gagneriez-vous? Eh! que per-
« drait-il si vous chassiez vos anciens guerriers
« de cet asile auguste où l'on croit voir errer par-
« tout son ombre? Malheureux! quand vous au-
« riez détruit l'hôtel des Invalides, iriez-vous
« combler le canal du Languedoc et ensuite les
« ports de Toulon, de Brest et de Rochefort! »

Maury cite le témoignage de Montesquieu, con-
temporain de ces détracteurs *qui croyaient prouver que Louis XIV n'avait pas été grand en démon-
trant qu'il n'avait pas été parfait* : « Je fus hier
« aux Invalides, disait l'illustre publiciste dans sa
« 84ᵉ lettre Persane; j'aimerais autant avoir fait
« cet établissement, si j'étais prince, que d'avoir
« gagné trois batailles. On y trouve partout la
« main d'un grand monarque. Je crois que c'est
« le lieu le plus respectable de la terre. » Voilà,
s'écriait l'orateur, voilà comment les grands hommes se sentent et se jugent les uns les autres!

« Mais, ajoutait Maury, le témoignage d'un
« Français, quel qu'il soit, doit disparaître ici au-
« près du jugement qu'a porté l'Europe entière

« sur cette sublime institution. L'Europe l'a donc
« jugée, ou plutôt elle a bien mieux fait : elle a
« voulu l'imiter : c'est le suffrage en action, c'est
« cette glorieuse émulation des nations les plus
« éclairées, qui repousse à jamais tous les ingrats
« détracteurs, obstinés à ne voir dans l'hôtel des
« Invalides qu'un monument du faste et de la va-
« nité de Louis XIV. Quand les Anglais, qui certes
« ne flattent guère les rois, se hâtèrent d'imiter et
« d'égaler la magnificence de l'hôtel des Invalides,
« à Greenwich et à Chelséa ; quand le roi d'An-
« gleterre, Guillaume d'Orange, l'éternel rival de
« Louis XIV, fit à sa nation le sacrifice de ce beau
« château de Greenwick, qu'il se plaisait tant à ha-
« biter, sur les bords de la Tamise, à deux lieues
« de Londres, pour en former l'asile de dix mille
« matelots, les Anglais et le roi Guillaume cher-
« chaient-ils donc à flatter la vanité de Louis XIV?
« Quand la Russie, après avoir pris place, au com-
« mencement de ce siècle, parmi les nations po-
« licées, a fait construire sur les bords de la Néva
« ce même monument d'hospitalité militaire, dont
« elle avait trouvé le modèle sur les rives de la
« Seine, l'impératrice de Russie cherchait-elle à
« flatter la vanité de Louis XIV? Enfin, quand le
« roi de Prusse Frédéric, qui a créé une nouvelle
« école dans l'art de la guerre ; qui avait passé sa
« vie à la tête de ses soldats, et qui connaissait si

« bien tout ce qui était relatif à l'administration
« militaire, a fait construire à Berlin un hôtel des
« Invalides, sur le même plan qu'avait adopté
« Louis XIV, avec cette belle inscription : *Læso*
« *sed invicto militi;* lorsqu'il élevait dans la ville
« de Werdel, près de sa résidence de Postdam,
« un asile particulier pour les invalides de ses
« gardes, ce prince si peu imitateur, si économe,
« si habile dans l'art de conduire les hommes par
« le ressort de l'espérance et accoutumé, disait-il,
« à exiger d'eux l'impossible, pour en obtenir tout
« ce qui était vraiment possible : ce héros, ce
« grand roi, ce grand homme, qui s'est ouvert de
« nouvelles routes dans toutes les carrières de
« la gloire, chercha–t–il à flatter la vanité de
« Louis XIV? Eh! Messieurs, en sera–t–il donc
« de nos monuments comme de nos modes, et
« suffira-t-il que l'Europe entière les imite, pour
« que notre inconstance se hâte de les abandon-
« ner? »

L'orateur discute le plan du comité militaire
avec un esprit pratique, une sûreté d'aperçus et
un lumineux bon sens; le comité concluait à
transformer l'hôtel des Invalides en hôpital commun pour tous les malades pauvres de Paris;
Maury prouve que ce projet n'est ni dans l'intérêt
des malades, ni dans l'intérêt de la ville de Paris,
ni dans l'intérêt de la nation; il en signale les

vues étroites et bornées, et parle de l'*impatiente vanité de détruire, qui ne se donne pas le temps de réfléchir quand elle s'avise de créer;* il dit encore avec une fine intention qui porte coup, que ces projets qu'il combat *n'ont pas même toujours, comme les systèmes du bon abbé de Saint-Pierre, l'insuffisant mérite d'être au moins les rêves d'un homme de bien.* Dans sa dernière partie, consacrée à la réforme des abus aux Invalides, Maury parle le langage de l'administration, langage ferme, substantiel et précis, et sous sa main les détails perdent leur aridité. Ce discours sur l'hôtel des Invalides, un des plus remarquables par le savoir, l'éloquence, l'esprit et l'habileté modérée, surprend aussi par l'abondante diversité des faits qui s'y trouvent exposés; il atteste les recherches sérieuses et les soins complets dont s'était armé l'abbé Maury pour sauver une institution magnifique. L'orateur finissait ainsi :

« Le plus profond et le plus immoral publiciste
« des temps modernes, Machiavel, a observé qu'il
« fallait revenir de temps en temps aux premiers
« éléments de toutes les institutions humaines, et
« revoir de distance en distance les établissements
« publics, les associations et les lois. Soumettons
« donc cet asile national à un examen sévère, et
« donnons-lui, après plus d'un siècle d'expérience,
« toute la perfection que Louis XIV voulait y éta-

« blir : plus nous examinerons les bases de cet
« établissement, plus nous nous convaincrons de
« la nécessité de le conserver. Des soldats accou-
« tumés à la discipline militaire ont besoin de ce
« frein qui devient en quelque sorte, par l'habi-
« tude, toute leur morale sociale. Il faut donc les
« contenir par ce lien d'autorité dont ils ont con-
« tracté le besoin, et les soumettre dans leur vieil-
« lesse à une discipline douce, mais observée avec
« la plus invariable exactitude. Il est d'autant plus
« important de ne pas confier leur subsistance à
« leur aveugle prodigalité qu'il ne leur resterait
« plus aucune ressource s'ils dépensaient à l'a-
« vance le traitement qui leur serait assigné. Ne
« nous dissimulons pas que la source des grandes
« aumônes est tarie dans le royaume par la sup-
« pression des monastères....

« Déjà deux fois l'opinion seule des bons ci-
« toyens a protégé cet établissement contre les
« systèmes ministériels qui en sollicitaient la sup-
« pression. Nous avons vu ce noble asile, dont la
« splendeur intéresse essentiellement la gloire de
« la nation française, nous l'avons vu deux fois
« ébranlé jusque dans ses fondements! Un cri
« universel s'est fait entendre pour proscrire tous
« ces novateurs qui ne parlaient que d'économie
« à une nation à laquelle il faut aussi parler d'hon-
« neur; et qui, en dernier résultat, après avoir fa-

« tigué notre patriotisme par leur misérable par-
« cimonie, n'avaient pas même pour eux l'autorité
« des calculs.... Conservez et améliorez l'établis-
« sement, et j'ose vous promettre les bénédictions
« de cette grande famille, dont vous êtes les pro-
« tecteurs et les pères. Hélas ! à peine avais-je
« annoncé dans cette assemblée le projet de m'op-
« poser à cette suppression sollicitée, avec une
« ardeur très-suspecte, par le rapporteur de votre
« comité, qu'un très-grand nombre de ces braves
« invalides, rassemblés et pressés sur mon pas-
« sage, ont daigné m'en manifester leur recon-
« naissance, avec une sensibilité si touchante qu'il
« ne m'est permis ni de l'oublier ni de l'expri-
« mer !... »

Le décret de l'Assemblée nationale fut conforme
aux conclusions de ce discours ; l'abbé Maury sauva
l'hôtel des Invalides, et, plus tard, lorsque, après
de longues années passées à l'étranger, il rentrera
dans sa patrie, il retrouvera encore la vive grati-
tude de ces braves dont les acclamations recon-
naissantes avaient déjà salué en mars 1791 comme
un triomphe de leur cause, la seule promesse de
sa parole ! La conservation de l'hôtel des Invalides
demeure inséparable du nom de Maury, et rien au
monde ne doit pouvoir diminuer le souvenir des
services qui tiennent si fortement à la grandeur
nationale.

A très-peu de jours de la séance du 23 mars 1791, Maury entrait dans la chambre de Mirabeau mourant, s'approchait doucement du lit d'agonie, serrait la main de son puissant adversaire et puis s'éloignait les larmes aux yeux : on raconte que Mirabeau aux portes de la mort, très-ému, très-touché à la vue de son fier rival, avait fait un grand effort pour se soulever et lui avait ouvert ses bras. La visite de l'abbé Maury, à cette dernière heure, lui fut plus douce, dit-on, que celle de Barnave. On sait que les Lameth ne parurent pas. Pendant que Maury ému s'en allait de la chambre du moribond, on entendit Mirabeau qui disait : « Voilà qui « l'honore plus que ses meilleurs discours. »

CHAPITRE XII.

La grandeur d'une cause fait la grandeur de
l'homme intrépide qui la défend. Maury à la Constituante nous apparaît comme sur les cimes sociales, luttant contre une immense destruction,
s'épuisant en efforts, trop souvent inutiles, pour
barrer le chemin à l'ouragan. Les hommages des
contemporains de tous les pays ne manquèrent
point à ces combats dont le *Moniteur* ne fut pas
toujours le narrateur fidèle, et dont la postérité ne
connaîtra qu'un faible écho. Parmi ces témoignages, il en est un qui les résume tous, celui de
Burke, bon juge en éloquence et en courage. Dans
une lettre de Londres le 11 février 1791 [1], il se

[1] Lettre à M. Woodfort, aide-major des gardes de Sa Majesté
Britannique.

félicitait d'avoir pu lire un certain nombre de discours de l'abbé Maury qu'il ne connaissait jusque
là que par morceaux détachés et altérés ; « j'y vois
« partout, disait-il, une éloquence fière, mâle et
« hardie, haute et dominatrice, libre et rapide
« dans ses mouvements, pleine d'autorité, et
« abondante dans ses ressources. Mais en admi-
« rant, comme je le fais, un si beau talent, j'ad-
« mire plus encore sa persévérance infatigable, sa
« constance invincible, son inébranlable intrépi-
« pidité, et son indomptable courage à braver no-
« blement l'aveugle opinion et les clameurs po-
« pulaires. Ce sont là, Monsieur, de solides fon-
« dements d'une grande gloire. Dites-lui de ma
« part que lorsqu'il pourra se soustraire aux dan-
« gers dont son inviolabilité l'environne, et qu'il
« voudra prendre quelque repos, et trouver quel-
« que délassement dans la libre communication
« d'un commerce intime, je le prie de venir jouir
« de sa renommée dans ce pays d'esclavage où il
« n'aura rien à redouter d'un comité des recher-
« ches, ni de l'excellente loi contre les crimes de
« lèse-nation. Je lui donnerai d'un cœur franc et
« sincère l'accolade chevaleresque qu'il veut bien
« recevoir de moi, car je vois en lui un preux
« chevalier, et un vaillant champion de la cause
« de l'honneur, de la vertu, de tous les sentiments
« nobles et généreux, de la cause de son roi et

« des lois, de la religion et de la liberté de son
« pays. » Comme Burke en des années précédentes avait reçu Mirabeau dans sa maison, il promettait de la faire purifier avant d'en ouvrir la porte à son nouvel hôte, et d'y employer toutes les cérémonies expiatoires, connues depuis Homère jusqu'à nos jours. A la fin de sa lettre, il mêlait au nom de Maury le beau nom de Cazalès.

M. de Bonald, dans son premier ouvrage [1] publié à Constance sous le Directoire, la même année où paraissaient à Neuchâtel les *Considérations sur la Révolution française*, par M. de Maistre, a jugé le rôle de Maury à la Constituante en des termes qui méritent d'être rappelés :

« L'abbé Maury déploya une puissance de ta-
« lent, une force et surtout une prestesse d'élo-
« quence, une force de caractère qu'on n'avait
« vues jusqu'à présent dans aucune assemblée po-
« litique, ancienne et moderne. Démosthènes par-
« lait devant le peuple d'Athènes, de tous les peu-
« ples le plus difficile à fixer, mais le plus aisé à
« entraîner; Cicéron devant un sénat grave, ins-
« truit, prévenu presque toujours pour l'orateur;
« l'un et l'autre n'avaient à parler que sur de
« grands intérêts politiques, ou dans de grandes
« causes particulières. Mais raisonner devant des

---

[1] Théorie du Pouvoir politique et religieux dans la société civile, 1796.

« sophistes ! avoir des philosophes à émouvoir et
« de beaux esprits à persuader ! Parler avec élo-
« quence, avec grâce sur la vente exclusive du ta-
« bac, sur les assignats, sur la constitution civile
« du clergé, sur l'impôt, sur la succession, etc.;
« résister pendant deux ans à des assauts de tous
« les jours, à des dangers de tous les instants, à
« des contradictions de tous les genres ! Surmonter
« l'insurmontable dégoût d'une lutte opiniâtre, où
« la raison et le génie étaient condamnés d'a-
« vance, où l'orateur persuadait sans convaincre,
« touchait sans émouvoir, ébranlait sans entraî-
« ner; c'est ce qu'on n'avait jamais vu ; c'est sans
« doute ce qu'on ne verra plus. »

Grâce à de nouvelles révolutions, cela s'est vu
encore ; elles nous ont donné le spectacle de l'é-
loquence solitaire [1] *ébranlant sans entraîner*, et bien
souvent condamnée à avoir inutilement raison.

Il y a dans les *Mémoires* de Marmontel deux
pages [2] sur Maury dont le souvenir nous revient;
Marmontel, qui aimait le talent, s'était attaché à
Maury, l'avait défendu contre ses ennemis, l'avait
beaucoup aidé à entrer à l'Académie, avait joui
avec enthousiasme de ses grands succès à la tribune, et, jusqu'à la fin de sa vie, demeura de tout
cœur son ami; témoin de ses travaux et de son élo-

---

[1] M. Berryer sous le gouvernement de juillet.
[2] Mémoires de Marmontel, livre XVIII.

quence, de ses luttes de chaque jour et même de ses habitudes, il a laissé une appréciation et des détails d'un véritable intérêt.

« En vous parlant de lui (de l'abbé Maury), dit Marmontel, je ne vous ai donné, mes enfants, que l'idée d'un bon ami, d'un homme aimable; je dois vous le faire connaître en qualité d'homme public, et tel que ses ennemis eux-mêmes n'ont pu s'empêcher de le voir, invariable dans les principes de la justice et de l'humanité; défenseur intrépide du trône et de l'autel; aux prises tous les jours avec les Mirabeau et les Barnave; en butte aux clameurs menaçantes du peuple des tribunes; exposé aux insultes et aux poignards du peuple du dehors, et assuré que les principes dont il plaidait la cause succomberaient sous le plus grand nombre; tous les jours repoussé, tous les jours sous les armes, sans que la certitude d'être vaincu, le danger d'être lapidé, les clameurs, les outrages d'une populace effrénée l'eussent jamais ébranlé ni lassé. Il souriait aux menaces du peuple; il répondait par un mot plaisant ou énergique aux invectives des tribunes, et revenait à ses adversaires avec un sang-froid imperturbable. L'ordre de ses discours, faits presque tous à l'improviste, et, durant des heures entières, l'enchaînement de ses idées, la clarté de ses raisonnements, le choix et l'affluence de son expression juste, correcte, harmonieuse et toujours animée, sans aucune hésitation, rendaient comme impossible de se persuader que son éloquence ne fût pas étudiée et préméditée, et cependant la promptitude avec laquelle il s'élançait à la tribune et saisissait l'occasion de parler, forçait de croire qu'il parlait d'abondance.

« J'ai moi-même plus d'une fois été témoin qu'il dictait de mémoire le lendemain ce qu'il avait prononcé la veille, en se plaignant que dans ses souvenirs sa vigueur était affaiblie et sa chaleur éteinte. *Il n'y a*, disait-il, *que le feu et la verve de la tribune qui puissent nous rendre éloquents.* Ce phénomène, dont on a vu si peu d'exemples, n'est explicable que par la prodigieuse capacité d'une mémoire à laquelle rien n'échappait, et par des études immenses ; il est vrai qu'à ce magasin de connaissances et d'idées que Cicéron a regardé comme l'arsenal de l'orateur, Maury ajoutait l'habitude et la très-grande familiarité de la langue oratoire : avantage inappréciable que la chaire lui avait donné.

« Quant à la fermeté de son courage, elle avait pour principe le mépris de la mort et cet abandon de la vie sans lequel, disait-il, une nation ne peut avoir de bons représentants, non plus que de bons militaires.

« Tel s'était montré l'homme qui a été constamment mon ami, qui l'est encore et le sera toujours, sans que les révolutions de sa fortune et de la mienne apportent aucune altération dans cette mutuelle et solide amitié.

« Le moment où, peut-être pour la dernière fois, nous embrassant, nous nous dîmes adieu, eut quelque chose d'une tristesse religieuse et mélancolique. *Mon ami*, me dit-il, *en défendant la bonne cause, j'ai fait ce que j'ai pu ; j'ai épuisé mes forces, non pas pour réussir dans une assemblée où j'étais inutilement écouté, mais pour jeter de profondes idées de justice et de vérité dans les esprits de la nation et de l'Europe entière. J'ai eu même l'ambition d'être entendu de la postérité. Ce n'est pas sans un déchirement de cœur que je m'éloigne de ma patrie et de mes amis, mais j'emporte la ferme espérance que la puissance révolutionnaire sera détruite.* »

Ces paroles de Maury sont de nobles paroles, et bien à la hauteur de la position morale qu'il s'était faite en 1791.

Avant de mettre en scène l'abbé Maury à l'assemblée des Etats généraux, nous avons essayé de le peindre en quelques lignes comme orateur, et nous avons rapproché son nom de celui de Mirabeau ; en plus d'une rencontre nous avons caractérisé son éloquence ; mais en achevant le récit, trop imparfait, de cette partie éclatante de la carrière de Maury, de ce bel endroit de sa vie, il im-

porte d'insister sur les différences de génie et de renommée des deux plus grands lutteurs de la Constituante. « On ne peut parler de l'abbé Maury
« sans rappeler son rival Mirabeau, dit un témoin
« de leurs mémorables combats de tribune [1], pas
« plus qu'on ne peut faire l'histoire de Charles XII
« et du czar Pierre, sans que l'une ne rentre dans
« celle de l'autre. »

Nous avouons qu'il est malaisé d'apprécier avec une complète exactitude les grands orateurs qu'on n'a pas entendus, parce que l'éloquence ne se sépare pas de l'action oratoire ; mais apparemment les orateurs ont l'ambition de vivre par delà l'heure qui les écoute, et doivent se résigner au jugement de ceux qui n'ont pu que les lire. Nous ne connaissons pas autrement les orateurs de l'antiquité grecque et romaine, les premiers orateurs sacrés de la chaire française, et cependant chaque jour nous les apprécions et nous marquons leur rang.

Mirabeau, nature fougueuse, âme de feu, doué d'un organe qui tantôt roulait comme le tonnerre, et, tantôt souple et varié, retentissait comme une magnifique musique ; Mirabeau, dont la prononciation si belle était un enchantement, et dont la massive et repoussante personne resplendissait à la tribune ; Mirabeau, ce prodige de passion et

---

[1] L'abbé de Pradt, dans *les Quatre Concordats*, tom. II, p. 39.

d'audace, remuait l'assemblée par son action oratoire. Elle était plus belle que sa parole; la postérité doit donc l'admirer moins que ses auditeurs. Ses discours parlés étaient une merveille; imprimés, ils n'étonnent ni n'entraînent. L'œuvre de Mirabeau, réduite à elle-même, ne frappe pas vivement. Nous estimons trop l'éloquence pour ne pas y chercher autre chose que le geste, le son de la voix, les rayonnements|de la physionomie; nous voulons y trouver la beauté du langage et le sérieux de la pensée, la puissance de la dialectique et l'étendue du savoir; ces grandes qualités se rencontrent peu chez Mirabeau. Lorsque, à quarante ans, il prit place aux États-Généraux, il n'avait pas connu les tranquilles loisirs de la méditation et de l'étude; il avait lu et travaillé au hasard au milieu des tortures des cachots et des inquiétudes de l'exil; après ce qu'il appelait lui-même l'*infamie de sa jeunesse,* il ne tira aucun noble fruit de la maturité des années; ses travaux, toujours précipités, étaient encore une manifestation de ses vices; génie esclave des appétits grossiers, appétits monstrueux dans cette ardente et vaste nature, il ne montait pas vers la région des aigles; mais, aux heures où il échappait au délire des sens, il allait, chargé de ses vices qui ne l'écrasaient pas, il allait contre l'obstacle et contre l'adversaire. Député, il se rua sur un monde qui le méprisait et sur des institutions qui ne déplaisaient pas à sa vanité; ce ne sont pas des convictions, mais des blessures, qui firent de Mirabeau l'Hercule de la révolution.

La flamme de la parole ne suffit pas à qui veut aborder les grandes questions religieuses, politiques et sociales; Mirabeau, cet ignorant superbe, si habile à faire croire qu'il savait, ne pouvait pas se cacher à lui-même, et s'entoura d'auxiliaires instruits et laborieux. De plus, un grand nombre de députés de son opinion compulsaient les auteurs ou écrivaient pour lui. Un collègue de Mirabeau disait que le célèbre orateur *était une espèce de tronc où beaucoup de personnes déposaient leurs productions*. Mirabeau marquait de son empreinte ce qu'on lui fournissait, mais le fond de beaucoup de ses discours a été l'œuvre d'autrui; on lui apportait des faits et des témoignages, des raisons et des idées; il les pétrissait, soufflait dessus, et tout cela devenait de l'éloquence. Remarquons du reste qu'il n'eut besoin de personne pour ses succès les plus éclatants, et que sa réponse à Barnave dans la question du droit de paix et de guerre sortit de son génie et non pas du travail des fournisseurs.

L'abbé Maury a pu, dans sa jeunesse, ne pas toujours garder la sévérité de son état, mais le mandat dont il fut investi, en 1789, ne tomba point sur une vie incertaine, flottante et dévastée ; il dut à son éducation ecclésiastique les précieuses habitudes de la réflexion, les fortes études et le goût des sujets graves ; il connaissait bien les génies de Rome et de la Grèce, l'histoire des temps anciens et modernes, les lettres françaises et étrangères, les législations de l'Europe et le droit public, tous les rouages des gouvernements, et, quoiqu'il ne fût pas grand théologien, il possédait assez les matières religieuses et ecclésiastiques pour les défendre contre la brutale ignorance ou l'habileté rusée des agresseurs. Malgré l'obscurité de son origine, il appartenait par ses goûts, par les penchants de son esprit, par ses croyances, à la société dont on méditait la ruine ; son amour pour la monarchie s'accroissait de tout son culte pour le dix-septième siècle ; les lettres, qui étaient les joies de sa vie, lui avaient inspiré l'horreur du desordre et de la destruction. Comme nous l'avons dit déjà, Maury semblait créé pour la lutte ; le catholicisme et la royauté à défendre, c'étaient là deux clients bien dignes de tenter les plus grands cœurs.

Maury qui, dans sa fougue studieuse, dévorait les livres, avait beaucoup lu et n'avait rien oublié. Son esprit facile et pénétrant était richement approvisionné pour toute question lancée dans l'immense arène de la Constituante ; il en naissait de nouvelles chaque jour, et l'orateur n'était jamais pris au dépourvu ; nul n'était là autour de lui pour suppléer à l'insuffisance du savoir ou à l'inexpérience ; nulle main ne s'ouvrait pour enrichir son incompétence de ces travaux préparatoires qui représentent la grande besogne du fond ; c'est de lui-même qu'il tirait toutes les lumières et tous les arguments pour des débats qui se renouvelaient sans cesse. Ces trésors de faits et de vérités s'échappaient ensuite de la tribune en un fier et noble langage, que ne déparaient ni fautes de grammaire, ni mauvaise construction de phrase, et que relevaient une voix sonore, des formes robustes et d'intrépides regards.

Mirabeau appelait les passions à son aide ; à ses heures de tribune, il était comme soulevé par l'enthousiasme frénétique des factieux ; Maury avait toujours à triompher de ces flots mugissants ; il n'était pas soutenu, mais outragé et menacé ; à force de courage, d'esprit et d'éloquence, il lui fallait dominer les murmures de la gauche, les huées et les imprécations des tribunes. On a dit que Maury ne voyait dans les hommes qu'un auditoire, que Mirabeau, dans un auditoire, ne voyait que des hommes et des machines de guerre, et on a ajouté : voilà l'homme d'État !... Tout en avouant que Mirabeau est plus homme d'État que Maury, ce n'est point par de telles raisons que nous lui reconnaissons cet avantage. Il était dans le rôle de Mirabeau, grand entrepreneur de ruine, de ne voir dans les hommes que des machines de guerre ; la passion était son génie, et les passions son instrument. Tel n'était pas le rôle de Maury ; orateur de l'ordre, il avait pour génie la raison, pour appui le bon sens, l'expérience et l'autorité des siècles ; on ne peut pas dire de lui qu'il ne voyait dans les hommes qu'un auditoire, car jamais éloquence ne ressembla plus que la sienne à un combat, et jamais orateur ne paya plus constamment de sa personne. Maury, à la Constituante, est un magnique souvenir de notre histoire. On prête à Mirabeau ce mot sur son antagoniste : *Quand il a raison, nous nous battons ; mais quand il a tort, je l'écrase.* Il y a, dans ce mot, moins de vérité que d'orgueil. Lorsque Maury avait raison, Mirabeau ne le battait pas ; on n'a qu'à comparer les discours des deux orateurs dans les questions où ils ont vigoureusement lutté l'un contre l'autre ; le vainqueur dans les assemblées n'est pas nécessairement celui qui l'est au scrutin, mais le vainqueur est celui qui ne laisse debout aucun des syllogismes de son adversaire et qui a raison devant l'histoire, la logique et le bon droit. Quant aux questions où Maury *avait tort*, elles ne se présentent pas en grand nombre. Mirabeau avait plus d'originalité, d'imagination et de poésie ; Maury, une parole

plus parfaite, de plus abondantes ressources littéraires, plus de science et de justesse, une plus
grande force de raisonnement. Mirabeau avait une
plus grande sûreté de coup d'œil pour juger les
hommes ; Maury était plus improvisateur et mieux
armé pour une discussion inopinée. Tous les deux
avaient beaucoup d'esprit ; Maury avait l'esprit plus
prompt.

Pourquoi, à l'heure qu'il est, Mirabeau jouit-il
de plus de renommée que l'abbé Maury? parce
que Mirabeau est mort en 1791, et que Maury
a trop vécu pour sa gloire. La renommée du
tribun a été autant l'ouvrage de la révolution
que l'ouvrage de son propre génie ; il est devenu
lui-même une grande image de la révolution, et
comme celle-ci a été triomphante, elle a tenu victorieusement par la main l'homme à qui elle devait tant. L'âge où nous sommes n'ayant pas cessé
d'être révolutionnaire, il a gardé bon souvenir à
Mirabeau ; c'est un chef de race qui fit son œuvre
avec un diadème d'iniquités autour du front, mais
les démolisseurs en ce monde ne sont pas exigeants
pour leurs ancêtres. Ajoutons que Mirabeau, semblable à cet artiste de l'antiquité, qui eut peur de
son œuvre, ayant dévoué, à deniers comptants il
est vrai, mais enfin ayant dévoué les derniers mois
de sa vie à des pensées d'ordre et de réparation, ce
suprême et inutile effort lui a valu, de la part des

amis de la monarchie, je ne sais quels ménagements indulgents. Maury a eu contre lui la popularité des idées et des conquêtes révolutionnaires, les persistantes rancunes de ses adversaires et celles du noble parti dont il n'a pas suivi jusqu'au bout la destinée : c'est ainsi que la solitude s'est faite autour de son nom. Ce qui l'a surtout diminué, c'est sa défection, dont le récit viendra trop tôt affliger notre plume : la dignité du caractère n'est donc pas inutile à la gloire.

Durant ce combat de deux ans, qui plaça l'abbé Maury sous le coup de tous les factieux, les bons mots furent une des formes de son courage et entrèrent dans ses moyens de défense. On en a beaucoup cité sans les citer tous assurément, et sans doute aussi on a libéralement ajouté au vocabulaire de ses soudaines reparties ; lorsqu'il s'agit d'un homme si riche en saillies, il semble qu'on ne lui prête pas, mais qu'on lui rend ; toutes les saillies possibles semblent lui appartenir. M. de Pradt a dit qu'un bon mot valait à Maury un mois de sécurité ; il ne faut voir ici qu'un bon mot de M. de Pradt lui-même ; à ce compte, l'abbé Maury eût trouvé sa position trop aisément tenable et ses jours trop facilement protégés. Il avait cru prudent de ne jamais sortir sans une paire de pistolets ; un jour, à l'issue d'une séance, il traversait les Tuileries, suivi d'une foule vociférant contre lui ; soudain un misérable, armé d'un couperet, s'approche et s'écrie : *Où est cet abbé Maury ? je vais l'envoyer dire la messe aux enfers.* L'abbé s'arrête, et, saisissant ses deux pistolets : *Tiens,* lui dit-il, *si tu as du cœur, voilà les burettes pour la servir.* L'homme, épouvanté, s'échappa, et la multitude battit des mains autour de celui qu'elle huait auparavant. Un autre jour, les cris : *A la lanterne ! à la lanterne !* partent d'un groupe de bandits ; ils commençaient les sinistres préparatifs, quand l'abbé Maury leur dit : *Eh ! si vous me mettiez à la lanterne, y verriez-vous plus clair ?* Les bandits se mirent à rire, et l'orateur, qui allait être leur victime, continua librement son chemin. Tiré violemment par derrière en montant les escaliers de l'Assemblée, au milieu d'une foule épaisse, il n'avait dû son salut qu'à la rupture des cordons de son petit manteau ; furieux, il s'était retourné, bien décidé à châtier ; mais l'acte brutal avait été l'œuvre d'une femme : *Oh ! madame,* lui dit Maury d'une voix tout à coup radoucie, *que vous êtes heureuse !* Le 21 juin 1791, jour du départ de la famille royale pour Montmédy, la tranquille apparition de l'abbé Maury dans la salle de l'Assemblée, vivement agitée, frappa tous les assistants. Mirabeau ne l'intimida jamais ; Maury le bravait, le harcelait, lui portait des défis de tribune qui n'étaient pas toujours acceptés, et ne lui

épargnait aucune flèche de son esprit ; il lui lan-
cait quelquefois, de son banc, des traits qui exci-
taient les rires de l'Assemblée. Mirabeau, du haut
de la tribune, lui ayant annoncé qu'il allait l'enfermer dans un cercle vicieux : *Vous voulez donc
m'embrasser*, lui dit Maury, qui l'interrompait de
sa place.

Quelque chose eût manqué à la gloire de Maury
à la Constituante si les pamphlets, si les outrages
en vers et en prose et sous toutes les formes, n'a-
vaient pas poursuivi la popularité de son nom.
Parmi ces écrits, il en est dont on peut juger par
les titres, et ces titres seuls les vouent au mépris ;
les citer c'est en faire justice ; par-là aussi on reproduit quelques couleurs de la physionomie d'une
époque :

*La Descente de l'abbé Maury aux enfers, ou sa
Lettre au clergé chez Pluton.*

*Le Père Duchesne en vendange, ou sa Rencontre
avec l'abbé Maury, à Suresne.*

Complainte de l'abbé Maury.

Cazalès, Malouet, Mounier, Mallet-Dupan, Ca-
lonne, M. de Juigné sont enveloppés dans les
mêmes outrages.

*Couplets sur le bruit qui court de la prochaine
excommunication que l'on va nous lancer au commencement de la semaine-sainte ; le Triomphe de
l'abbé Maury.*

Le Gardien des capucins, ou *l'Apôtre de la liberté; Brouillerie de l'abbé Maury avec quarante cinq aristocrates; Dispute de M. le curé Dillon et l'archevêque d'Aix; Libraires et auteurs soudoyés par les aristocrates, saisis et dénoncés; Fable, épigramme, charade;* le mot de cette charade est *lanterne.*

Détail du combat qui a eu lieu ce matin au bois de Boulogne entre M. l'abbé Maury et M. de Mirabeau.

Correspondance secrète entre l'abbé de Vermont, l'abbé Maury et madame de Polignac.

Messe du 14 juillet 1790, célébrée par l'abbé Maury, de fameuse mémoire. C'est une abominable profanation des mystères chrétiens au profit des passions révolutionnaires de ce temps.

Testament de J.–F. Maury, prêtre de la sainte Eglise romaine, etc. Mort civilement. De l'imprimerie des ex-calotins.

Lettre de l'abbé Maury à l'incomparable demoiselle Suzette Labrousse, prophétesse périgourdine, résidante à Paris, chez madame la duchesse de Bourbon. On date cette lettre de Rome, *au palais de S. E. Mgr le cardinal Zelada, 10 janvier 1792.*

L'abbé Maury figure avec Philippe d'Orléans, Cazalès et Barnave, dans un proverbe intitulé : *A qui sera pendu le premier par notre jury.*

La *Lettre de l'abbé Maury au vicomte de Mirabeau, à son régiment,* offre quelques traits assez piquants. Dans cette lettre, adressée au frère de Mirabeau, on fait parler Maury sur les affaires, sur la cour, les partis, le clergé, les principaux personnages de la scène politique; l'écrivain révolutionnaire lui prête un langage de fantaisie dont l'épigramme fait tous les frais.

Le plus important des pamphlets de cette époque contre le célèbre orateur de la droite de l'Assemblée est l'écrit intitulé : *Petit Carême de l'abbé Maury,* ou *Sermons prêchés dans l'Assemblée des enragés.* Les *Sermons,* publiés chacun séparément, sont au nombre de dix : le premier est pour le premier dimanche de carême de l'année 1790; le dernier est un *sermon de la résurrection de l'aristocratie pour le jour de Pâques.* Le tout comprend un *Cours complet de morale aristocratique à l'usage des jeunes gentilshommes de ce siècle.* Voici les sujets de chacun de ces petits discours : *Causes de la chute des grands ; les grands considérés sous les rapports d'autorité et de religion; malheurs des grands; humanité des grands envers le peuple; instabilité des choses humaines; exemples des grands; Sermons de controverse entre l'abbé Maury et l'abbé Fauchet sur la suppression des cours de justice; motifs présents de consolation et d'espérance des grands; la passion de l'aristocra-*

tie ; triomphe de l'aristocratie. Ce qu'il y a de plus coupable dans ces discours d'une forme sérieuse, c'est l'emploi irrespectueux des saintes Écritures, c'est le mélange des plus solennelles vérités, des plus augustes souvenirs du christianisme avec de menteuses paroles sur des intérêts humains.

La *Vie privée de l'abbé Maury, écrite sur des mémoires fournis par lui-même, pour joindre à son Petit Carême,* est un inlisible tissu d'ignobles et de plates inventions. La *Suite de la vie privée* est du même ton ; il y avait alors des plumes qu'on taillait avec des poignards et qu'on trempait dans la fange.

Dans cette foule d'écrits dirigés contre un homme qui, pendant deux ans, fut en butte à des fureurs extraordinaires, nous remarquons un *Portrait historique du cardinal Maury, par le citoyen Car....,* publié à Paris en 1798. C'est une brochure républicaine écrite avec une certaine modération et où domine un sentiment d'admiration pour Maury, sentiment mêlé de regrets et de récriminations. L'auteur, jetant un coup d'œil sur la carrière du grand orateur, exalte les travaux de sa jeunesse et surtout ses panégyriques, loue son courage, son éloquence à la tribune, qu'il trouve trop vive et provocante ; il lui reproche de s'être opposé à la vente des biens du clergé, qui *devait amener le retour des vertus évangéliques,* de n'avoir combattu les

assignats que pour combattre à l'avance l'établissement de la république, d'avoir porté des pistolets comme le cardinal de Retz portait un poignard, et de ne s'être pas résigné à la pauvreté ; il
le félicite en passant d'avoir sauvé l'hôtel des Invalides. « Il se vit à peine revêtu de la pourpre
« romaine, dit la brochure, qu'il commença par
« regretter Paris, cette vie indépendante qui a tant
« d'attrait pour un philosophe. » Ce *regret de
Paris*, qui tombe là sous la plume de l'écrivain de
1798, est comme un présage des défaillances politiques de 1804. Mais ne devançons pas les temps ;
nous sommes ici aux jours les plus brillants de
l'abbé Maury.

Les belles journées se pressent dans le passage
de Maury à la Constituante ; il en est une où l'é-
loquence et le courage ne furent pour rien, et que
nous ne devons pas oublier, parce qu'elle eut sa
grandeur et qu'elle honora ce qu'il y a de plus excellent dans l'homme : le cœur. Le vieux père de
Maury vivait encore quand la tribune de la Constituante apparaissait aux regards du monde comme
le piédestal de sa gloire ; il avait voulu, avant de
mourir, embrasser une dernière fois ce fils dont la
renommée remplissait l'Europe ; arrivé à Paris, il
frappe à la porte de celui qu'il cherche avec tant
d'amour ; c'était le soir ; l'abbé Maury n'était pas
chez lui ; le père ne peut se résigner à attendre, et

demande qu'on lui indique la maison· où il trouvera son fils. Le cordonnier de Valréas, bien renseigné, s'inquiétant peu de la simplicité de son costume, va droit à la maison où le célèbre orateur passait la soirée; il dit aux serviteurs qu'il est le père de l'abbé Maury, et prie qu'on avertisse son fils. A peine est-il informé de la nouvelle, que Maury quitte précipitamment le salon, va se jeter dans les bras de son père et l'amène avec une joie triomphante au milieu d'une nombreuse et brillante compagnie; il présente à ses amis son vénérable père, qu'il tient par la main, qu'il environne de témoignages de tendresse et de respect, et tous les assistants laissent voir une vive et sympathique émotion. Cette scène retentit beaucoup dans les journaux, et le public, qui admirait l'orateur, se plut à admirer le bon fils.

Au moment où va disparaître cette Assemblée nationale où l'abbé Maury s'est fait une place magnifique, il conviendrait de juger son œuvre politique et législative. La postérité qui aura ses passions, mais qui n'aura pas les nôtres, qui contemplera les hommes et les faits avec la tranquille sérénité de la distance, n'acceptera point la plupart des jugements portés jusqu'ici sur la Constituante; dans notre *Histoire de la Révolution française,* publiée en 1848, peu de semaines avant la révolution de février et au milieu des entraînements de l'opinion excitée par des livres d'un coupable éclat, nous avons apprécié les travaux de la célèbre Assemblée en quelques lignes rapides qui nous sembleraient exprimer assez la vérité, et que nous demandons la permission de reproduire :

« L'Assemblée nationale traduisit par des actes
« les idées du dix-huitième siècle ; elle se préci-
« pita sur le vieil édifice social comme un taureau
« dans une maison de verre, et bientôt tout vola
« en éclats. *On ne va jamais si loin que lorsqu'on ne*
« *sait pas où l'on va ;* c'est Cromwell qui a dit cela.
« 93 était caché derrière 89 mal dirigé. Le ma-
« gnifique élan de 89 était profondément monar-
« chique ; s'il y avait eu à la tête du gouverne-
« ment de véritables hommes d'État, l'initiative
« de la royauté accomplissait toute réforme, et
« rendait impossible toute révolution. A défaut
« d'un gouvernement régulateur, l'Assemblée prit
« elle-même l'initiative à chaque question, gou-
« verna, usurpa, se jeta en avant tête baissée ; et,
« comme il n'est rien de plus rapide que la pente
« des théories, elle y roula à d'incalculables pro-
« fondeurs.

« L'assemblée nationale, qui fut un si grand
« spectacle pour l'Europe, et dont l'élan embras-
« sait les destinées de l'humanité tout entière,
« renfermait de beaux talents et de nobles cœurs.
« Nous lui devons de la reconnaissance pour beau-

« coup d'utiles changements et beaucoup d'actes
« réparateurs en matière administrative et civile.
« Mais n'oublions point que ce qu'elle a fait de
« bon est tout simplement la réalisation des vœux
« de la majorité des cahiers de 89, tels que nous
« les avons exposés ; elle aurait pu l'obtenir par
« des moyens paisibles, raisonnables et légaux.
« Elle avait affaire non pas à un tyran, mais au
« plus libéral des rois ; en procédant avec pru-
« dence et mesure, elle remplissait sa mission sans
« ébranler le monde.

« En religion l'Assemblée marchait avec Vol-
« taire, en politique avec Rousseau ; c'était se con-
« damner aux erreurs et aux chimères. L'Assem-
« blée se plongea dans les utopies et s'y noya ; il
« n'y a pas de gloire à détruire, c'est une œuvre
« trop facile ; il n'y a de la gloire qu'à fonder. Or,
» la Constituante constitua peu et démolit beau-
« coup. Nous le répétons, le bien qu'elle décréta
« ne fut que l'exécution du mandat des électeurs.
« Elle viola ce mandat pour ce qui touche l'Église
« et le roi, et cette violation la conduisit à d'é-
« normes fautes. En créant le schisme religieux,
« elle créa un trouble profond ; en réduisant la
« royauté à je ne sais quel rouage inutile, elle bâ-
« tissait dans les airs sa constitution. La souve-
« raineté populaire inscrite dans le Code consti-
« tutionnel était une excitation dangereuse. Ce

« Code, qui exagérait tous les droits, n'atteignait
« qu'un pouvoir, celui du prince ; et c'est au
« prince seul qu'on rappelait les devoirs. Cette
« spoliation de la royauté, vice radical de la con-
« stitution de 91, préoccupait l'Assemblée dans
« les derniers moments de son existence ; les
« Constituants reculaient devant leur œuvre ; Bar-
« nave, Chapelier et Malouet, auraient voulu une
« révision sévère. Mais les passions ne se laissent
« pas facilement corriger, et l'Assemblée s'en alla
« sans avoir pu réparer ses fautes produites par
« l'oubli des mœurs, des traditions et de l'his-
« toire nationale. Elle s'en alla après avoir folle-
« ment décrété que nul de ses membres ne pour-
« rait faire partie de la prochaine législature.
« L'Assemblée constituante laissait ainsi le champ
« libre à l'ignorance, à l'incapacité, à la démago-
« gie et aux tempêtes. Le jour de la clôture, le
« peuple avait en main des couronnes de chêne ;
« mais il les décerna à Robespierre et à Pétion [1]. »

[1] Voir notre *Histoire de la Révolution française*, tome I,
chap. IX, p. 269 et suiv.

CHAPITRE XIII.

L'Assemblée constituante ayant mis fin à son œuvre, Maury songe à quitter Paris. Il ne pouvait plus y rendre des services, et ne s'y trouvait pas en sûreté. Il n'y avait alors rien de plus grand que lui dans l'opinion européenne. Une lettre de Louis XVI, du 3 février 1791, lui payait magnifiquement sa dette de reconnaissance. Voici cette lettre :

« Monsieur l'abbé, vous avez le courage des « Ambroise, l'éloquence des Chrysostome. La « haine de bien des gens vous environne. Comme

« un antre Bossuet, il vous est impossible de tran-
« siger avec l'erreur ; et vous êtes, comme le sa-
« vant évêque de Maux, en butte à la calomnie.
« Rien ne m'étonne de votre part. Vous avez le
« zèle d'un véritable ministre des autels, et le
« cœur d'un Français de la vieille monarchie.
« Vous excitez mon admiration ; mais je redoute
« pour vous la haine de nos ennemis communs ;
« ils attaquent à la fois le trône et l'autel, et vous
« les défendez l'un et l'autre. Il y a quelques
« jours, sans votre imperturbable sang-froid, sans
« vos ingénieuses reparties, je perdais un Fran-
« çais totalement dévoué à la cause de son roi, et
« l'Église un de ses défenseurs les plus éloquents.
« Daignez songer que nous avons besoin de vous,
« que vous nous êtes nécessaire, et qu'il n'est pas
« toujours utile et toujours bien de s'exposer à
« des périls certains. Usez avec modération de ces
« talents, de ces connaissances, de ce courage,
« dont vos amis et moi tirons vanité. Sachez tem-
« poriser ; la prudence est ici bien nécessaire ;
« votre roi vous en conjure : trop heureux s'il
« peut un jour s'acquitter envers vous, et vous
« prouver sa reconnaissance, son estime et son
« amitié. »

Quel honneur qu'une telle lettre ! qu'il eût été
beau de maintenir sa vie politique à la hauteur
d'un pareil souvenir ! Ce n'est pas seulement à la

tribune que Maury avait servi la cause du malheureux roi; il l'avait conseillé dans des mémoires fort bien faits, qui eurent inutilement raison et qui furent inutilement énergiques. Dans un de ces mémoires il examinait l'influence du papier-monnaie sur l'abolition de la puissance royale. Le pape honorait, comme le roi, tant de luttes éclatantes; il lui appartenait surtout de reconnaître les services religieux. Pie VI adressait à Maury les témoignages les plus expressifs. Par son ordre, le cardinal Zelada, secrétaire d'État, le proclamait au-dessus de toute louange, et lui reconnaissait *un droit absolu à l'estime de l'Europe entière.* Pie VI parlait avec émotion de ce qu'il appelait un *dévouement héroïque.* « Souvenez-vous, écrivait à « Maury le cardinal secrétaire d'État, qu'il (le pape) « brûle d'envie de vous voir, que sa reconnais- « sance lui en fait un besoin, et que vous ne pour- « rez jamais vous refuser à son impatience, sans « faire semblant de méconnaître, je dirai de mé- « priser presque ses bontés. » Le Souverain-Pontife lui offrait une noble hospitalité, une patrie.

Le voyage de l'abbé Maury, depuis Bruxelles et Coblentz jusqu'à Rome fut un long triomphe, et son entrée dans la ville des Pontifes fut celle d'un roi. Il présenta le même jour ses devoirs au pape et à mesdames Victoire et Adélaïde, tantes de Louis XVI. Le cercle de mesdames de France le mit tout d'abord en relation avec les personnages les plus considérables de Rome ; les cardinaux et les princesses romaines se disputaient l'honneur d'avoir l'abbé Maury dans leurs assemblées ; c'était une fête de le voir et de l'entendre. Les dignités l'attendaient. Il fut nommé archevêque de Nicée *in partibus* le 17 avril 1792. Pie VI, en lui annonçant son élévation à l'épiscopat, lui dit : « Vi « chiediamo scuse di levarvi il nome; ma velo « restituiremo presto (nous vous demandons ex- « cuse de vous ôter votre nom, mais nous vous » le rendrons bientôt). » C'était lui faire pressentir sa prochaine promotion au cardinalat. Les ineffables bontés du pape pour Maury ne s'épuisaient pas ; le cardinal Garampi, évêque de Montefiascone, étant mort, Pie VI fit acheter une bague et une croix enrichie de diamants, qui avaient appartenu à ce cardinal, et les donna à celui qu'il appelait son *cher Maury ;* en lui mettant l'anneau au doigt, « Voici l'anneau, lui dit le pon- « tife avec une grâce charmante, nous vous des- « tinons l'épouse. *Vi diamo l'anello, vi destiniamo* « *la sposa.* L'abbé Maury fut sacré le 1ᵉʳ mai à l'autel de la Chaire de saint Pierre par le cardinal Zelada, en présence de mesdames Victoire et Adélaïde, et au milieu d'un nombreux concours de Français.

Une diète allait s'assembler à Francfort pour

l'élection de l'empereur François II; le pape donna au nouvel archevêque la mission de l'y représenter. Maury reçut à Francfort un accueil enthousiaste; l'empereur François et le roi de Prusse le comblèrent de bontés; ils remerciaient le Souverain-Pontife de leur avoir envoyé un tel nonce, et regardaient cette nomination comme une marque de *l'intérêt que prenait le pape à la cause de tous les souverains*. Quand Maury, à sa sortie de France, avait visité les princes à Coblentz, six cents gentils-hommes français s'étaient placés sur deux rangs pour battre des mains à son passage; les mêmes hommages se renouvelèrent à Francfort dans la galerie de l'électeur de Mayence. Pie VI chargea aussi l'abbé Maury d'une mission à Dresde. Le nonce extraordinaire trouvait partout de l'empressement, mais le génie diplomatique n'était pas le sien; il n'avait pas la tenue réservée qui sied à un ambassadeur. Son retour à Rome devait être marqué par les témoignages les plus solennels que lui gardait le cœur de Pie VI. Maury fut décoré de la pourpre, sous le titre de la Sainte-Trinité, au mont Pincius, et nommé en même temps évêque de Montefiascone et de Corneto, dans le consistoire du 21 février 1794. Son élévation au cardinalat eut un immense retentissement; quelques mesquines jalousies qui éclatèrent en épigrammes dans la ville de Rome n'ôtèrent rien à la popularité européenne de cet événement; c'était la récompense des grands services rendus à la cause de l'Église et à la cause des rois; c'était comme un triomphe pour tant d'illustres proscrits et tant de gens de bien qui souffraient. Les lettres de satisfaction et de reconnaissance adressées au Souverain-Pontife nous font comprendre le degré de considération auquel Maury était alors monté; ces lettres étaient écrites par le comte de Provence (Louis XVIII), par le comte d'Artois, par le prince de Condé, par Frédéric-Guillaume, roi de Prusse, et ces princes avaient aussi adressé directement au nouveau cardinal leurs félicitations. Le comte de Provence lui disait, de Turin, à la date du 19 février 1794, qu'il avait demandé pour lui cette grâce, mais que l'abbé Maury ne la lui devait pas pour cela, qu'il la devait à l'intrépidité de ses luttes.

« Vous êtes maintenant, disait encore le prince,
« à portée de servir notre patrie (car tout né sujet
« de Sa Sainteté que vous êtes, la France vous re-
« vendiquera toujours) d'une manière peut-être
« moins brillante pour vous, parce qu'elle sera
« moins dangereuse, mais non moins utile pour
« elle, et je suis sûr que vous continuerez à lui
« conserver les grands talents que Dieu vous a
« donnés. Ils lui sont plus nécessaires que jamais,
« et l'église de Montefiascone ne doit pas seule-
« ment vous occuper en entier. L'empressement

« de jouir d'une chose si désirée m'avait fait pen-
« ser à adresser cette lettre *à mon cousin M. le*
« *cardinal Maury*, et à l'écrire en conséquence ;
« mais la date [1] m'en a empêché, et quoique je
« sache bien qu'elle sera reçue par M. le cardinal
« Maury, c'est encore à M. l'archevêque de Nicée
« qu'elle doit être adressée. »

Le comte d'Artois, écrivant de Hamm, le 25 février 1794, à son *cousin* le cardinal Maury, disait
que « le vicaire de Jésus-Christ sur la terre est le
« digne ministre de ses volontés, lorsqu'il récom-
« pense le vrai courage autant que le vrai talent. »
Dans une seconde lettre, à la même date, où il ne
lui écrivait pas *en cérémonie*, mais où il l'appelait
mon cher cardinal, le comte d'Artois *veut reprendre
tout de suite avec lui la manière qu'il ne quittera
pas*. Il lui dit que, *dans toutes les occasions, il
comptera sur lui comme sur un de ses amis
fidèles*. « Plaignez-moi, ajoutait l'auguste frère de
« Louis XVIII, tant que je resterai dans la cruelle
« inaction où je gémis encore ; mais bénissez
« Dieu le jour où vous saurez que je suis en ac-
« tivité. C'est ce à quoi je travaille de tout ce que
« j'ai d'âme et de forces, et, si je ne m'aveugle

----

[1] A cette date l'abbé Maury n'était pas encore cardinal ; mais
le pape Pie VI avait chargé le cardinal de Bernis d'annoncer au
comte de Provence qu'il allait décorer de la pourpre le célèbre
orateur de la Constituante.

« pas, l'horizon commence un peu à s'éclaircir. »

Nous citerons, pour la grandeur et l'énergie du langage, la lettre que le prince de Condé adressa au pape à l'occasion de l'événement dont tous les proscrits prenaient leur part. Ne perdons pas de vue la date; la lettre est écrite de Rothembourg-sur-le-Necker, le 15 mars 1794, et c'est la noblesse de France qui parle :

« Très-Saint-Père,

« J'espère que Votre Sainteté me permettra de
« lui présenter, à titre de prince, de gentilhomme
« et de fidèle sujet, l'hommage de mes remercî-
« ments particuliers de la grâce qu'elle vient d'ac-
« corder à M. l'abbé Maury. Il n'est point de mi-
« nistre des autels, de prince sur la terre, de no-
« bles dignes de l'être, de gens honnêtes de tous
« les états, qui ne doivent regarder ce bienfait de
« Votre Sainteté comme leur étant personnel.
« Grâces lui soient rendues! Ce Dieu terrible qui
« nous accable de son courroux, laisse percer par
« elle un rayon consolateur de sa justice : c'est
« un soulagement à nos maux. Il semble nous per-
« mettre d'espérer que le bras de ce Dieu vengeur
« cessera de s'appesantir sur nous, et fera bientôt
« rentrer dans le néant les impies, les régicides et
« les scélérats qui couvrent de sang et de crimes
« le patrimoine des Bourbons et le superbe royaume
« du fils aîné de l'Eglise. La noblesse qui m'en-

« toure, très-Saint-Père, me charge de mettre aux
« pieds de Votre Sainteté sa vive et respectueuse
« reconnaissance de l'éminente dignité qu'elle
« vient de conférer au courageux défenseur de son
« roi. Cette noblesse, si pénétrée de l'amour de ses
« devoirs, forme, ainsi que moi, les vœux les plus
« ardents pour le rétablissement d'une religion si
« indignement outragée, pour celui d'un trône si
« cruellement ravagé, pour la splendeur du Saint-
« Siége que Votre Sainteté occupe si dignement,
« et dont au milieu des plus violents orages, elle
« sait si bien soutenir l'éclat par la sagesse de ses
« choix, la prudence de sa conduite et la constance
« de son inaltérable fermeté. »

Dans sa lettre au cardinal Maury, à la même
date, le prince de Condé lui disait : « Enfin nous
« voyons donc une fois la pureté des principes et
« l'énergie récompensées. Qu'il soit à jamais béni
« ce juste et pieux souverain qui décore de la
« pourpre romaine l'éloquent défenseur de l'E-
« glise, de la royauté, de la noblesse et de la vertu
« souffrante..... La noblesse française, armée pour
« la cause de son roi, pénétrée comme moi de re-
« connaissance et d'admiration pour vos mâles
« vertus, me charge de dire à Votre Éminence
« que sa nomination lui fait sentir un moment de
« bonheur : depuis longtemps elle n'en connais-
« sait plus d'autre que celui de verser son sang

« pour son roi. Comme elle, Monsieur, vous avez
« risqué plus d'une fois votre vie pour le servir,
« et par des circonstances rares dans votre état,
« vous avez su joindre à tous les titres que vous
« vous êtes acquis à notre vénération, celui du plus
« grand courage dans les dangers qui vous mena-
« çaient tous les jours. Ce mérite de plus est vi-
« vement senti, comme vous pouvez le croire, par
« des gentilshommes français, à qui le crime n'a
« laissé pour patrie que des camps, pour fortune
« que l'honneur, pour ressource que leur épée. »

On lit ces belles lettres avec émotion et tristesse : la grandeur de ces divers témoignages re-
tombe sur la mémoire de celui qui ne sut pas en
rester digne !

C'est à Rome que Maury avait appris les sanglantes horreurs de 1793, tant de fois annoncées
dans ses discours comme les conséquences d'abo-
minables principes. Lorsque le nouveau cardinal
prit possession de son siége de Montefiascone, il
voyait de loin, comme il le leur avait prédit, les
chefs de la révolution se dévorer entre eux ; il
voyait son ancien collègue Robespierre, dont il
avait deviné la froide scélératesse, pousser sous la
hache les victimes et les bourreaux, en attendant
que le dictateur couvert de sang roulât lui-même
dans l'abîme. En allant de Sienne à Rome par Viterbe, quand on a dépassé Bolsène, on aperçoit, à

quelque distance, une petite cité bâtie au sommet d'une montagne : c'est Montefiascone. La ville est peu de chose et n'a pour elle que la renommée de ses vins, mais son site dominateur semble commander à de vastes contrées ; du haut de ce sommet, le regard embrasse de magnifiques horizons : d'un côté le lac et le pays de Bolsène qui forment un des plus beaux tableaux du monde ; de l'autre la vieille cité de Viterbe avec son riche territoire, et, vers un autre point, les Apennins. Un génie contemplatif aurait pu se trouver à sa place dans cette humble résidence sans bruit et en face de ces éternelles beautés d'une grande nature ; il était à craindre que Maury, esprit actif et ardent, esprit du monde, ne finît par regretter quelque chose sur sa montagne.

Le cardinal Maury, dans ses premières visites pastorales à travers son diocèse, étonna les assistants par sa facilité d'improvisation en différentes langues ; à Valentano, il reçut les compliments du gouverneur en français, les compliments de l'archiprêtre en italien, et une autre harangue en latin, prononcée en chaire ; il répondit successivement dans ces trois langues, au grand ébahissement des auditeurs. Chaque fois qu'il officiait à Montefiascone, il prêchait en italien ; il s'était fait une petite patrie avec une colonie d'ecclésiastiques français. Un de ses frères, ancien curé de Saint-

Brice et ancien prieur de Boves, en Picardie, remplissait auprès de lui les fonctions de vicaire général. Parmi les prêtres français qui entouraient le cardinal Maury à Montefiascone, il y en avait un dont le nom rappelait les premiers crimes de la révolution : c'était l'abbé Foullon, fils de la victime du 22 juillet 1789. Ainsi placé sur la route de Rome, Maury ne manquait pas de visiteurs de notre nation ; sa demeure passait pour hospitalière ; il eut l'honneur de recevoir à Montefiascone le duc de Berry et le roi de Sardaigne. La prise de Rome par les Français, en 1798, amassa des orages sur sa tête ; il partagea avec les cardinaux Albani, d'York et Busca les honneurs d'une persécution particulière, et lui-même fut plus maltraité que les autres par les représentants du Directoire, qui saisirent tout ce qu'il possédait dans son diocèse de Montefiascone. Parti précipitamment pour la Toscane, il n'échappa que de quelques heures aux dragons chargés de l'arrêter. Arrivé à Sienne, il espérait pouvoir y trouver un asile, mais le bruit se répand que le pape captif doit y être transféré, et Maury s'éloigne ; il ne trouve pas à Florence l'abri qu'il s'est promis, et se sauve à Venise, déguisé en domestique d'un courrier de cabinet expédié par le grand duc Ferdinand III. Les biographes qui l'ont fait voyager en Russie ont été induits en erreur ; le comte Mocenigo, ministre de Russie à Florence,

lui fit des offres au nom de l'empereur Paul Ier,
mais le cardinal ne les accepta pas. Louis XVIII
lui écrivit à la date du 12 août 1798 : « L'offre gé-
« néreuse que l'empereur vous a faite me cause
« une grande satisfaction, mais je crois qu'il n'en
« faut pas profiter en ce moment. Ce n'est pas à
« jouir tranquillement de votre gloire que vous
« êtes appelé, ce bonheur est réservé pour votre
« vieillesse. L'âge du Saint-Père, ses infirmités,
« les cruelles épreuves auxquelles il est soumis,
« tout annonce que sa carrière ne sera pas lon-.
« gue, et c'est au choix de son successeur que
« vous devez veiller. » Tels étaient les sentiments
et les illusions de Louis XVIII à l'égard de Maury,
qu'il avait souhaité de le voir devenir pape. Mais
le cardinal rendit d'importants services religieux
dans ce conclave de Venise, qui nous apparaît
comme un miracle à cette époque de perturbation
profonde, et d'où sortit l'élection de Pie VII, réservé à des épreuves dont la grandeur ne surpassa
point ses intrépides vertus.

Voyons la part de Maury dans ce conclave de Venise, composé de trente-cinq cardinaux, et qui
dura cent quatre jours. Deux *factions* (c'est la désignation reçue) s'étaient dessinées autour du
scrutin : l'une, conduite par le cardinal Braschi,
neveu de Pie VI, l'autre, par le cardinal Anto-
nelli, préfet de la Propagande ; la première réu-

nissait vingt-deux voix, qui, pendant près de deux mois, se portèrent sur le cardinal Bellisomi, évêque de Césène et originaire de Pavie ; la seconde réunissait treize voix, qui, pendant tout ce temps, demeurèrent fidèles au cardinal Mattéi, né à Rome, archevêque de Ferrare, signataire du traité de Tolentino, par lequel trois légations étaient cédées à la république cispadane. Il avait donné la mesure de sa piété courageuse, lorsque, répondant aux menaces de Bonaparte, il demanda un quart-d'heure pour se préparer à mourir. Les épreuves au scrutin se renouvelaient chaque jour, sans qu'elles devinssent profitables à l'un des deux vénérables candidats. Deux voix manquaient au cardinal Bellisomi ; il fut un jour à la veille de les obtenir ; son élection paraissait certaine ; comme le sacré-collége était réuni dans une ville des États de l'empereur d'Allemagne, il crut devoir, avant le vote définitif, faire une politesse à l'empereur et lui confier le choix qui semblait arrêté. On expédia le courrier ; on pensait que ce serait l'affaire de quelques jours ; mais un mois s'écoula sans réponse. Ces longs jours d'attente ne servirent point la candidature du cardinal Bellisomi ; il perdit la moitié de ses suffrages, et le cardinal Mattéi, dont on aimait la piété, mais dont on jugeait le caractère un peu faible, ne gagnait rien au scrutin. Ce fut alors que le prélat Consalvi, secrétaire général du conclave, homme d'une habileté rare et qui s'est fait sa place comme négociateur dans l'histoire de cette époque, frappé de la longue impuissance des *factions* et des inconvénients des diverses candidatures proposées, frappé aussi des dangers de l'Église, conseilla victorieusement le choix du cardinal Chiaramonti, évêque d'Imola, humble fils de saint Benoît. Consalvi ne triompha des résistances du modeste et saint évêque d'Imola qu'après quinze jours de lutte ; il s'était assuré de dix-neuf voix ; il en fallait quelques-unes de plus ; le cardinal Maury se trouvait à la tête d'une petite *faction* de six voix, mais il ne présentait aucun candidat. Son concours pouvait faire l'élection du cardinal Chiaramonti ; Consalvi tenta une démarche auprès de l'Eminence française [1]. Nous laissons parler ici l'historien de Pie VII, toujours si bien renseigné et si respectueusement exact :

« Après avoir parlé avec lui (avec le cardinal Maury) de la situation de l'Europe et de ses rapports avec le Saint-Siége, terrain sur lequel Maury, ancien nonce à Francfort, n'avait pas de peine à le suivre parce qu'il étudiait depuis longtemps ces matières avec toute la force de son génie ; après avoir parlé de la France avec un tel interlocuteur, plutôt sur le ton de la crainte que sur celui de

---

[1] Les cardinaux La Rochefoucault, Rohan, Montmorency-Laval n'avaient pas pu se rendre au conclave de Venise.

l'espérance : « Laissons l'Europe et la France,
« avait-il dit, parlons de Votre Eminence ; d'ail-
« leurs elle a tant de tact que j'aime mieux arri-
« ver tout à coup que de lui laisser le plaisir de
« me voir venir. J'arrive donc. Vous, du comtat
« Venaissin, comment n'êtes-vous pas encore avec
« nous? que devez-vous à l'empereur d'Allema-
« gne? vous l'avez vu couronner ; ah ! ce devait
« être un beau spectacle ! mais c'est Rome qui
« vous a envoyé à ce couronnement.

« Les choses ici sont plus avancées que vous
« ne croyez ; nous avons des traditions de con-
« clave, qui vous manquent à vous autres, nés
« loin de l'Italie ! Ici l'on s'aperçoit très-vite qu'un
« pape va être élu..... Ainsi voulez-vous tout sa-
« voir de moi? On jette Chiaramonti là, malgré
« lui, parce qu'on ne veut pas des hommes de
« l'empereur, ni de celui de Pavie, ni de tant
« d'autres, et on a raison ; Chiaramonti doit avoir
« cessé de résister aujourd'hui ; on lui a repré-
« senté qu'il ne devait pas se manquer à lui-
« même. Ce n'est pas un ambitieux que nous vous
« amenons, mais un esprit pieux, modéré et rési-
« gné, qui obéit... Vous et avec vous vos six voix,
« vous ne présentez personne ; quel est votre se-
« cret? Accordez-nous la confiance dont je vous
« donne l'exemple ; avec cela, je suis découragé ;
« j'ai appris à l'instant que Joseph Doria, qui est

« un de vos six, parce qu'il a été en France, et
« qui croit conduire votre *escadron* formé de-
« puis péu, et que vous conduisez très-habile-
« ment vous-même, je le sais ; j'ai appris que Jo-
« seph Doria doit vous parler pour ce que nous
« désirons ; je lui rends cette justice, il est con-
« vaincu ; mais, quand on a gâté les affaires des
« autres, comme il a gâté les nôtres à Rome, on
« croit se faire moins coupable et plus grand, en
« prenant trop tôt un air assuré qui a ses dan-
« gers ; j'ai dû venir vous parler le premier ; après
« cela, vous prendrez avec lui le ton que vous
« voudrez : moi, j'aurai d'abord traité avec le
« général. Enfin, nous désirons Chiramonti ; ce-
« pendant, je parlerais peut-être mieux si je di-
« sais que nous le désirions, car je suis si déter-
« miné à ne plus rester dans cette incertitude,
« que je joindrai aux vôtres les voix dont nous
« disposons, si vous nous révélez un choix ; je
« m'exprime ici en honnête homme, en ami du
« Saint-Siége. La guerre va ravager de nouveau
« l'Italie, ou peut-être se trouver portée même en
« France. Si l'Autriche s'avance dans la Provence,
« plus que jamais elle n'ordonnera pas à Naples
« de nous rendre Rome ; si l'Autriche est repous-
« sée, elle nous laissera encore moins sortir de
« Venise, à moins que Thugut n'ait une grande
« peur ; encore une fois, Votre Éminence n'a en

« vue ni les sujets soutenus à Vienne, ni les Ita-
« liens de la Lombardie ; voilà aussi ce que nous
« repoussons. Un chef tel que vous a des idées
« arrêtées. — Combien avez-vous de voix? ré-
« pondit vivement Maury. — Mais seulement,
« après nous être adressés aux deux partis, seule-
« ment dix-neuf. — Non, reprit le spirituel Fran-
« çais, vous en avez vingt-cinq, nos six voix sont
« à vous. A présent quittons-nous, et allons an-
« noncer à Chiaramonti ce dont nous sommes
« convenus; et puis cette fois-ci, ce sera *sans cour-*
« *rier à Vienne*, n'est-ce pas ? [1]. »

Le cardinal Chiaramonti fut élu pape le 14
mars 1800. Maury avait vu dans cette élection
l'honneur et l'intérêt de l'Eglise ; il lui donna un
assentiment aussi prompt que décisif. Chiaramonti
devait, sous le nom de Pie VII, montrer au monde
la force morale aux prises avec la force brutale à
son degré le plus terrible : il devait être trouvé invincible dans la persécution.

[1] Histoire de Pie VII, par le chevalier Artaud de Montor,
tome I, chap. V.

CHAPITRE XIV.

Louis XVIII, à la date du 21 avril 1800, écrivait à Maury pour le féliciter de sa conduite au conclave de Venise, et lui disait ensuite en noble et touchant langage : « Le roi mon frère est mort « sans avoir pu reconnaître le courage héroïque « avec lequel vous avez défendu ses droits. Je n'ai « pas plus de puissance qu'il n'en avait; mais du « moins je suis maître de ma confiance, et je vous « la donne. » Maury recevait, en même temps que cette dépêche, la réponse du roi au nouveau pape qui lui avait annoncé son avénement au pontificat, et les lettres de créance qui l'accréditaient auprès de Pie VII en qualité de ministre de Louis XVIII. Pendant les derniers jours qu'il passa

à Venise, il eut l'honneur de présenter au pape le
duc de Berry, le prince de Condé et le jeune duc
d'Enghien, dernier rejeton du grand Condé, qui
devait tomber dans les fossés de Vincennes sous
le plomb des bourreaux.

Le séjour de Maury à Venise nous rappelle un
piquant morceau du comte de Maistre dans ses
Lettres et opuscules. L'auteur des *Considérations
sur la France*, tombé dans une pénible vie et réduit à des ressources précaires, passa l'hiver de
1799 à Venise, où les émigrés français se rencon-
traient en foule, où Maury était l'objet de l'empressement universel. « A la première visite que
« je lui fis, dit M. de Maistre, il me parla avec in-
« térêt de ma position embarrassante, et toujours
« avec le ton d'un homme qui pouvait la faire ces-
« ser. En vain je lui témoignai beaucoup d'incré-
« dulité sur le bonheur dont il me flattait : *nous
« arrangerons cela*, me dit-il.

« Peu de jours après je le vis chez la baronne
« de Juliana, française émigrée, qui avait une
« assemblée chez elle. Il me tira à part dans une
« embrasure de fenêtre ; je crus qu'il voulait me
« communiquer quelque chose qu'il avait imaginé
« pour me tirer de l'abîme où je suis tombé. Il
« sortit de sa poche trois pommes qu'on venait de
« lui donner, et dont il me fit présent pour mes
« enfants.

« Après avoir vu ma femme et mes enfants, il
« en fit des éloges si excessifs, qu'il m'embarrassa.
« *Je n'estime jamais à demi,* me dit-il un jour
« en me parlant de moi (je ne comprends pas ce-
« pendant pourquoi l'estime ne serait pas graduée
« comme le mérite.)

« Le 16 février (j'ai retenu cette date), il vint
« me voir et passa une grande partie de la mati-
« née avec moi. Le soir, je le revis encore ; nous
« parlâmes longuement sur différents sujets qu'il
« rasa à tire d'aile ; j'ai retenu plusieurs de ses
« idées. Les voici mot à mot : » et M. de Maistre
reproduit avec une fidélité inexorable cette conversation de Maury, décousue, étourdie et tran-
chante sur l'*Académie française et l'Académie des
sciences,* sur *les langues,* sur *les Anglais* et *les
Français,* les *bibliothèques* et *les livres.*

On comprend que cette manière de parler et
de juger ait surpris et dérouté M. de Maistre ; l'idée
qu'il s'était faite du célèbre orateur de la Constituante se trouvait soumise à une rude épreuve ;
mais, quand on connaît Maury, il faut bien convenir qu'il était supérieur à cette conversation de
1799. Maury portait un grand talent dans une nature grossière ; les salons de Paris et le commerce
des gens de lettres l'avaient façonné sans toutefois
lui donner jamais une parfaite mesure ni la délicatesse de l'esprit ; arrivé en Italie dans tout l'éclat de

son nom, il n'avait qu'à se montrer pour recueillir des hommages; l'admiration guettait toutes ses paroles; on l'écoutait et il n'écoutait personne; il avait beaucoup à dire, on ne se lassait pas de l'entendre, et ses conversations depuis son départ de Paris n'étaient plus guère qu'un monologue; ses défauts primitifs, que plus rien ne retenait et ne combattait, trouvèrent le champ libre. Lorsque M. de Maistre vit Maury, les huit ans passés hors de France avaient rendu au cardinal ces allures libres et originales qui mettaient tout en dehors et ne prenaient pas la peine de se régler. Quant à l'histoire des trois pommes, est-ce un trait qu'on doive ajouter à la comédie de l'*Avare?* Nous ne le pensons pas. Il y avait au fond de Maury, malgré les ardeurs et l'orgueil brutal de sa nature, quelque chose de profondément simple; il donna les trois pommes par un mouvement de bonté familière qui sentait beaucoup plus Valréas que l'habitude du monde, et c'est surtout le laisser-aller du bonhomme qui domine dans cette anecdote. On a dit que Maury était avare; peut-être y avait-il chez lui plus de bizarrerie que d'avarice. Il combla sa famille, et quand une de ses nièces se maria, il mit deux cent mille francs dans la corbeille; il rendit quelquefois service à des évêques émigrés, fit présent à l'église de son lieu natal de beaux vases sacrés et d'ornements que l'on conserve encore, et fonda ou enrichit de ses deniers une bibliothèque au séminaire de Montefiascone. Le cardinal de Clermont-Tonnerre, évêque de Châlon, s'en allant à Rome en 1803, s'arrêta chez son collègue de Montefiascone ; celui-ci s'étant aperçu que le prélat voyageur n'avait pas d'anneau épiscopal, lui présenta son écrin, et M. de Clermont-Tonnerre choisit une topaze orientale : un avare accompli aurait, en pareille occurrence, soigneusement caché son écrin.

Le cardinal Maury avait suivi de près le pape Pie VII se dirigeant non sans obstacles vers Rome pour aller prendre possession de la chaire de saint Pierre ; il fut témoin de l'entrée du nouveau pontife dans la ville éternelle le 3 juillet 1800, au milieu des acclamations et de l'attendrissement du peuple. Les Romains, opprimés par la domination napolitaine, saluaient à la fois dans Pie VII le Vicaire de Jésus-Christ et leur libérateur : il passa sous un arc-de-triomphe, sur cette même place *del Popolo* où une couronne avait été présentée à Berthier.

Rentré à Montefiascone, Maury reprit l'administration de son diocèse et ses habitudes laborieuses. Il allait souvent à Rome, où le rappelaient ses devoirs envers le Saint-Siége, ses relations et ses amitiés ; il y recourait aux magnifiques ressources des bibliothèques et s'y occupait des intérêts de l'Église de France que l'échafaud ou l'exil avait privée de la plupart de ses pasteurs; il était auprès de Pie VII l'intermédiaire de beaucoup de nos évêques proscrits. La correspondance du cardinal Maury avec ces prélats, si nous en jugeons par ce qui nous est connu, était digne de l'ancien défenseur du Saint-Siége et de la religion à l'Assemblée constituante. Nous avons sous les yeux une très-curieuse et très-belle réponse à M. de Boisgelin, datée de Montefiascone le 26 octobre 1800; M. de Boisgelin, archevêque d'Aix, où il marqua son passage par des bienfaits, collègue de Maury à la Constituante et son confrère à l'Académie, vivait alors en Angleterre comme d'autres évêques de France; nous n'avons pas sa lettre au cardinal Maury, et nous ne pouvons pas dire avec une pleine vérité quel était son contenu; mais la réponse nous l'indique suffisamment; nous nous hâtons de la reproduire et parce qu'elle mérite les regards, l'attention de la postérité, et parce qu'elle n'a jamais vu le jour; c'est à la fois de l'éloquence et de la biographie, et l'on est heureux de retrouver encore, à la date de 1800, le beau caractère de l'orateur de 1791.

« La lettre, mon très-cher seigneur, dont vous
« avez bien voulu m'honorer, le 9 du mois der-
« nier, exige, de ma reconnaissance autant que
« de ma franchise, une réponse détaillée et à cœur

« ouvert. Je viens m'acquitter de ce devoir avec
« l'empressement d'un homme qui vous respecte,
« vous aime et vous admire de toute son âme, et
« qui n'a rien à dissimuler avec vous.... D'abord,
« Monseigneur, vous ne me devez aucun remer-
« cîment pour avoir fait expédier en faveur des
« religieuses de votre diocèse le même indult que
« j'ai obtenu pour tous les évêques de France qui
« occupent de grands siéges. Depuis l'année 1755,
« les membres de notre illustre clergé ont eu, plus
« d'une fois, le tort ou la maladresse de préjuger,
« et même de se diviser entre eux sur des ques-
« tions qu'ils savaient être soumises à l'examen du
« pape, ou qu'ils déféraient eux-mêmes à son ju-
« gement. La raison ne permet pas de décider
« quand on consulte, et la saine politique suffit
« pour conseiller aux membres d'un grand corps
« de ne pas se prononcer d'avance et sans néces-
« sité quand ils ne sont pas tous d'accord. C'est
« une erreur très-déplorable et très-commune
« de croire qu'attendre c'est perdre du temps et
« du terrain, surtout quand un sage délai, loin
« d'étouffer la vérité, ne tend qu'à lui mieux assu-
« rer son triomphe. Je regrette que notre clergé
« n'ait pas ainsi calculé les véritables intérêts de
« sa gloire, en s'imposant une circonspection
« inaltérable sur la promesse de fidélité, dès que
« le pape eut annoncé à toute l'Eglise, immédia-

« tement après son exaltation, qu'il s'occupait de
« cet examen, et qu'il donnerait une décision....

« Personne ne vous conteste la gloire d'avoir
« parfaitement bien exposé les véritables principes
« de l'Eglise; mais on a été affligé de voir que
« vous vous sépariez de la très-grande majorité
« de vos collègues dans les conséquences prati-
« ques que vous en tiriez... Mais, dites-vous, je
« n'ai jamais voulu composer que sur les moyens.
« C'est là, Monseigneur, la question. Est-ce donc
« un simple moyen, et un moyen légitime de com-
« position, ou bien n'est-ce pas sacrifier les prin-
« cipes que de promettre fidélité à une constitu-
« tion ' qui autorise l'action des lois les plus con-
« traires à l'Évangile et à la discipline générale
« de l'Église ?...

« Je vous avais demandé à quoi avaient servi
« les conciliations. Vous retorquez cet argument
« contre moi, et vous me demandez à quoi ont
« servi les plus fortes oppositions ?... Elles ont
« servi à nous sauver de toutes les capitulations
« absurdes et infâmes qui nous auraient déshonorés
« gratuitement. Elles ont servi à faire reculer hon-
« teusement devant nous tous ces perfides hypo-
« crites que nous avons chassés de poste en poste,
« toutes les fois qu'ils ont feint de se rapprocher
« de nous pour nous tromper, nous opprimer et

---

¹ Il s'agit ici de la constitution de l'an VIII.

« nous avilir. Elles ont servi à sauver notre hon-
« neur, avec lequel, tôt ou tard, on sauve tout.
« Elles ont servi à retenir ou à mettre dans nos
« intérêts l'opinion publique qui se serait totale—
« ment séparée de nous, si nous nous étions lassés
« de porter partout nos désastres en témoignage
« de la vérité dont nous étions les martyrs, si nous
« avions cessé de combattre pour cesser de souf-
« frir, si nous avions été les dupes intéressées des
« accommodements les plus illusoires, les plus
« absurdes et les plus infâmes. Elles ont servi à
« nous conserver debout au milieu des ruines qui
« nous environnaient, et nous accablaient sans
« pouvoir nous abattre. Enfin elles ont servi à
« mûrir le catholicisme renaissant au fond de tous
« les cœurs, à nous reconquérir l'estime, la pitié,
« l'amour des Français, à nous conserver notre
« vie politique ; car nous serions anéantis depuis
« longtemps, et la religion aurait péri en France
« avec nous, si par notre fermeté, notre courage,
« notre patience, notre invincible fidélité à nos
« devoirs, nous n'avions donné à nos concitoyens,
« trop malheureux pour n'être pas personnels sous
« le régime qui les écrasait, le temps de se sou-
« venir de nous, après s'être soustraits à l'oppres-
« sion, de s'intéresser à notre sort, et de rappeler
« avec nous la religion qui semblait anéantie, et
« qui, heureusement associée à notre sort, n'a

« plus été pour les Français qu'une émigrée vers
« laquelle tous les cœurs heureux ou malheureux
« ont été entraînés par admiration, par pitié, par
« intérêt et par amour. On oublie un tronc ren-
« versé qui languit tristement sur la terre ; mais
« on contemple avec respect la dernière poutre qui
« résiste encore, et soutient seule un édifice qui
« s'écroule de toute part.

« Voilà, Monseigneur, à quoi ont servi nos op-
« positions.

« Vous avez la bonté de me parler ensuite avec
« beaucoup d'intérêt et de satisfaction de ma for-
« tune, et vous me dites que je dois sentir mieux
« que personne que vos travaux et vos services
« n'ont pas obtenu la plus faible récompense.

« Vous avez certainement beaucoup trop d'es-
« prit pour ne pas vous être expliqué la différence
« de notre sort. Je ne songeais aucunement à la
« fortune, quand je me dévouais, durant le cours
« de notre première assemblée, à la défense de
« tous les droits légitimes. L'avenir, qui se rédui-
« sait alors pour moi à chaque jour ou tout au
« plus au lendemain, ne me montrait qu'une mort
» inévitable à laquelle je m'attendais et dont la
« Providence m'a préservé par une affluence de
« miracles journaliers. Le sacrifice de ma vie était
« fait de très-bonne foi dans le fond de mon cœur,
« et ce n'est pas celui qui m'avait le plus coûté.

« Si j'attribuais mon inconcevable conservation à
« des moyens humains, je croirais fermement que
« c'est à mon mépris franc et continu pour la
« mort, que je suis redevable de ma vie. J'ai vu
« la lanterne et les poignards levés sur moi d'assez
« près pour me souvenir des plaisanteries et du
« sang-froid dont je me servais pour désarmer la
« multitude. J'étais étonné moi-même de cette
« présence d'esprit qui me venait du parti bien pris
« et bien arrêté de ne compter ma vie pour rien.

« Surpris de me trouver encore vivant à la fin
« de nos séances, je ne le fus pas moins quand je
« sus que l'immortel Pie VI m'appelait auprès de
« lui pour me créer cardinal. Je ne suis donc nul-
« lement responsable de ma fortune. L'heureuse
« circonstance d'être né sous la domination tem-
« porelle du Saint-Siége me mettait dans une
« classe à part, et cette considération était déci-
« sive en ma faveur dans l'esprit de Pie VI, qui,
« sous ce rapport, ne voyait personne en France
» sur ma ligne. Je me souviens que, touché, dans
« mon premier entretien avec lui, de ma confu-
« sion et de ma reconnaissance, il me rappela que
« son prédécesseur saint Pie V avait créé cardinal
« Thomas Soucher, abbé de Clairvaux, pour avoir
« été l'un des plus illustres et des plus utiles théo-
« logiens du concile de Trente. Ce qu'il fit pour
« un Français, ajouta-t-il, nous le ferons, à plus

« forte raison, pour un sujet de l'Église romaine.
« Voilà le mot de l'énigme et l'explication de la
« préférence que j'ai obtenue.

« Quant à vous, Monseigneur, vous ne pouviez
« recevoir des récompenses qu'en France ou par
« la France. Cette seule différence, qui ne saurait
« échapper à votre sagacité, ne me permet pas de
« douter que vous n'ayez applaudi sincèrement à
« mon bonheur, qui aurait doublé de prix à mes
« yeux, si j'avais pu le partager avec vous et plu-
« sieurs de vos collègues. J'ai pris souvent la li-
« berté de plaider auprès du feu pape vos droits
« communs à ses faveurs les plus signalées. Je
« vous ai, plus d'une fois, défendu auprès de lui.
« On lui avait donné, de longue main, des im-
« pressions défavorables contre vous, et j'en con-
« naissais l'origine. Il se plaignait.... Mais j'ajoute
« que je l'avais ramené sur votre compte, et que
« je lui avais persuadé enfin, comme je le crois,
« que vous méritiez une grande récompense. Il
« vous l'aurait accordée, s'il eût assez vécu pour
« pouvoir vous décorer, sans être obligé de vous
« doter, ce qui lui était véritablement impossible.
« *Veneficia mea hæc sunt quirites.* »

M. de Boisgelin fut nommé cardinal deux ans
après cette lettre. Il est vraisemblable que les bons
offices du cardinal Maury, alors très-influent à
Rome, le servirent beaucoup auprès du Souverain-

Pontife. On aura remarqué dans cette lettre avec quelle grande vigueur de parole Maury explique *à quoi ont servi les oppositions*, et ce n'est pas sans un vif intérêt qu'on l'aura entendu lui-même parler de ses jours de lutte périlleuse en face de la révolution.

En 1801, pendant que Consalvi, devenu cardinal et secrétaire d'État du gouvernement pontifical, négociait à Paris le concordat avec le premier consul, et que M. Cacault, habile ministre de Bonaparte à Rome, attendait à Florence le résultat des négociations, le cardinal Maury sentit autour de lui la main du nouveau maître de la France. Il nous faut ici donner la parole au secrétaire de légation, que M. Cacault avait laissé à Rome ; car le secrétaire est l'historien même de Pie VII.

« Ce fut alors, dit M. Artaud, qu'il arriva, on
« ne sait comment, que des agents étrangers à la
« diplomatie écrivirent au premier consul contre
« le cardinal Maury, qui, de Montefiascone, venait
« quelquefois passer plusieurs jours à Rome pour
« des raisons fort innocentes, souvent pour ache-
« ter des livres. Bonaparte, animé par ces rap-
« ports, et déjà dévoré d'une grande haine contre
« la maison de Bourbon, voulut que le pape dé-
« fendît à ce cardinal de paraître désormais à
« Rome. Il est pénible de dire que le gouverne-
« ment romain donna, à ce sujet, toute satisfac-

« tion aux ennemis du cardinal Maury, malgré
« quelques bonnes paroles en faveur de cette Emi-
« nence, que M. le cardinal Consalvi avait essayé de
« dire à Paris. A ce sujet le cardinal Joseph Doria
« m'écrivait officiellement le 22 juillet, que le car-
« dinal Maury était retourné à son évêché de Mon-
« tefiascone ; ce qui signifiait, m'avait-il dit verba-
« lement d'avance, que cette Éminence ne vien-
« drait plus à Rome. Le cardinal allait jusqu'à
« m'assurer que le cardinal Maury était parti à huit
« heures et demie, ce qui veut dire, pour le mois
« de juillet, d'après la manière de compter des
« Italiens, quatre heures du matin. Je ne con-
« naissais pas le cardinal Maury ; mais j'avais de
« l'admiration pour lui, et je pensais avec peine
« qu'il venait d'éprouver un chagrin. Ce cardinal
« n'avait jamais eu une conduite reprochable,
« même dans le sens de ses opinions alors oppo-
« sées à celles de Bonaparte. La correspondance
« avec Louis XVIII avait presque cessé, et ce car-
« dinal, qui venait de rendre de grands services
« dans le conclave, et à qui on adressait alors des
« promesses magnifiques, méritait que l'on parût
« se souvenir de ces circonstances. »

Depuis qu'un ambassadeur du premier consul
avait été accrédité auprès du Saint-Siége, Maury
ne se présentait plus à Pie VII comme ministre de
Louis XVIII ; un moment il espéra voiler cette

qualité sous le titre de *protecteur des églises de France* à Rome; la difficulté restait la même : la cour de Rome craignait de déplaire au jeune vainqueur de l'Italie. Maury se trouvait ainsi placé entre la prudente circonspection du pape et les susceptibilités impérieuses de Bonaparte. Nous voici près de l'écueil où l'honneur politique de Maury va faire naufrage.

CHÁPITRE XV.

Il était d'usage que chaque année, à l'occasion
des fêtes de Noël et du jour de l'an, le Sacré-Collége écrivît aux souverains; en 1803, les cardinaux
songeaient à adresser au premier consul les compliments d'usage, comme ils l'avaient déjà fait en
1802; chacun d'eux reçut du pape un formulaire
pour le *trattamento* adopté à l'égard du premier
consul. Maury écrivit à Louis XVIII pour lui exposer son embarras. Il ne devait pas y avoir d'embarras pour un homme fermement décidé à rem-

plir son devoir ; l'hésitation de la part de celui que le roi avait honoré de sa confiance était déjà presque une désertion. Voici la réponse que lui adressa Louis XVIII à la date du 22 octobre 1803 : « Le roi « voit avec une peine bien vive la position per- « sonnelle du cardinal Maury. Il faudrait être sur » les lieux pour bien juger des sacrifices que cette « position et l'unanimité des démarches du Sacré- « Collége peuvent imposer au cardinal Maury. Ce « qu'il y a de sûr, c'est que le roi n'en sera pas « plus scandalisé qu'il ne le fut jadis de lui voir « porter un ruban *tricolore*. » Ce ruban tricolore était un souvenir de la fête de la fédération ; on avait pu le porter sans se compromettre ; mais il est tout simple que Louis XVIII en ait gardé une impression différente.

Maury n'adressa aucune lettre à Bonaparte en 1803 ; au mois d'août de l'année suivante, ayant reçu, par ordre du pape, comme tous les autres cardinaux, une lettre officielle qui lui annon- çait que le Saint-Père venait de reconnaître la souveraineté de Napoléon, il écrivit au nouveau maître de la France une lettre de félicitation. On va la lire :

« Sire, c'est par sentiment autant que par de- « voir, que je me réunis loyalement à tous les « membres du Sacré-Collége pour supplier Votre « Majesté Impériale d'agréer avec bonté et con-

« fiance mes sincères félicitations sur son avéne-
« ment au trône. Le salut public doit être, dans
« tous les temps, la suprême loi des esprits rai-
« sonnables. Je suis Français, Sire ; je veux l'être
« toujours. J'ai constamment et hautement pro-
« fessé que le gouvernement de France étoit, sous
« tous les rapports, essentiellement monarchi-
« que. C'est une opinion à laquelle je n'ai cessé
« de me rallier avant que la nécessité de ce ré-
» gime nous fût généralement démontrée par tant
« de désastres, et que les conquêtes de Votre Ma-
« jesté, qui ont si glorieusement reculé nos fron-
« tières, eussent encore augmenté dans un si vaste
« empire le besoin manifeste de cette unité de
« pouvoir. Nul Français n'a donc plus que moi le
« droit d'applaudir au rétablissement d'un trône
« héréditaire dans ma patrie, puisque j'ai toujours
« pensé que toute autre forme de gouvernement
« ne seroit jamais pour elle qu'une intermittente
« et incurable anarchie. Je me trouve ainsi à la fin
« de notre révolution sur la même ligne des prin-
« cipes que j'ai défendus au fréquent péril de ma
« vie depuis le premier jour de son origine et du-
« rant tout son cours. Je sens vivement, Sire, dans
« ce moment surtout, le bonheur de n'être que
« conséquent et fidèle à mon invariable doctrine,
« en déposant aux pieds de Votre Majesté Impériale
« l'hommage de mon adhésion pleine et entière

« au vœu national qui vient de l'appeler à la su-
« prême puissance impériale, et d'assurer solide-
« ment la tranquillité de l'avenir, en assignant à
« son auguste famille un si magnifique héritage.
« Un diadème d'empereur orne justement et di-
« gnement à mes yeux le front d'un héros qui,
« après avoir été si souvent couronné par la vic-
« toire, a su se soutenir par son rare génie
« dans la législation, dans l'administration et dans
« la politique, à la hauteur de sa renommée tou-
« jours croissante, en rétablissant la religion dans
« son empire, en illustrant le nom français dans
« tous les genres de gloire, et en terrassant cet
« esprit de faction et de trouble qui perpétuoit
« les fléaux de la révolution en la recommençant
« toujours. »

Il y a dans cette lettre de grands efforts pour
paraître *conséquent et fidèle;* mais cette continuité
de sentiment monarchique, en changeant d'objet,
était tout simplement une défection. Il n'appartenait pas à l'ami des princes, à l'ambassadeur de
Louis XVIII à Rome d'oublier qu'il y avait encore
en Europe une maison de Bourbon : on aurait pu
croire, à la lecture de cette lettre, que les descendants de saint Louis et de Louis XIV étaient effa-
cés de la terre.

Le *Moniteur* se hâta de la reproduire ; Bonaparte en fit trophée ; le retentissement en fut im-

mense. Les royalistes de France stupéfaits refusèrent d'abord de croire à l'authenticité de la lettre,
et n'y virent qu'une imposture. L'Europe s'étonna,
et, dès ce jour, le nom de Maury cessa d'être prononcé avec respect[1]. Les beaux caractères sont
comme un patrimoine d'honneur pour tous les
gens de bien ; leur chute soudaine est une sorte
de banqueroute faite aux âmes honnêtes. Maury
craignait de se « sacrifier sans espérance, sans
« nécessité, comme sans fruits,... par un re-
« fus isolé, inutile et très-désastreux pour lui dans
« sa solitude, où il se trouvait à la merci de la
« France alors toute puissante en Italie[2]. » Si, à
cette époque, il s'était sacrifié *sans espérance*, ce
n'eût pas été *sans nécessité ni sans fruit;* il est toujours *nécessaire* de rester fidèle, et l'on n'a pas
souffert *sans fruit*, quand on a gardé l'honneur de
son nom. Dans une lettre à un ami, où il exposait
les motifs de sa nouvelle attitude, Maury parlait du
salut public, d'assentiment universel au nouveau
pouvoir ; ce sont les éternels prétextes aux défaillances, ce ne sont pas des justifications. Le cardinal répétait souvent qu'il n'avait écrit à Napoléon
que pour obéir à un ordre du pape ; soit ; mais le
pape ne lui avait pas commandé l'expression d'un

---

[1] Un bon mot fit alors fortune à l'occasion d'un portrait du
cardinal Maury : « Je l'aime mieux *avant la lettre.* »

[2] Mémoire de Maury, imprimé en 1814.

enthousiasme si vif et d'un dévouement si ardent et si nouveau.

D'ailleurs Maury, dans ses laborieux efforts pour se faire absoudre, n'a pas voulu, n'a pas osé dire le vrai mot : il s'ennuyait à Montefiascone! il regrettait ce Paris où s'était écoulée sa brillante jeunesse, Paris, où il avait trouvé la gloire et les joies de l'esprit. « Je ne connais pas d'autre bonheur « que mes souvenirs, écrivait-il de Montefiascone, « et je me regrette souvent moi-même dans mon « exil solitaire. » Maury, prince de l'Église, honoré de l'estime et de l'amitié du pape et des rois, jouissant d'une gloire conquise par le noble emploi d'un grand talent, que pouvait-il désirer? à quel sentiment d'ambition pouvait-il s'abandonner? Il ne lui manquait rien, excepté Paris ; c'est à Paris que le ramenait sa pensée ; et, quand Paris lui sembla habitable, sous la puissante main qui avait rétabli l'ordre, Maury chercha l'occasion d'en reprendre le chemin. Il avait d'ailleurs peu de goût pour les Italiens. L'ennui triompha misérablement de cette âme que n'avait pu vaincre ni émouvoir les plus terribles menaces de la révolution ; plus patiente dans l'épreuve, elle aurait mieux compris les desseins de la Providence au milieu des événements qui ébranlaient l'univers.

C'est à Aix-la-Chapelle que Napoléon reçut la lettre de Maury ; il lui répondit pour « l'assurer

« de l'intérêt qu'il prendrait dans tous les temps
« à sa satisfaction, et de l'estime particulière qu'il
« avait pour lui. »

Lorsque Pie VII, en route pour venir sacrer Napoléon, arriva à Radicofani, le 3 novembre 1804,
il y trouva le cardinal Maury, qui était venu le
complimenter à la tête de son clergé. « Ils s'entre-
« tinrent longtemps ensemble, » dit l'historien
de Pie VII. « Le cardinal pria le pape d'aller un
« jour, sans prévenir personne, dire la messe
« dans l'église des Carmes, à Paris, où avaient
« péri tant de prêtres ; il lui dit qu'une telle vi-
« site, en un tel lieu, produirait un effet très-re-
« marquable sur l'esprit des catholiques. Il paraît
« que le pape ne put pas donner suite à cette pen-
« sée si grande, si religieuse. Malheureusement,
« dans le cours de cet entretien, en parlant des
« griefs que le cabinet de Paris assurait avoir con-
« tre Rome, le pape dit au cardinal : *Ma perchè ?*
« *voi siete tanto odiato da questi Francesi*[1]. »
Cette détestation, dont parle ici le Saint-Père, est
celle qui poursuivait officiellement toute hostilité
contre le gouvernement de Napoléon ; le pape oubliait en ce moment que le cardinal Maury n'était
plus un ennemi du gouvernement français, et que

[1] Histoire de Pie VII, par M. Artaud de Montor, tome I,
chap. XXXVIII.

sa lettre de félicitation à Napoléon faisait le tour du monde.

Maury, après sa soumission à l'empereur ne se hâta point de revenir dans sa patrie; il fit une réponse évasive à la première invitation de Napoléon et ne se rendit même pas à des instances répétées; il semblait vouloir reculer le moment où devait s'achever sa défection. Au mois de juin 1805, Cambacérès lui écrivit que l'empereur, après son couronnement à Milan, s'arrêterait à Gênes, qu'il *ferait ainsi la moitié du chemin*, et qu'on espérait que le cardinal Maury *ferait l'autre moitié*. Ce fut donc à Gênes que le cardinal présenta en personne ses premiers hommages à Napoléon, le 1ᵉʳ juillet 1805. Napoléon, ce grand fascinateur, n'eut pas besoin d'un long effort pour séduire Maury : « Après cinq minutes de conver- « sation, » disait plus tard le cardinal, » je fus « ébloui et je me sentis tout à lui. » L'hostilité de Maury contre Bonaparte avait plus d'une fois attiré des plaintes à la cour de Rome de la part du gouvernement français; sa nouvelle démarche lui assurait des droits auxquels le ministère de Napoléon donna officiellement satisfaction. M. de Talleyrand, dans une lettre adressée au cardinal Consalvi et datée de Gênes, le 4 juillet 1805, s'exprimait ainsi :

« Votre Éminence a su que Mgr le cardinal

« Maury se rendait à Gênes ; elle ne sera pas sur-
« prise d'apprendre que Sa Majesté, à qui il a été
« présenté le 11 de ce mois (le 11 messidor), et
« qui aime à rapprocher tous les partis, dès qu'on
« se montre Français, l'a reçu avec beaucoup de
« bienveillance. Les événements qu'il a traversés
« et les honneurs qu'il a mérité d'obtenir du Saint-
« Siége, ne pouvaient que faire paraître encore
« plus recommandables les talents qu'il a con-
« stamment montrés. J'ai eu personnellement
« grand plaisir à me retrouver avec l'un des
« membres distingués d'une Assemblée, où la dif-
« férence d'opinion n'a pas empêché qu'on ne
« s'aimât et qu'on ne s'estimât. »

Le ministre termine sa lettre en recommandant avec insistance au cardinal Consalvi le neveu du cardinal Maury, qui avait été élevé, à Rome, au collége de l'Académie ecclésiastique.

Maury se retrouva dans Paris à la fin de mai 1806 ; ses amis d'autrefois ne lui cachèrent point leur surprise. Mais la présence de ce fameux abbé Maury, dont le nom avait tant retenti, et qui, depuis quinze ans vivait hors de France, excita une très-grande curiosité ; le peuple se rassemblait pour le voir et suivait sa voiture. Trois mois après son retour, il était nommé aumônier de Jérôme, et recevait ensuite le traitement de cardinal français. Maury n'appartenait plus à l'Académie ; il n'avait pas été compris parmi les membres de l'Institut à l'époque de sa formation, en 1796, et, dans la nouvelle organisation de 1803, il fut le seul membre de l'ancienne Académie française laissé en dehors de la deuxième classe. Une nouvelle élection lui rouvrit les portes de l'Institut; il remplaçait Target, son confrère avant la révolution, et qui n'était entré qu'après lui à l'Académie.

Sa réception occupa beaucoup le public. A l'Académie, on pratique l'égalité de la république des lettres, égalité qui n'est menaçante pour personne et qui est honorable pour tous ; le maréchal de Beauveau disait que les premiers personnages de l'Etat venaient y *briguer l'honneur d'être les égaux des gens de lettres.* Mais le cardinal Maury voulut être appelé *Monseigneur* et *Eminence* dans la réponse du président de l'illustre corps littéraire ; l'Académie, se retranchant derrière son règlement, ne consentait pas à lui donner ce titre ; ce fut à cette occasion qu'un de ses confrères, Regnault-de-Saint-Jean-d'Angely, se permit de lui demander en public *ce qu'il pensait donc valoir :* « Très-« peu quand je me considère, » répondit Maury « avec calme, mais beaucoup quand je me com-« pare. » L'Académie céda à la suite d'un article du *Moniteur*, qui laissait voir la volonté de l'empereur. Elle vengea son indépendance un peu compromise en chargeant un simple ecclésiastique, l'abbé Sicard, de répondre à l'exigeant et superbe cardinal. Le bon abbé prit, du reste, son rôle fort au sérieux, ne crut pas faire acte de complaisance, et si Maury avait eu de la modestie, elle eût bien souffert de tant de louanges que lui décerna l'habile instituteur des sourds-muets.

Le discours de réception du cardinal eut peu de succès; il parla trop de lui, et exalta sans mesure l'homme au pied de qui il avait renié sa foi politique. Il disait que, *désenchanté de toute illusion,* il n'avait pu se défendre de se réunir à ses concitoyens *las du désordre et fatigués d'une tyrannique liberté;* il prétendait s'être rapproché du nouveau gouvernement *avec l'intégrité de ses principes.* Maury louait Napoléon de s'être *allié à la révolution pour en détruire tous les principes désorganisateurs après avoir sagement transigé avec ses inévitables conséquences.* Il trouvait dans *l'ensemble de son étonnante destinée je ne sais quoi de plus grand que nature,* et appelait cette vie, si remplie de journées historiques, une *vie classique.* C'était en 1807, et les motifs d'enthousiasme ne manquaient pas à l'imagination du nouvel ami de Bonaparte. Il osa demander que le *héros de la paix* devînt le *noble rival du héros de la guerre;* on n'entendait pas souvent alors, dans un discours public, des mots tels que ceux-ci : *C'est assez de victoires, assez de triomphes, assez de prodiges.*

Les souvenirs de la Constituante faisaient dire à Maury avec vérité : « On croyait avoir tout fait « parce qu'on avait tout détruit. » Il fut heureux en rappelant les jours de l'ancienne Académie française, « Ces jours, disait-il, où vos séances particu- « lières conservaient, avec les principes du goût et « la pureté de la langue, les longs et classiques sou- « venirs du grand siècle dont j'ai fréquenté parmi « vous les derniers contemporains. » Il y a dans ce discours une partie intéressante, celle qui, à propos de Target, touche au barreau français, à l'éloquence judiciaire, aux relations du corps des avocats avec l'Académie, à l'origine des visites des candidats exigées par le règlement.

Maury lut dans la même séance l'éloge de l'abbé de Radonvilliers, qui fut successivement jésuite, secrétaire du cardinal de La Rochefoucault dans son ambassade à Rome et durant son ministère de la feuille des bénéfices, sous-précepteur des enfants de France, successeur de Marivaux à l'Académie française et conseiller d'État. L'abbé de Radon-villiers avait reçu à l'Académie Delille, Ducis et Malesherbes ; dans sa réponse à Ducis, qui succé-dait à Voltaire, il eut le courage, tout en louant ce vaste et brillant esprit, de déplorer des écarts peu profitables à sa gloire ; il le blâma de *n'avoir pas dédaigné, comme les grands auteurs du siècle de Louis XIV, et abandonné à des écrivains sans gé-*

*nie, cette triste célébrité qui s'acquiert malheu-
reusement par l'audace et par la licence.* Le fauteuil laissé vacant par sa mort, en 1789, n'avait
pas été rempli ; l'hommage académique avait manqué à sa mémoire ; Maury lui paya un tribut tardif
et mérité dans cette séance du 6 mai 1807. Les biographes ont légèrement parlé de cet éloge de l'abbé
de Radonvilliers. C'est un important morceau littéraire, très-habilement écrit, très-bien pensé,
plein de vues ingénieuses ; Maury ne tenait pas
sous la main un de ces sujets dont la richesse in-
spiratrice remue l'imagination ; son héros se recom-
mandait par la vertu et le talent, mais il avait passé
sans grand éclat ; le cardinal devait rendre compte
d'une *Méthode d'étudier les langues,* d'*Opuscules*
et de *Fragments* oubliés. Il féconda ce sujet d'une
ingrate apparence, ramassa les meilleurs, les plus
beaux souvenirs de son ancien confrère et en fit
autant de tableaux ; il entra avec une force supérieure dans les secrets de la langue et de la grammaire, et, tandis qu'il peignait l'abbé de Radon-
villiers, *dévoilant,* dans ses nouvelles méthodes, *les
beautés les plus cachées de l'art d'écrire,* lui-même
en parlait magistralement et en offrait des modèles. Après avoir fait revivre l'esprit et les œuvres
de cet homme modeste et distingué dont on ne se
souvenait plus, Maury s'attachait à mettre sa vertu
en lumière ; il s'était livré à des recherches sur ses

pieuses et abondantes libéralités ; il s'animait au récit de ses aumônes, et c'est avec enthousiasme qu'il louait sa charité.

On sait qu'à l'époque du mariage de Napoléon avec Marie-Louise, les vingt-deux cardinaux, présents à Paris, n'assistèrent pas tous à la cérémonie religieuse, qui eut lieu au Louvre le 2 avril 1810 ; quatorze s'abstinrent d'y paraître, se fondant sur l'incompétence de l'officialité qui avait prononcé la nullité du lien spirituel, et attribuant au pape seul le droit de délier ; huit ne partagèrent point ces scrupules et occupèrent un fauteuil à la chapelle ; parmi ceux-ci figurait le cardinal Maury. Il vit les quatre reines de Westphalie, de Hollande, de Naples et d'Espagne porter la queue de la robe de l'impératrice ; il y eut un moment assez prolongé d'hésitation de leur part, quand il leur fallut se baisser pour remplir cet office derrière Marie-Louise qui se dirigeait vers l'autel pour les premières oraisons où l'épouse reçoit l'anneau ; mais un regard terrible lancé par l'empereur soumit tout à coup les royales fiertés, qui eussent bien voulu se dérober à ce rôle. Nous n'avons pas besoin de rappeler que les cardinaux absents ne tardèrent pas à être punis de leurs scrupules religieux ; l'empereur leur interdit de porter la pourpre, et on les appela les cardinaux noirs.

Les défaillances politiques ne mènent pas toujours, Dieu merci, aux défaillances en matière de religion ; mais l'histoire nous apprend à quelles extrémités peut exposer les hommes, même les hommes revêtus d'un caractère sacré, le parti pris de s'abaisser devant la domination. Nous avons vu Maury manquer à ses devoirs envers la royauté dont il avait été le serviteur; il va manquer à d'autres devoirs.

CHAPITRE XVI.

Un décret de Napoléon, daté du 17 mai 1809,
au camp de Vienne, avait spolié le pape et réuni
ses États à l'Empire français : on connaît la belle
protestation de Pie VII. Usant des seules armes
qui fussent en son pouvoir, il fulminait, le 10 juin
1809, une bulle d'excommunication contre l'en-
vahisseur de ses domaines ; cet acte solennel de la
plus haute autorité spirituelle remuait moins les
âmes que dans les siècles de foi, mais il ne pouvait être indifférent à Napoléon qu'on appelait le

restaurateur de la religion en France. La bulle d'excommunication ne fut pas, comme on l'a dit, le trait du vieux Priam contre le fils d'Achille ; il ne demeura pas suspendu au bouclier de Pyrrhus, mais alla plus avant qu'on n'a cru. Napoléon en riait ! non, il n'en riait pas. Ne dit-il pas un jour à Fontainebleau ce mot profond : *Je ne puis me rétablir, j'ai choqué les peuples*. La gloire du vainqueur de Wagram reçut une rude atteinte des ordres par lesquels le saint vieillard de Rome fut arraché à sa demeure du Quirinal et traîné de ville en ville jusqu'à Savone, dont on fit sa prison. La captivité du pape et la dispersion des congrégations romaines suspendaient violemment les rapports du Pontife avec l'Église universelle : l'administration religieuse du monde catholique échappait aux mains garrottées du Père commun. Après le grand coup qu'il avait frappé le 10 juin, il lui restait un autre moyen légitime de défense : le refus de l'institution canonique aux évêques nommés par Napoléon. Le siége de Paris étant devenu vacant par la mort du cardinal de Belloy (le 10 juin 1805), Napoléon y appela le cardinal Fesch, archevêque de Lyon, dans l'espoir de trouver en lui un souple instrument de sa volonté ; l'oncle de l'Empereur n'accepta qu'avec répugnance, ne répondit rien ou presque rien au chapitre de Notre-Dame qui vint lui offrir les pouvoirs d'administra-

teur capitulaire, s'abstint d'officier dans la métropole, et, après plusieurs mois de situation incertaine et de réserve, il envoya sa démission au ministre des cultes, se fondant sur les liens qui l'at-
tachaient à l'Église de Lyon et dont le pape ne
l'avait point affranchi. Ce fut à Fontainebleau que
Napoléon connut cette démission; il laissa éclater
sa colère, et songea tout de suite à Maury; celui-
ci se trouvait à Fontainebleau; il est mandé dans
le cabinet du maître, qui lui demande son serment
d'archevêque de Paris avant même de lui annoncer
sa nomination '; il prêta le serment en habit et
manteau courts. On dit que Maury, qui pourtant
avait connu les tempêtes, fut si ému de cette scène
soudaine, du son de voix et de l'air terrible de Napoléon en ce moment-là, qu'il faillit s'évanouir.
Le chapitre de la métropole de Paris, placé sous
le coup d'une invitation formelle qui équivalait à
un ordre, conféra à l'archevêque nommé le titre
et les pouvoirs d'*administrateur capitulaire du
diocèse;* ce ne fut pas à l'unanimité mais à la majorité, car l'archevêque nommé n'inspirait pas une
entière confiance. L'abbé d'Astros, le jeune vicaire
général du diocèse, président de l'assemblée capitulaire, vota avec la minorité. Il crut que sa qua-

' Vie du cardinal d'Astros, archevêque de Toulouse, par le
R. P. Caussette. Ce livre substantiel, plein de faits nouveaux, est
écrit avec talent et fermeté.

lité de président ne lui permettait pas de se dérober à la démarche de convenance par laquelle le cardinal reçut les félicitations du chapitre. « Monseigneur, lui dit l'abbé d'Astros en tête de la « députation, nous venons, au nom du chapitre « métropolitain de Paris, vous féliciter de votre no« mination à ce siége, et prier Votre Eminence de « prendre en main l'administration du diocèse. Il « n'est personne qui ne se rappelle en ce moment, « Monseigneur, avec quelle éloquence et avec « quel courage vous avez défendu, dans le temps, « la cause de la religion et du clergé. » Le cardinal pâlit et parla de son attachement au Saint-Siége. « Je n'irai m'asseoir sur la chaire épiscopale « de Paris, répondit-il, qu'autant que le pape me « prendra par la main pour m'y faire monter [1]. » Le discours du vicaire général était expressif dans sa briéveté ; Maury en comprit la portée ; il comprit aussi qu'il aurait à compter avec ce jeune prêtre qui venait de lui adresser la parole.

Depuis son retour à Paris, le cardinal Maury, peu recherché dans la société dont il avait déserté les affections politiques, mais toujours épris du monde, fréquentait beaucoup les salons officiels et allait partout où l'esprit suffit pour se faire écouter ; les anecdotes sur le dix-huitième siècle et les récits de l'émigration s'échappaient de sa bouche en

____

[1] Vie du cardinal d'Astros, par le R. P. Causette, p. 175.

flots intarissables; conteur animé, plus près du gros sel que de la fleur délicate de la pensée, et parfois poussant la verve jusqu'à l'invention, il intéressait, égayait et charmait dans ses dîners en ville, et rarement il dînait chez lui. Dès que le cardinal fut nommé archevêque de Paris, il se traça un plan de conduite dont il ne garda pas le secret pour sa conscience, mais qu'il prétendit avoir confié à l'empereur et qu'il crut devoir ne laisser ignorer à personne : c'était le plan d'une vie plus retirée avec toute l'exactitude épiscopale, avec d'abondantes aumônes et la prière en commun. L'archevêque nommé se proposait pour modèles MM. de Beaumont et de Juigné dont il avait vu de près les vertus et la piété. Il marqua sa première apparition au conseil par une faute; au lieu d'abriter sa position équivoque sous l'autorité incontestable des grands vicaires capitulaires, il se mit assez audacieusement en relief, et ne se fût pas posé autrement s'il avait été en possession de l'institution canonique; le cardinal annonça au conseil que les actes ne porteraient que sa seule signature !

Maury, en se plaçant, dans ces conditions, à la tête de l'administration du diocèse de Paris, servait les desseins de Bonaparte, qui voulait se passer du Pape; le premier consul, dans les *articles organiques*, avait refusé de reconnaître le droit des chapitres; l'empereur, changeant d'avis selon ses besoins, s'attachait à ce droit. En quoi Maury, instrument de la volonté impériale, violait-il la règle ecclésiastique? C'est ce qu'il faut examiner et préciser.

L'ancienne discipline, conforme aux saints canons, veut que les diocèses, pendant la vacance des siéges, soient gouvernés par les vicaires généraux capitulaires; elle ne permet pas aux chapitres de déléguer leurs pouvoirs à l'évêque nommé; celui-ci n'a pas le droit de se mêler de l'administration du diocèse tant qu'il n'est pas muni de ses bulles. Il y a un sens profond dans cette loi qui tient à la constitution même de l'Église catholique. Elle marque la distinction entre le spirituel et le temporel, les limites où finit le droit du prince, où commence un autre droit. Si les chapitres, obéissant aux injonctions du souverain, pouvaient déléguer l'autorité aux évêques nommés, le souverain deviendrait, par le fait, le maître du spirituel; les liens avec le centre de l'unité se rompraient bien vite; les bornes des deux puissances étant ainsi arrachées, la confusion serait facile et l'oppression inévitable. Cette question se rattache à l'ancienne grande querelle du sacerdoce et de l'empire pour les investitures; Rome défendait son indépendance en même temps que l'indépendance de la conscience humaine. L'institution canonique c'est le droit qui descend de sa source divine et va se communiquer; l'administration sans bulle c'est l'usurpation.

La défense faite aux évêques nommés de s'ingérer dans l'administration du diocèse est ancienne, expresse, positive; elle était une tradition et une règle; et comme l'Église se prononce à mesure que les besoins des temps l'exigent, elle fut amenée par des abus et des désordres à parler solennellement sur ce point dans la seconde moitié du treizième siècle. Le canon du second concile de Lyon, concile œcuménique tenu en 1274, est devenu célèbre; il a été confirmé par les décrétales de Boniface VIII, d'Alexandre V et de Jules II. Voici la traduction du décret :

« Une aveugle cupidité et une damnable ambi-
« tion s'emparant de certaines âmes, les poussent
« à cette témérité, de travailler à usurper, par
« artifice et par fraude, des droits qu'ils savent
« bien leur être interdits par les lois. Ainsi, quel-
« ques-uns étant élus pour gouverner les églises,
« et ne pouvant, à cause de la défense qui leur en
« est faite par les lois, s'ingérer d'eux-mêmes, avant
« que leur élection soit confirmée, dans l'admi-
« nistration des églises qu'ils sont appelés à gou-
« verner, se font donner cette administration sous
« les titres de procureurs ou d'économe. Mais
« comme il ne faut point conniver à la perversité
« des hommes, nous, voulant plus abondamment

« y pourvoir, décrétons, par cette constitution
« générale, que personne désormais ne présume
« de prendre ou de recevoir, soit au spirituel, soit
« au temporel, par soi-même ou par autrui, à titre
« d'économat ou de procuration, ou sous tout
« autre nouveau titre ou tout autre couleur quel-
« conque, l'administration de la dignité à laquelle
« il est élu, ou de s'y immiscer, avant que son
« élection ait été confirmée, sous peine, pour tous
« ceux qui enfreindront la défense, de perdre par
« là même tous les droits qui leur étaient acquis
« par l'élection. »

L'assemblée du clergé de France en 1595 établit la même doctrine. Le roi Henri IV, après sa
réconciliation avec Rome, dans ses lettres patentes
du 1ᵉʳ mai 1596, disait ceci : « Les troubles et les
« divisions qui ont eu cours en notre royaume ont
« donné, à notre très-grand regret, sujet, occasion
« à plusieurs ouvertures inusitées et non accoutu-
« mées, et entre autres que vacants aucuns arche-
« vêchés, évêchés, abbayes et autres bénéfices
« étant à nomination, nos privés et grands con-
« seils, contre ce qui avait été ci-devant observé,
« auraient permis aux nommés par nous à aucuns
« desdits bénéfices d'entrer en possession d'iceux,
« et les administrer, tant au spirituel qu'au tem-
« porel, en vertu de notre seule nomination, sans
« attendre qu'ils eussent obtenu leurs provisions

« (ou bulles de Rome)... Nous, désirant conserver
« l'Église en son autorité et droits, défendons
« auxdits nommés par nous... de faire aucuns
« actes de la puissance et juridiction ecclésiastique
« ou spirituelle, à peine de nullité de tout ce qui
« sera par eux fait, géré et administré, et de pri-
« vation du droit prétendu par lesdits nommés
« auxdits bénéfices, auxquels nommés et économes
« dits spirituels, enjoignons en laisser la puissance
« et autorité aux chapitres des églises vacantes et
« autres, auxquels de droit ou coutume elle ap-
« partient [1]. »

Il résulte de ce passage des lettres patentes
d'Henri IV que, durant les troubles de la Ligue,
des évêques nommés administrèrent sans bulles
les diocèses *tant au spirituel qu'au temporel;* on
a dit que les papes ne réclamèrent pas à cette
époque, et on en a conclu la légitimité des administrations capitulaires par les évêques nommés;
cette assertion sur le silence des papes n'est qu'une
conjecture, et, quand même elle serait prouvée,
on ne saurait en tirer aucune conclusion sérieuse :
qui donc ignore que bien souvent les Souverains-
Pontifes, dans un esprit de prudence et de paix,
ont toléré des irrégularités pour ne pas aggraver
les maux de l'Église! Mais une lettre du cardinal

---

[1] Recueil des Actes, Titres et Mémoires concernant les affaires
du clergé de France, tome X, page 632.

d'Ossat, du 16 juillet 1596, nous apprend qu'il y avait eu des plaintes du Saint-Siége au sujet de ces situations nouvelles des évêques nommés : «Pourvu « qu'on se dispose en France à bien faire pour l'a- « venir, écrivait d'Ossat, et à recevoir et favoriser « la restauration de l'ordre et discipline ecclésias- « tique, on ne se formalisera guère (à Rome) pour « les désordres passés ; le pape et son légat ne re- « garderont point tant à certaines particularités « passées et faites en temps de troubles, comme « à établir un bon ordre public dans toute l'Église « gallicane pour toujours à l'avenir. » Le cardinal d'Ossat, le négociateur illustre qui eut la gloire de réconcilier Henri IV avec le Saint-Siége, n'au- rait pas écrit de Rome en ces termes, s'il n'y avait pas eu des réclamations de la part du pape. Dans la même lettre, il dit que le mieux serait d'obtenir du pape une *confirmation générale*. Il est si peu permis de croire qu'on ait regardé comme légi- times tous les actes ecclésiastiques accomplis au temps de la Ligue, que le cardinal d'Ossat est allé jusqu'à écrire ces mots : *le schisme étoit jà fait et formé en France* [1].

Les infractions à la loi qui règle les devoirs des évêques nommés ne se rencontrent en France qu'aux époques de démêlés entre le gouvernement

---

[1] Lettre du 16 janvier 1596.

et le pape. Pendant les débats de la régale, de 1681 à 1693, Innocent XI refusa les bulles aux Nommés; Louis XIV leur disait : Allez dans vos diocèses, faites-vous donner des pouvoirs par les chapitres, et, en attendant l'institution canonique, faites pour le mieux. — Les Nommés administrèrent plus ou moins réellement par délégation du chapitre. Quarante siéges devinrent vacants durant les douze années de la querelle de la régale. Sur ce nombre d'évêques nommés, le *Gallia christiana* n'en cite que cinq qui aient sérieusement administré les diocèses. On peut en ajouter d'autres, tels que M. de Cosnac, nommé au siége d'Aix, et Fléchier. Il est certain que Fléchier gouverna pendant deux ans le diocèse de Lavaur, et pendant cinq ans le diocèse de Nîmes sous le titre de vicaire général du chapitre. Parmi les évêques nommés, quelques-uns, las d'attendre inutilement les bulles, renoncèrent à leur nomination. L'histoire du temps nous montre l'administration capitulaire des prélats assez souvent traversée par des dissidences. Elle nous montre aussi une certaine vigilance d'opinion qui ne sympathisait pas avec ces dérogations aux lois anciennes. M. de Cosnac, nommé à l'archevêché d'Aix, ayant pris possession de l'administration du diocèse sans institution canonique, on afficha aux portes de son palais le décret du concile de Lyon : *Avaritiæ cœcitas,* dont nous avons précédemment reproduit la traduction. Quant au consentement tacite que Rome aurait donné à ces administrations capitulaires de 1681 à 1693, nous répéterons ce que nous avons dit pour les mêmes exemples du temps de la Ligue ; le bon sens humain suffit pour nous apprendre que le pape peut supporter mais non approuver ce qui est directement contraire à son indépendance spirituelle ; il a des motifs pour refuser d'instituer; on imagine des moyens de se passer de lui; il se tait et vous en concluez qu'il trouve bon ce que vous faites ! Ce n'est pas là un raisonnement sérieux. Mais cette silencieuse approbation de Rome durant les douze années de l'affaire de la régale n'est rien moins qu'une vérité historique ; il paraît certain, au contraire, que le pape Innocent XI adressa à Louis XIV des réclamations à cet égard. Les exceptions qui se produisirent aux deux époques de la Ligue et de la querelle de la régale, voilà donc ce qu'on a appelé l'*usage* de l'Église de France ! La mauvaise humeur de Louis XIV enjoignant aux chapitres de déléguer leur juridiction aux évêques nommés, voilà ce qu'on a transformé en *conseil* donné par Bossuet, lequel n'a jamais conseillé rien de pareil et jamais rien écrit sur les administrations capitulaires !

Non-seulement il n'y a pas trace d'une opinion de Bossuet qui autorise l'évêque nommé à administrer sans bulles le diocèse, mais il donna lui-même, comme évêque nommé de Condom, un exemple tout contraire. Ce fut le 8 septembre 1669 que Louis XIV l'appela à ce siége, en remplacement de Charles-Louis de Lorraine ; Bossuet ne reçut ses bulles que vers la fin de juin 1670 ; or, durant ces neuf mois et demi, il ne se mêla par aucun acte au gouvernement de l'Église de Condom ; cette abstention doit être d'autant plus remarquée que l'administration du diocèse par les vicaires capitulaires laissait fort à désirer ; Bossuet ne reçut pas même du chapitre des lettres de vicaire général. Dans l'année qui précéda la nomination de Bossuet à l'évêché de Condom, le chapitre de Metz, dont il était le doyen, avait tenu une conduite dont on peut se souvenir ici. Le différend pour l'Eglise de Metz ayant été réglé entre la cour de France et le Saint-Siége, et Georges d'Aubusson de La Feuillade, archévêque d'Embrun depuis vingt ans, ayant été nommé évêque de Metz après la démission régulière de Mazarin, du duc de Verneuil et du comte Guillaume, le chapitre de cette église déclara la vacance du siége, donna par acclamation et comme marque particulière de respect au prélat nommé le titre d'administrateur vicaire général, mais il confia en réalité le gouvernement du diocèse, jusqu'à l'arrivée des bulles, à deux vicaires généraux capitulaires élus au scrutin, et Bossuet fut un des deux vicaires généraux. Il importe aussi d'observer que le chapitre de Metz, en conférant à l'évêque nommé les pouvoirs d'administrateur vicaire général, avait en vue de se conformer aux pieuses intentions de Georges d'Aubusson de La Feuillade, pressé de mettre un terme à une déplorable administration ; de plus, l'évêque nommé avait, jusqu'à un certain point, commencé à obtenir l'agrément du Pape par les bulles qui, sur la demande du roi, l'autorisaient à réunir son ancien titre d'archevêque d'Embrun à son titre d'évêque de Metz, et à faire porter devant lui la croix archiépiscopale dans sa nouvelle Eglise.

Nous venons de résumer en quelques pages la vérité canonique et historique sur cette question. Nous l'avons fait en pleine lumière, grâce aux sérieuses études dont l'administration du cardinal Maury fut l'occasion. Les plus graves esprits parmi nous connaissaient mal cette matière, lorsque le cardinal Fesch, nommé d'abord à l'archevêché de Paris, reçut du chapitre de Notre-Dame les pouvoirs d'administrateur capitulaire. La canonicité de la mesure n'était mise en doute par aucun membre du chapitre, pas même par l'abbé d'Astros, qui depuis creusa si bien la question. L'administration capitulaire des évêques nommés semblait entrée dans la discipline de l'Église gallicane, et comme consacrée par l'ancien usage des chapitres de France d'envoyer des lettres de grand vicaire aux prélats nommés. De plus, on laissait dire que le canon du concile de Lyon n'était pas reçu parmi nous.

Quel fut donc le premier tort de Maury? Ce fut d'accepter le siége de Paris, sans être affranchi du lien spirituel qui l'unissait à l'église de Montefiascone. Cardinal et évêque d'au delà les monts, lié au Saint-Siége comme prince de l'Église par des serments particuliers, évêque d'Italie et d'un pays d'obédience, il méconnut ensuite la discipline de l'Église d'Italie à laquelle il appartenait, et se prévalut de ce qu'on croyait être la discipline particulière de l'Église de France, pour s'autoriser à accepter l'administration capitulaire du diocèse de Paris. Il n'ignorait pas que le Pape, dépouillé, captif, réduit à se défendre avec ses seules armes, opposait le refus des bulles à de cruelles persécutions. Ébloui par l'éclat du premier siége de France et médiocrement satisfait de la vie qu'il menait à Paris, il n'était plus frappé que de sa grandeur nouvelle et de ce qu'elle semblait lui promettre : il oublia les lois de l'Église et les malheurs de son chef. Deux jours après sa nomination au siége de Paris (16 octobre 1810), Maury l'annonça à Pie VII en protestant de son *attachement* et de sa *dévotion* à la religion, au *Saint-Siége* et *à la personne* du Pontife; il lui annonça en même temps son élection par le chapitre, trouvant tout simple d'être nommé administrateur capitulaire; il disait qu'il l'avait été à l'unanimité des suffrages, et sur ce point il se trompait; il désirait son institution canonique, cela se comprend.

Pie VII se trouvait à Savone comme dans un cercle étroit de vigilance ennemie; on avait fait autour de lui la solitude; une dure consigne ne lui permettait pas de communiquer avec le dehors; toute relation avec l'auguste vieillard était un délit. Le zèle religieux opposait à la terreur de l'espionnage un dévouement secret et des stratagèmes intrépides; des jeunes gens, dont plusieurs appartenaient à de nobles familles, allaient et venaient, sous les déguisements de la pauvreté, par des chemins détournés et presque toujours à pied, chargés de correspondances entre Paris et Savone; c'est par un de ces mystérieux messagers qu'arriva le Bref du Pape en réponse à la lettre du cardinal Maury.

Le Souverain-Pontife, à la date du 5 novembre 1810, commençait par exprimer la douleur que lui causait une acceptation à laquelle il était loin de s'attendre; le cardinal Maury devait savoir les sérieux motifs qui forçaient le Pape à refuser l'institution canonique aux évêques nommés par l'empereur; il les connaissait par le Bref du Pape au cardinal Caprara du 26 août 1809, quand celui-ci

était archevêque de Milan, et, depuis ce Bref, l'autorité du Saint-Siége avait bien plus gravement
souffert. Pie VII, s'adressant au cardinal Maury,
continuait en ces termes :

« Est-ce donc ainsi, qu'après avoir si courageu-
« sement et si éloquemment plaidé la cause de
« l'Église catholique dans les temps les plus ora-
« geux de la révolution française, vous abandon-
« nez cette même Église aujourd'hui que vous
« êtes comblé de ses dignités et de ses bienfaits,
« et lié étroitement à elle par la religion du ser-
« ment ? Vous en venez jusqu'à ne pas rougir de
« prendre parti contre nous, dans un point que
« nous ne soutenons que pour défendre la dignité
« de l'Église ! Est-ce ainsi que vous faites assez
« peu de cas de notre autorité pour oser, en quel-
« que sorte, par cet acte public, prononcer contre
« nous à qui vous deviez obéissance et fidélité ?
« Mais ce qui nous afflige encore davantage, c'est
« de voir qu'après avoir mendié auprès d'un cha-
« pitre l'administration d'un archevêché, vous
« vous soyez, de votre propre autorité, et sans
« nous consulter, chargé du gouvernement d'une
« autre église, bien loin d'imiter le bel exemple du
« cardinal Joseph Fesch, archevêque de Lyon,
« lequel ayant été nommé avant vous au même
« archevêché de Paris, a cru si sagement devoir
« absolument s'interdire toute administration spi-

« rituelle de cette église, malgré l'invitation du
« chapitre.

« Nous ne rappelons pas qu'il est inouï dans les
« annales ecclésiastiques qu'un prêtre nommé à
« un évêché quelconque ait été engagé par les
« vœux du chapitre à prendre le gouvernement
« du diocèse avant d'avoir reçu l'institution cano-
« nique ; nous n'examinons pas (et personne ne
« sait mieux que vous ce qu'il en est) si le vicaire
« capitulaire élu avant vous a donné librement et
« de plein gré la démission de ses fonctions, et
« s'il n'a pas cédé aux menaces, à la crainte ou
« aux promesses, et par conséquent si votre élec-
« tion a été libre, unanime et régulière : nous ne
« voulons pas non plus nous informer s'il y avait
« dans le sein du chapitre quelqu'un en état de
« remplir des fonctions aussi importantes ; car
« enfin où veut-on en venir ? On veut introduire
« dans l'Église un usage aussi nouveau que dan-
« gereux, au moyen duquel la puissance civile
« puisse insensiblement parvenir à établir, par
« l'administration des siéges vacants, tous les su-
« jets qu'il lui plaira ; or, qui ne voit que c'est
« non-seulement nuire à la liberté de l'Église,
« mais encore ouvrir une large voie au schisme et
« aux élections invalides ? Mais, d'ailleurs, qui vous
« a dégagé du lien spirituel qui vous unit à l'é-
« glise de Montefiascone ? ou qui est-ce qui vous a

« dispensé à l'effet d'être élu par un chapitre, et
« de vous charger de l'administration d'un autre
« diocèse? Quittez donc sur-le-champ cette admi-
« nistration : non-seulement nous vous l'ordon-
« nons, mais nous vous en prions, nous vous en
« conjurons, pressé par la charité paternelle que
« nous avons pour vous, afin que nous ne soyons
« pas forcé de procéder malgré nous et avec la plus
« grande rigueur, conformément aux statuts des
« saints canons : personne n'ignore les peines
« qu'ils prononcent contre ceux qui, préposés à
« une église, prennent en main le gouvernement
« d'une autre église, avant d'être dégagé des pre-
« miers liens. Nous espérons que vous vous ren-
« drez volontiers à nos vœux, si vous faites bien
« attention au tort qu'un tel exemple de votre part
« ferait à l'Église et à la dignité dont vous êtes
« revêtu. Nous vous écrivons avec toute la liberté
« qu'exige notre ministère : et, si vous lisez notre
« lettre avec les mêmes sentiments qui l'ont dictée,
« vous verrez qu'elle est un témoignage éclatant
« de notre tendresse pour vous. »

Ce langage du vieux pontife captif et mis au secret, langage catégorique et pressant, plein de force
et de lumière, ne suffira-t-il pas pour retenir le
cardinal Maury sur la pente où il s'est engagé?
Pierre a parlé; ne l'entendra-t-il point? Hélas!
non. Les situations fausses obscurcissent tout au-

tour d'elles; elles ont des raisonnements, une conscience, une théologie à part; elles ont des serres de vautour sous lesquelles on se débat en vain. Le cardinal Maury, ne pouvant rien répondre au Bref de Pie VII, prendra le parti d'en nier l'authencité; il dira que ce Bref ne lui est point parvenu officiellement, il dira qu'il y manque l'anneau du Pêcheur; mais si le sceau pontifical n'accompagne pas les ordres du chef de l'Église, à qui la faute? L'anneau du Pêcheur ne lui a-t-il pas été enlevé par ses spoliateurs? La signature de Pie VII est là; Maury la connaît et la reconnaît : pourquoi donc ne pas obéir? A quelles chicanes est descendu l'ancien défenseur du pape pour éluder ce que le pape a prescrit! La grande lumière de la vérité l'inonde, et il cherche des recoins obscurs pour y échapper, et il met la main sur ses yeux pour ne pas voir cette lumière! Sa résistance au Bref de Pie VII, sous prétexte qu'il a lieu de le croire supposé, est le plus grave des torts du cardinal Maury.

Le prélat romain Gregorio et le P. Fontana, général des Barnabites, chargés de la direction des affaires ecclésiastiques de Paris depuis l'exil des cardinaux noirs, avaient, par les ordres du pape, fait tenir le Bref aux mains du cardinal Maury, et en avaient transmis une copie à l'abbé d'Astros; celui-ci en donna secrètement connaissance à son cousin M. Portalis, fils du célèbre ministre des cultes, directeur général de la librairie, à l'abbé Guairard, chef de division à la même direction, à l'abbé de La Calprade, chanoine honoraire de Paris; cette confidence devait leur coûter cher. Comme Maury ne fléchissait point devant le Bref, on jugea nécessaire d'en laisser transpirer l'existence pour que les fidèles fussent avertis; l'abbé d'Astros autorisa cette sourde divulgation qui jeta Napoléon dans de violentes colères et tailla de la besogne à sa police.

CHAPITRE XVII.

Quel était cet abbé d'Astros devenu tout à coup le supplice du cardinal Maury, et dont l'inflexible orthodoxie fut un tourment pour l'empereur, qui tenait alors le monde sous ses pieds? Né à Tourves en Provence, en 1772, il avait grandi avec les premiers orages de la révolution, aimé les autels quand les autels étaient renversés, recherché le sacerdoce quand il était un péril ; chef du cabinet de son oncle Portalis, conseiller d'État *chargé des affaires concernant les cultes*, il travailla sans bruit mais non sans grande utilité à la conclusion du concordat et

à la restauration religieuse de la société française;
le Catéchisme de l'Empire appartenait pour le fond
à Bossuet, mais une soigneuse et habile main avait
passé par là, c'était la main de l'abbé d'Astros.
Une piété rare, un sentiment profond du devoir,
un tranquille courage, beaucoup de mesure, une
haute aptitude administrative, voilà ce qui le dis-
tinguait. Au commencement de 1805, il fut nommé
vicaire général de l'archevêque de Paris, Mgr de
Belloy, et, trois ans plus tard, à la vacance du siége,
vicaire capitulaire. C'est là que la lutte vient le
chercher en 1810. Elle prenait de la grandeur par
la grandeur même des événements et des personnages qui occupaient la scène, et le modeste vicaire
général, confesseur du vieux droit ecclésiastique,
héros à son insu, y a trouvé une belle renommée.

Le rôle de l'abbé d'Astros était la vigilance ; il
montait en quelque sorte la garde pour le compte
du droit et de la vérité : il tenait les regards attachés sur le cardinal Maury. « L'abbé d'Astros, nous
» dit son historien [1], le surveillait en conscience,
« opposant une protestation à chacun de ses em-
« piètements, et se plaçant toujours en face de
« l'usurpation, comme une intelligente barrière
« qu'il n'était pas plus aisé de tourner que de fran-
« chir. Dans une société le cardinal disait, en le

____
[1] Le R. P. Caussette, p. 177.

« présentant avec ses collègues : *Voilà mes grands
« vicaires*. L'abbé d'Astros répondait : *Son Émi-
« nence se trompe ; ce sont les grands vicaires du
« chapitre et non les siens*. Pendant une ordina-
« tion, le cardinal exigeait du timide ecclésiastique
« à qui il imposait les mains, qu'il lui promît obéis-
« sance comme à son évêque titulaire. L'abbé
« d'Astros, prenant la parole à haute voix : *Mon-
« seigneur*, disait-il, *permettez-moi de faire ob-
« server, pour l'instruction de ce prêtre, que vous
« n'avez pas le droit de lui demander cette pro-
« messe*. Dans les jours de cérémonie, le cardinal
« faisait porter devant lui la croix archiépiscopale,
« qui est le signe d'une juridiction qu'il n'avait pas;
« l'abbé d'Astros ordonnait au porte-croix de ren-
« trer dans la sacristie. Quand le cardinal s'obsti-
« nait à prendre au chœur un rang ou des fonc-
« tions qui ne lui convenaient pas, l'abbé d'Astros
« s'abstenait d'y mettre le pied, pour que sa pré-
« sence ne pût être regardée comme une conni-
« vence. »

Les raisons ecclésiastiques auraient suffi à l'abbé
d'Astros pour déterminer ce rôle de résistance qui
a été sa gloire, mais il s'y sentait porté par une
autre pensée : il était frappé des tendances de
Napoléon à vouloir mettre dans sa main la religion
tout entière. « Depuis quelque temps, dit l'abbé
« d'Astros dans des mémoires manuscrits, j'étais

« persuadé que le plan de Bonaparte était de s'em-
« parer de l'autorité spirituelle, et ce n'était pas
« sans raison. Dès l'année où il fit composer son
« Catéchisme impérial, les conférences qui eurent
« lieu pour cet objet nous firent soupçonner à
« M... et à moi, qu'il méditait de loin quelque
« projet extraordinaire. Croirait-on que quelqu'un
« de grave d'ailleurs, mais qui pouvait avoir de-
« viné son désir, osa proposer de ne donner à l'É-
« glise que les titres d'une, catholique et aposto-
« lique, alléguant pour raison qu'il n'est pas de
« foi que le Saint-Siége ne puisse pas être trans-
« féré dans une autre ville que Rome?... Bien des
« gens connaissent un fait remarquable que j'ai
« ouï raconter avec des circonstances qui ne me
« permettent pas d'en douter. Il sera probable-
« ment consigné quelque part, et la réunion de
« divers témoignages pourra le rendre incontes-
« table pour la postérité. Bonaparte, montrant à
« Fontanes une bague, lui dit : *Comment trouvez-*
« *vous cette bague? Elle a quelque chose de re-*
« *marquable.* Fontanes dit tout ce qu'il put à l'é-
« loge de la bague, mais ne devina jamais ce qu'il y
« fallait remarquer. Cette bague représentait l'em-
« pereur Auguste avec une inscription qui lui don-
« nait de plus la qualité de souverain-pontife, *sum-*
« *mus pontifex.* Voilà un pouvoir, dit Bonaparte
« à Fontanes, qu'Auguste avait et que je n'ai pas!...

« En attendant que Pie **VII**, cédant à ses volon-
« tés, vînt habiter l'archevêché de Paris, Bonaparte
« aurait possédé tout pouvoir sur le spirituel, au
« moins des églises de France, si les évêques nom-
« més eussent gouverné leurs diocèses en vertu
« de leur seule nomination : ce qui eût été un
« schisme manifeste, mais auquel on serait arrivé
« de la manière la moins sensible qu'on pût ima-
« giner. Je ne crois nullement avoir besoin de
« prouver aujourd'hui que telle était l'intention
« de Bonaparte ; car il suffirait de rapporter ici ce
« que le cardinal Maury nous raconta lui-même
« en plein conseil.

« *Monsieur le cardinal*, lui dit Bonaparte en
« présence de Fouché, et, je crois, de Savary, *il*
« *faudra laisser de côté votre titre d'adminis-*
« *trateur capitulaire. Je vous ai nommé arche-*
« *vêque de Paris, il faut en prendre le titre. Sire*,
« répondit le cardinal, *sous le titre d'administra-*
« *teur capitulaire j'ai tout pouvoir; si je prends*
« *celui d'archevêque, je n'en aurai plus aucun.*
« *Bonaparte n'a pas insisté*, nous dit le cardinal
« en nous racontant le fait, *mais il n'en restera*
« *pas là.* »

En religion il y avait deux hommes dans Bonaparte : l'homme d'un bon sens profond et l'homme
superbe ; le premier comprenait qu'une société
sans base religieuse est impossible ; le second ne

supportait pas l'idée qu'il y eût au monde un pouvoir qui ne fût pas dans ses mains. Fontanes reçut parfois les demi-confidences de cet immense orgueil d'un rare génie ; on vient d'en voir quelque chose dans les deux pages de l'abbé d'Astros que nous venons de transcrire. D'autres paroles de Napoléon méritent d'être consignées ; en 1806, il disait à Fontanes : « Moi, je ne suis pas né à temps, « Monsieur de Fontanes ; voyez Alexandre, il a pu se « dire le fils de Jupiter, sans être contredit. Moi, je « trouve dans mon siècle un prêtre plus puissant « que moi, car il règne sur les esprits, et je ne règne « que sur la matière. » Une autre fois l'empereur avait dit avec amertume : « Les prêtres gardent « l'âme et me jettent le cadavre. » Il y avait dans ces regrets étranges un bien éclatant hommage rendu à ce libre et invisible empire des consciences qui n'obéit pas au commandement du plus fort, et dont les mouvements ne sont pas ordonnés comme les mouvements d'une armée à la manœuvre ou à la bataille.

Ces préoccupations d'un grand esprit qui souffrait de ne pas tout asservir dans l'univers, lui avaient donné une sorte de goût violent pour les choses religieuses ; et du reste ce goût semblait assez naturel chez Napoléon. Un de ses ministres disait que Napoléon était *plus prêtre qu'on ne le pensait*. Mais il voulait l'être à sa façon.

Le Bref à l'adresse du cardinal Maury l'avait mis pleinement à même de se reconnaître et de se juger lui-même ; des témoignages surabondants de la pensée du pape lui arrivèrent avec la copie d'un Bref adressé, à la date du 2 décembre 1810, à l'archidiacre et vicaire capitulaire de Florence, dont le siége était vacant. Napoléon avait nommé à l'archevêché de Florence Mgr d'Osmond, évêque de Nancy ; Pie VII, consulté sur la question de savoir si l'évêque nommé pouvait être considéré validement et légitimement élu vicaire ou administrateur capitulaire de l'église métropolitaine de Florence, répondait négativement en invoquant le canon du concile œcuménique de Lyon, les décrétales de Boniface VIII, et les constitutions des souverains-pontifes Alexandre V, Jules II, Clément VII, Jules III ; il citait le concile de Trente qui a déterminé et fixé les devoirs des chapitres cathédraux. Ce second Bref, qui s'appliquait fortement à la position du cardinal Maury, tomba dans Paris comme un second coup de foudre ; la police impériale déploya inutilement tout son génie pour découvrir cette poste secrète entre Paris et Savone, pour percer l'obscurité qui enveloppait l'œuvre des correspondants : les Brefs empêchaient Savary de dormir, et Dieu sait les épigrammes qui pleuvaient sur le ministre de la police ! Un troisième Bref, en réponse à des questions de l'abbé d'Astros, fut écrit à Savone le 18 décembre 1810, mais celui-là n'eut pas le même sort que les deux autres ; il tomba aux mains des espions et ne fut connu qu'en 1814. Pie VII, dans ce Bref, ôtait au cardinal Maury *tout pouvoir et toute juridiction, déclarant nul et sans effet tout ce qui serait fait de contraire, sciemment ou par ignorance.*

Il y aurait ici une délicate question à traiter ; nous osons y toucher à peine : c'est la question de la validité des actes de l'administration du cardinal Maury dans le diocèse de Paris. Le Bref du 18 décembre 1810 ne fut bien connu que depuis la Restauration ; il ne put donc atteindre le cardinal Maury, dont les pouvoirs furent révoqués par le chapitre de Notre-Dame le 9 avril 1814. La qualification d'*intrus*, dans le sens propre de ce mot, ne se donne qu'à un homme en possession d'une charge *sans titre certain ni même probable ;* or tel n'était point le cas du cardinal Maury ; ses pouvoirs d'administrateur capitulaire, qu'il tenait du chapitre métropolitain de Paris, lui constituaient un titre *au moins probable.* C'est un fait notoire que le clergé de Paris communiquait sans difficulté avec lui pour les saints mystères ; on assistait à sa messe, on recevait de lui la communion ; il administrait la confirmation dans toutes les paroisses du diocèse ; il célébrait même publiquement les ordinations, et conférait les ordres sacrés non-seulement aux ecclésiastiques du diocèse, mais encore aux sujets étrangers, sans que les évêques élevassent la moindre réclamation. Assurément ce n'est pas ainsi qu'on se conduit à l'égard d'un *intrus*. Le titre, en vertu duquel le cardinal Maury gouvernait le diocèse, était contesté, et nous ne prétendons pas en soutenir la validité ; mais ce titre était généralement regardé comme *probable*, même par ceux qui blâmaient le cardinal de l'avoir accepté : il y eut erreur, mais c'était une *erreur commune* qui suffisait pour empêcher le vice de *l'intrusion*. Les contemporains remarquèrent que Pie VII, dans son Bref du 2 décembre 1810, adressé à l'archidiacre de l'église métropolitaine de Florence, frappait d'avance de nullité toute délégation ou élection qui serait faite par le chapitre en faveur de l'évêque de Nancy, nommé au siége de Florence, et que, dans son Bref au cardinal Maury, le Souverain-Pontife lui enjoignait de quitter l'administration du diocèse de Paris sans la déclarer nulle : on croyait voir par là une différence reconnue entre l'Italie et la France, pour ce qui touche les administrations capitulaires des évêques nommés. Nous ne savons pas jusqu'à quel point Pie VII a pu admettre cette différence. Si on juge l'administration du cardinal Maury d'après les principes rigoureux du droit canonique, on ne la trouve pas valide ; ses liens spirituels avec l'église de Montefiascone subsistaient encore : sa mission n'était pas une mission légitime. Mais hâtons-nous d'ajouter que les actes d'une juridiction ecclésiastique peuvent être nuls de droit et ne pas l'être de fait ; pour les chrétiens de bonne foi l'*Église supplée;* c'est l'opinion des meilleurs théologiens, et les consciences restent en repos.

On était à la fin de décembre, et le chapitre de la métropole de Paris devait paraître aux Tuileries à la réception du 1ᵉʳ janvier 1811. Bonaparte avait voulu cette année que le chapitre se présentât en habit de chœur. La saisie du Bref du 18 décembre 1810 avait été une bonne fortune pour sa colère, qui depuis trois mois cherchait un nom sur lequel elle pût éclater. Nous touchons à une scène tristement mémorable qu'on ose à peine raconter, tant l'exacte vérité s'y trouve formidable par elle-même ! Aussi ne voulons-nous d'autre récit que les précieuses lignes tombées de la main de l'abbé d'Astros; quelle plume songerait ici à se substituer à la sienne?

« Nous arrivons donc aux Tuileries [1], dit l'abbé
« d'Astros, et nous attendons dans une salle que
« Bonaparte, après avoir passé devant les géné-
« raux, les corps d'officiers, le sénat, etc., etc.,
« vienne jusqu'à nous.

[1] Le cardinal Maury avait emmené dans sa voiture les trois grands vicaires, M. Maury, son frère, M. l'abbé d'Astros et M. Jalabert.

« Mgr le cardinal lui présente le chapitre. Bo-
« naparte n'adressa pas la parole au chapitre,
« comme le prétendent certains historiens ; mais,
« interpellant brusquement le cardinal : *Où sont*
« *vos grands vicaires ? — Voilà mon frère. Voilà*
« *M. Jalabert.* — J'avoue que je m'étais tenu un
« peu à l'écart. Je ne voulus pas cependant me
« faire chercher, et je me présentai. *Voilà M. d'As-*
« *tros*, dit alors le cardinal : et Bonaparte d'un ton
« solennel et d'un air irrité me dit ces paroles :
« *Vous êtes l'homme de mon empire qui m'êtes le*
« *plus suspect. Il faut être Français avant tout. Il*
« *faut soutenir les libertés de l'Eglise gallicane.*
« *Il y a autant de distance de la religion de Bos-*
« *suet à celle de Grégoire VII, que du ciel à l'en-*
« *fer. Du reste* (mettant la main à la garde de son
« épée), *j'ai l'épée au côté ; prenez garde à vous.*

« Rien ne me parut plus pitoyable que ces der-
« nières paroles, et cette menace d'un empereur
« qui dominait alors sur toute l'Europe contre un
« pauvre prêtre en rochet et camail, armé seule-
« ment de son bonnet carré. Je ne répondis rien,
« quoi qu'en disent certains historiens, et me
« contentai seulement de le regarder sans affec-
« tation. Qu'est-il devenu ? [1] »

Après cette scène, Napoléon passa dans son ca-

____
[1] Vie du cardinal d'Astros.

binet et fit appeler Savary, qui était présent. Il lui
dit ses griefs contre l'abbé d'Astros, et lui ordonna
de l'arrêter. On a cru à cette époque, et on a ré-
pété dans des livres, que le ministre de la police,
répugnant à faire mettre la main sur un prêtre en
habit de chœur, et ayant témoigné son embarras
au cardinal Maury, celui-ci lui avait proposé de lui
mener l'abbé d'Astros dans sa voiture : l'athlète de
la Constituante se serait ainsi fait le recors de Savary; mais cette odieuse imputation est restée sans
preuve, et le vicaire général, M. Jalabert, qui était
là, qui vit et entendit tout, ne crut jamais à l'intention du cardinal de livrer l'abbé d'Astros. Celui-ci
avait reçu l'ordre de s'expliquer au ministère de la
police. Le cardinal l'y conduisit dans sa voiture en
même temps que les deux autres vicaires généraux,
MM. Maury et Jalabert; il témoigna, dans le trajet,
à l'abbé d'Astros, le désir et l'espoir de calmer l'o-
rage. Arrivé au ministère de la police, le cardinal
se rendit chez le ministre avec le prévenu, laissant
dans sa voiture les deux autres grands vicaires.
« Nous entrons chez le ministre (nous laissons par-
« ler l'abbé d'Astros [1]) : N'avez-vous pas, me dit
« Savary, des correspondances avec le pape à
« Savone?—Chargé, comme grand vicaire, de ce
« qui regarde les dispenses de mariage, je corres-

---

[1] Mémoire de M. l'abbé d'Astros sur les événements qui pré-
cédèrent sa captivité.

« ponds, lui dis-je, pour cet objet, avec Sa Sain-
« teté. — Ce n'est pas cela. Ne correspondez-
« vous pas sur les affaires du jour ? — Je n'avais
« écrit au Souverain-Pontife qu'une seule fois, et
« n'avais pas reçu de réponse ; je crus pouvoir ré-
« pondre au ministre négativement. — Mais vous
« avez un Bref du pape au cardinal Maury ? —
« Oui, je l'ai vu. — Qui vous l'a montré ? — Je
« ne peux pas le dire. — Oh ! pour terminer, voilà
« Monsieur l'archévêque, donnez entre ses mains
« votre démission, et tout est fini. — Je ne le peux
« pas. — Votre refus prouve que vous voulez être
« chef de parti. Donnez votre démission, ou vous
« êtes mon prisonnier. — Je serai votre prison-
« nier. — Vous voudriez être martyr, vous ne le
« serez pas... Il n'est pas vrai, comme on l'a dit,
« que l'on saisit sur moi le Bref du pape au car-
« dinal Maury. » Le 4 janvier un agent de police conduisait dans un fiacre l'abbé d'Astros
à Vincennes : trois années de captivité l'attendaient.

Le cardinal Maury n'était resté que vingt minutes chez le ministre de la police ; remonté dans
sa voiture, il s'emporta, selon le témoignage de
M. Jalabert [1], contre l'abbé d'Astros, qui venait
d'être reconnu coupable d'avoir eu connaissance
du Bref du pape, et sa colère aurait pu faire croire

[1] Notes manuscrites.

qu'il avait appris par cet interrogatoire des choses dont il ne se doutait pas.

L'affaire des Brefs eut d'autres victimes que le jeune vicaire général : l'abbé de La Calprade, l'abbé Guairard, chef de division à la direction générale de la librairie, furent exilés ; le jeune conseiller, M. Portalis, directeur général de la librairie, fils de l'ancien ministre de ce nom, perdit tous ses emplois, et eut ordre de s'éloigner de Paris à quarante lieues ; le Père Fontana, le prélat de Gregorio, les cardinaux di Pietro, Gabrielli et Oppizoni furent enfermés à Vincennes. Tous ces hommes, diversement compromis par leur amitié, leur silence, ou leur fidélité au Saint-Siége, se trouvaient enveloppés dans la persécution qu'amenaient les témoignages du pape contre le cardinal Maury. Celui qui avait mérité le Bref du 5 novembre demeurait tranquille à l'archevêché de Paris, et pendant que le cardinal l'éludait en contestant son authenticité, le Bref, bien réellement poursuivi par le gouvernement, avait ses martyrs.

C'est ici que Maury, prince de l'Église, donne un spectacle affligeant. Mais à côté de cette dégradation d'un caractère qui, vingt ans auparavant, faisait l'admiration du monde, un autre caractère s'élève pour consoler l'Eglise de Dieu ; la Providence, gardienne de l'honneur du sacerdoce catholique, tient en réserve une gloire lorsqu'elle permet un abaissement ; ici elle place en même temps sous nos yeux le cardinal Maury et l'abbé d'Astros : la défaillance de l'un s'achève en face de l'héroïsme de l'autre !

CHAPITRE XVIII.

Le surlendemain de l'arrestation du jeune vicaire général, une députation du chapitre de Notre-Dame, mandée par le ministre des cultes, se
présentait chez lui et entendait de sa bouche la
lecture du premier article d'un décret impérial
qui destituait l'abbé d'Astros des fonctions de
grand vicaire ; le ministre faisait pressentir d'autres sévérités, et ne trouvait rien de mieux, pour
adoucir le courroux des régions souveraines, qu'une
adresse du chapitre à l'empereur ; il pensait que
le chapitre devait s'entendre avec le cardinal
Maury pour cette démarche ; on sut plus tard que,
dès le 2 janvier, Napoléon avait fait appeler le car-

dinal et l'avait chargé de la rédaction de cette adresse. Le ministre laissa craindre aux députés du chapitre que l'affaire de l'abbé d'Astros ne fût portée devant les tribunaux ; il crut devoir conseiller au chapitre de révoquer ses pouvoirs. Un membre de la députation fit remarquer avec plus de complaisance que de gravité, qu'en présence d'un décret de destitution pouvant paraître du jour au lendemain, le chapitre devait prononcer lui-même la révocation, afin de ne pas reconnaître à l'autorité civile le droit de destituer d'une fonction spirituelle. Le chapitre prononça donc la révocation illicite des pouvoirs de l'abbé d'Astros ; il accepta aussi l'idée d'une adresse à l'empereur, et se réunit pour l'examen d'un projet dont le cardinal avait annoncé la lecture ; voulant prudemment ne pas s'exposer à des méprises, il fit appel aux lumières de l'abbé Emery, supérieur du séminaire de Saint-Sulpice, cet homme de tant de piété et de mesure, de savoir et d'autorité, qui a pris rang parmi les beaux noms de l'Eglise de France. Le projet de Maury renfermait des assertions hardiment erronées touchant les administrations capitulaires, et couvrait du nom de Bossuet ce qui s'était pratiqué en France à cet égard durant les douze années de la querelle de la Régale. Il est inexact d'avancer, comme nous avons eu déjà occasion de le faire observer, que Louis XIV

ait agi à cette époque par le conseil de Bossuet,
et nous devons répéter que les écrits de l'évêque
de Meaux ne renferment pas une ligne, pas un mot
sur les administrations capitulaires. Le chapitre
demanda et obtint des changements. L'empereur,
qui voulut lire le projet d'adresse avant sa présen-
tation officielle, modifia aussi certains passages.
On a dit que l'adresse présentée le 6 janvier 1811
ne portait pas les modifications adoptées par le
chapitre métropolitain, et que le cardinal Maury,
chargé de la rédaction des changements, calcula
si bien ses lenteurs que la nouvelle adresse ne put
point passer par l'assemblée capitulaire et fut mise
dans les mains de l'orateur du chapitre, M. Jalabert, aux Tuileries même, au moment où, en présence de l'empereur, du grand aumônier, du ministre des cultes, il fallait prononcer le discours ;
on a ajouté que M. Jalabert, sous le coup de cette
nécessité soudaine et opprimé par cet appareil,
n'avait pas pu faire autrement que de lire une profession de foi contraire à ses sentiments et à ceux
du chapitre. Cette version, longtemps acceptée,
ne peut plus se reproduire depuis la découverte de
quelques notes de l'abbé Jalabert, écrites de sa
main et trouvées dans ses papiers après sa mort[1].

[1] Nous tirons ces précieux renseignements des manuscrits de
M. Picot, qui nous ont été obligeamment communiqués. Dans les
additions laissées par ce véridique et pieux écrivain, et qui sont

Voici l'adresse telle qu'elle fut présentée aux Tuileries par le chapitre, avec les changements que le cardinal Maury avait acceptés, changements très-légers d'ailleurs et sur lesquels il sera curieux de s'arrêter ; mais il faut d'abord citer le discours ; nous soulignerons les passages qui diffèrent du projet primitif :

« Sire,

« Au moment où le chapitre métropolitain de
« Paris a eu l'honneur de se réunir, avec tous les
« grands corps de l'Etat, devant le premier trône
« du monde, pour y déposer aux pieds de Votre
« Majesté impériale et royale l'hommage de son res-
« pect, de sa fidélité, de son dévouement, de son
« amour et des vœux qu'il ne cesse d'adresser au
« ciel pour tout ce qui peut intéresser la conser-
« vation, le bonheur et la gloire de votre personne
« sacrée, nous avons été pénétrés de l'affliction la
« plus profonde en entendant les reproches adres-
« sés par votre bouche auguste, à l'un des mem-
« bres de notre compagnie, *qui nous avait inspiré*

destinées à une nouvelle édition de ses *Mémoires ecclésiastiques*, nous avons lu ces mots : « On a cru, et nous avons dit nous-
« même ailleurs, que l'adresse lue et présentée à l'empereur,
« le 6 janvier, n'était pas la même qui avait été adoptée par le
« chapitre, et que le cardinal Maury l'avait changée dans l'in-
« tervalle ; mais des notes de l'abbé Jalabert, écrites de sa main
« et trouvées dans ses papiers après sa mort, ne justifient pas
« ce soupçon. »

« *beaucoup d'intérêt*. Mais, en le plaignant du
« malheur qu'il a eu de perdre la confiance de
« son souverain, *nous ne nous sommes pas moins*
« *fait un devoir* de révoquer aussitôt les pouvoirs
« spirituels dont nous l'avions investi. Cet hom-
« mage immédiat de déférence nous était com-
« mandé, Sire, par le respect et la soumission que
« nous avons dû manifester à Votre Majesté, dès
« ces premiers moments de surprise et d'abatte-
« ment.

« C'est pour nous soulager de ce poids de dou-
« leur dont nous sommes accablés que nous pen-
« sons devoir aussi présenter une adresse *au res-*
« *taurateur de notre culte et au protecteur tout-*
« *puissant de l'Église gallicane,* en lui exposant
« à la fois, de la manière la plus simple et la plus
« authentique, nos principes, nos sentiments et
« les motifs de notre conduite relativement à tous
« les objets qui ont éveillé, dans cette circonstance,
« la sollicitude de vos pensées souveraines.

« Nous déclarons donc unanimement et solen-
« nellement à Votre Majesté que nous sommes
« tous réunis, par une adhésion pleine et entière,
« à la doctrine ainsi qu'à l'exercice des libertés de
« l'Église gallicane, dont l'Université de Paris,
« l'une des plus belles restaurations de votre génie,
« a toujours été la plus zélée dépositaire, et dont
« l'immortel évêque de Meaux, notre oracle, sera

« toujours regardé comme le plus sage et le plus
« invincible défenseur; qu'invariablement fidèles
« à notre éducation et à nos engagements, nous
« adoptons et nous soutiendrons jusqu'à la mort
« les quatre propositions du clergé de France,
« proclamées dans l'Assemblée à jamais mémora-
« ble de 1682, telles que le grand Bossuet, suffra-
« gant de cette métropole, les a rédigées, déve-
« loppées et justifiées, avec cette mesure qui est
« la véritable force de la raison, en prouvant que,
« depuis plusieurs siècles, elles avaient été libre-
« ment enseignées dans l'Église catholique, sans
« qu'on ait jamais pu et sans qu'on puisse jamais
« les noter d'aucune censure.

« Nous sommes catholiques, Sire, et nous nous
« glorifions en même temps et plus que jamais,
« sous votre règne, d'être Français. Nous avons
« l'honneur de former le chapitre métropolitain
« d'une Eglise qui a toujours mérité de servir de
« modèle et de guide à toutes les autres Eglises de
« France, et qui s'est signalée, dans tous les temps,
« par le zèle le plus actif et le plus éclairé pour les
« principes et les droits de l'Eglise gallicane, dont
« elle est encore l'un des plus redoutables boule-
« vards. Nous ne dégénérerons jamais, par la
« moindre infidélité, de cette ancienne constance
« dans l'un des sentiers de l'honneur national,
« que nous voulons transmettre à nos successeurs.

« Nous ne nous séparerons dans aucun temps de
« ce noble enseignement héréditaire de l'Eglise
« de France, dont la doctrine canonique n'est
« autre chose, selon le langage de saint Louis dans
« la pragmatique sanction, langage consacré par
« le même Bossuet, à l'ouverture des séances
« de 1682, que l'ancien droit commun sur la puis-
« sance des ordinaires, suivant les conciles géné-
« raux et les institutions des saints Pères.

« C'est, Sire, en conséquence de ce droit pu-
« blic inhérent à l'Eglise gallicane, que, confor-
« mant nos délibérations et notre conduite à nos
« principes, nous reconnaissons et nous déclarons
« authentiquement à Votre Majesté que, selon la
« discipline de toute l'Eglise catholique, sanction-
« née par le saint concile de Trente, chap. xvi de
« la 24ᵉ session, exécutée sans aucune exception
« dans tous les diocèses de la catholicité, la juri-
« diction épiscopale ne meurt jamais, parce qu'elle
« est nécessaire tous les jours et dans tous les mo-
« ments à l'Eglise ainsi qu'aux fidèles ; qu'à l'in-
« stant même de la mort des premiers pasteurs,
« *elle passe tout entière* et de plein droit aux
« chapitres des métropoles ou des cathédrales du-
« rant les vacances des siéges ; que, selon les dis-
« positions conciliaires déjà citées, si les chapitres
« négligeaient, pendant huit jours seulement, de
« la faire administrer, elle serait aussitôt dévolue,

« pour chaque métropole, au plus ancien des évê-
« ques suffragants , et pour chaque cathédrale ,
« au métropolitain, ou, à son défaut, au plus an-
« cien évêque de la province ecclésiastique ; que
« ce dépôt sacré, confié aux chapitres par le droit
« public comme par la constitution de l'Eglise
« elle-même, est à l'abri de toute atteinte, de
« tout empêchement, de toute opposition, à moins
« qu'un chapitre n'en fût dépouillé, pour des causes
« légitimes, par un jugement légal et compétent ;
« *Que, d'après les principes du clergé de France,*
« *n'y ayant dans l'Eglise aucune puissance indé-*
« *pendante des canons, il n'en existe par consé-*
« *quent aucune qui, par des voies contraires aux*
« *dispositions canoniques, ait le droit de mettre*
« *obstacle à cette prérogative, ou plutôt à ce de-*
« *voir du chapitre ;* que ces corps ecclésiastiques
« ne peuvent pas exercer capitulairement la juri-
« diction épiscopale, et qu'ils sont forcés de la dé-
« léguer, sous peine de la rendre nulle, dans les
« églises vacantes ; qu'en la communiquant, soit
« à une administrateur principal, soit à des vi-
« caires généraux, ils en rendent l'exercice *aussi*
« *légitime qu'il le serait par un titulaire institué*
« *canoniquement ;* que, d'après cet accord de faits
« uniformes et de règles immuables, l'usage con-
« stant de toutes les Eglises de France est et a
« toujours été, depuis plusieurs siècles, que les

« chapitres défèrent aux évêques nommés par le
« souverain tous les pouvoirs capitulaires, c'est-à-
« dire toute la juridiction épiscopale, dont l'attri-
« bution n'éprouve ainsi par eux aucun retard, et
« dont l'exercice ne rencontre aucun obstacle ;
« qu'en conséquence de ce droit public ecclésias-
« tique qu'aucun nuage ne saurait obscurcir et
« qu'aucun fait ne pourra jamais contredire, on
« voit que, dans le dix-septième siècle, qui sera
« toujours en tout genre d'une si imposante au-
« torité, depuis l'année 1681 jusqu'à l'année 1693,
« intervalle durant lequel toutes les institutions
« canoniques furent suspendues en France, ce fut
» par le sage conseil de Bossuet à Louis XIV que
« tous les archevêques et évêques nommés pen-
« dant ces douze années, allèrent gouverner pai-
« siblement, en vertu des pouvoirs qui leur furent
« donnés par les chapitres, les églises métropoli-
« taines ou les cathédrales dont ils étaient desti-
« nés à remplir les siéges vacants, sans qu'on
« leur opposât ni le moindre empêchement, ni la
« moindre réclamation. Ce moyen canonique con-
« serva l'unité, l'ordre et la paix pendant ce long
« orage politique ; un exemple si vivant et si so-
« lennel décide absolument toutes les questions
« relatives à l'administration des églises privées de
« leurs premiers pasteurs.

« Enfin, nous déclarons à Votre Majesté que ce

« droit public étant resté clair, intact et incontes-
« table jusqu'à nos jours, nous avons rempli notre
« devoir, en y conformant toutes nos délibéra-
« tions, avec autant d'empressement que de fidé-
« lité, depuis la mort du cardinal de Belloy.

« Telle est, Sire, la doctrine que nous profes-
« sons hautement et que nous promettons de pro-
« fesser toujours, pour ne jamais trahir ni nos
« droits ni nos obligations. Nous l'avons reçue de
« nos prédécesseurs, et nous voulons la transmet-
« tre à ceux qui viendront après nous, sans y rien
» ajouter et sans y rien retrancher. »

En lisant cette pièce, qui n'a ni mesure, ni vérité historique, ni exactitude catholique, on s'afflige que le chapitre de Paris, composé d'ecclésiastiques recommandables, l'ait accepté comme
expression de ses sentiments. La promesse de *soutenir jusqu'à la mort* des doctrines qui ne sont pas
des articles de foi, mais qui appartiennent au libre
domaine des opinions, est étrange dans une bouche ecclésiastique. L'abbé Emery, présent à l'assemblée capitulaire où l'adresse fut discutée, éleva
de sérieuses objections sur le fond même du discours, et plus d'une fois il voulut se retirer ; mais
toutes ses objections n'ayant pu triompher, il refusa sa signature à l'adresse. La scène du 1er janvier, aux Tuileries, avait terrifié le chapitre ; et,
de plus, il se trouvait comme paralysé par la crainte

de compromettre les jours de l'abbé d'Astros, qu'on disait en péril. « Quand on a connu le « noble caractère de l'abbé d'Astros, ajouterons-« nous avec son historien, on croit sans difficulté « qu'il eût préféré n'être pas sauvé que de l'être à « ce prix. »

Mais voyons quels changements furent faits au premier projet d'adresse. Les premières modifications partirent des Tuileries. En parlant de l'abbé d'Astros, foudroyé le 1er janvier, le projet disait : *Un membre qui nous avait toujours inspiré beaucoup d'estime et d'intérêt.* L'empereur effaça les mots *toujours* et *estime* et fit ajouter ces mots de la phrase suivante : *nous ne nous en sommes pas moins fait un devoir* de révoquer, etc. Pour ce qui est des changements demandés par le chapitre, les voici :

. Maury, dans le projet d'adresse, appelait Napoléon *restaurateur et protecteur de notre sainte religion.* On lui objecta que ces beaux titres ne convenaient peut-être pas beaucoup à celui qui avait fait enlever le pape et disperser les cardinaux et les communautés religieuses; Maury mit à la place : *restaurateur de notre culte et protecteur tout-puissant de l'Eglise gallicane.* Le projet portait que la juridiction épiscopale ne meurt jamais et *passe tout entière aux chapitres ;* l'expression *tout entière* fut jugée inexacte dans la discussion ;

on énuméra les points où les chapitres se trouvaient restreints pendant la vacance du siége ; l'observation parut juste au cardinal Maury, et pourtant les mots *tout entière* sont restés dans l'adresse telle que la publièrent les journaux. Le cardinal avait dit qu'*il n'y a dans l'Eglise aucune puissance indépendante des canons et qu'il n'en existe aucune qui ait le droit de mettre obstacle à la prérogative des chapitres.* L'enseignement et la pratique des églises d'Italie donnaient un démenti à cette proposition ; on demanda qu'elle fût réduite à un sens moins général et moins absolu ; le chapitre adopta la rédaction suivante : *que, d'après les principes du clergé de France, n'y ayant dans l'Eglise aucune puissance indépendante des canons, il n'en existe par conséquent aucune qui, par des voies contraires aux dispositions canoniques, ait le droit de mettre obstacle à cette prérogative ou plutôt à ce devoir du chapitre.* Le projet établissait que l'exercice de la juridiction épiscopale, communiquée à un administrateur principal ou à des vicaires généraux, était *aussi complet* et aussi légitime qu'il le serait pour un titulaire institué canoniquement ; on obtint la suppression des mots *aussi complet.*

Là se bornèrent les modifications demandées par le chapitre métropolitain. Il laissa prêter à saint Louis dans sa pragmatique sanction un langage qui n'avait pas été le sien et qui ne pouvait

pas s'appliquer aux questions débattues; il n'empêcha point le cardinal Maury de faire dire au
concile de Trente ce qu'il n'a point dit, d'attribuer
à Bossuet ce qui ne fut ni sa pensée ni son œuvre.
Quant au passage où il est déclaré qu'il n'y a dans
l'Eglise aucune puissance indépendante des canons,
le chapitre de Notre-Dame, sans recourir à l'enseignement et aux exemples d'Italie, n'avait qu'à citer
le bulle *Ecclesia Christi* de Pie VII en confirmation du concordat avec le gouvernement français.
Le silence sur tant de points importants dut être
un bien douloureux sacrifice pour des prêtres éclairés et pieux.

Le gouvernement fit grand fracas avec cette
adresse qui justifiait en style solennel ses plus ré-
centes entreprises : tous les journaux reçurent l'ordre de la publier. Le pouvoir se montra aussi joyeux
de la profession de foi du chapitre de Notre-Dame
qu'il l'eût été d'une victoire sur le Danube ou le
Rhin. Il demanda des adhésions en France et en
Italie. Eugène Beauharnais, vice-roi d'Italie,
Madame Elisa, gouvernante générale de la Toscane,
le prince Borghèse, les préfets et les autres agents
du gouvernement n'épargnèrent aucun soin pour
multiplier les adresses; à Milan, l'abbé Ferloni,
théologien du vice-roi, tenait bureau d'adresse ou
d'adhésion, et chaque profession de foi, revêtue de
signatures obtenues par des moyens divers, reten-

tissait dans les feuilles officielles de Paris, de Milan
et de Venise. Cette campagne au profit des libertés
gallicanes remplit le mois de février 1811; il y
avait bien quelque chose d'un peu étrange à pré-
coniser à son de trompe les libertés de 1682 pendant que l'Eglise de France n'était pas précisément
très-libre chez elle et qu'on gardait à vue le chef
du monde catholique : mais la sincérité et la logique tiennent-elles toujours une grande place
dans l'histoire des pouvoirs humains?

Napoléon, pour affermir ses pas à travers les
obscurités d'un terrain périlleux, avait établi une
commission ou un comité ecclésiastique auquel il
soumettait les questions religieuses. Maury en faisait partie; les autres membres de ce comité étaient
le cardinal Fesch, l'archevêque de Tours, les évêques de Nantes, de Trèves, d'Evreux et de Verceil,
l'abbé Emery et le Père Fontana : ce dernier n'as-
sista qu'à deux ou trois séances. On adjoignit plus
tard à cette commission le cardinal Caselli et l'archevêque de Malines. Ce comité avait été chargé,
au mois de novembre 1809, de répondre à diverses
questions proposées par le gouvernement; elles
touchaient à l'Eglise en général, au concordat, aux
Eglises d'Allemagne et d'Italie, à la bulle d'excommunication du 10 juin 1809. Le comité fit son
rapport au mois de janvier 1810; une partie seulement de ce rapport parut dans les journaux.

L'abbé Emery n'avait pas voulu y mettre sa signature, sous prétexte qu'il ne lui convenait pas de placer son nom à côté de noms de cardinaux et d'évêques, mais le motif véritable de ce refus c'étaient les réponses qu'il avait inutilement combattues. Sauf quelques opinions saines répandues çà et là dans le rapport, l'œuvre est un regrettable oubli des règles du droit ecclésiastique et une trop imparfaite justice rendue au Pape persécuté. Une de ces réponses déclarait *nulle et de nul effet* la bulle d'excommunication du 10 juin 1809, qui fut une sentence purement spirituelle, sans prétention de toucher aux droits temporels, dernière arme restée entre les mains du vieux Pontife spolié et chassé de son palais. On ne lit pas sans affliction ce rapport du 11 janvier 1810, monument de triste habileté et de complaisance craintive. Quelle fut la part précise de Maury dans ces délibérations? Les témoignages nous manquent. Nous savons seulement que le cardinal Maury craignit beaucoup plus de déplaire à l'empereur qu'au pape, et qu'il soutint la nullité de la bulle d'excommunication. Le cardinal d'ailleurs, même dans ses conversations les moins intimes, ne faisait pas mystère de son opinion à cet égard.

La plus mémorable séance de ce comité eut lieu dans les derniers jours de mars 1811; l'empereur le convoqua inopinément comme dans une audience, et, pour donner plus d'importance à la réunion, il y appela ses conseillers et les grands dignitaires de l'empire. Il pensait y faire prévaloir ses vues particulières, qui n'étaient pas conformes à la discipline de l'Eglise. Napoléon avait coutume de dire que les hommes qui ont longtemps attendu sont plus *hébétés* : il eut donc la précaution ce jour-là de se faire attendre deux heures. Ce fut en grand appareil qu'il se montra au milieu du comité : César semblait s'être armé de la foudre pour venir dans une petite réunion d'évêques; il ouvrit la séance par un discours violent contre le pape, où il fit de l'histoire à sa façon, où il parla théologie comme un grand capitaine et prononça souvent les noms de Rome et de Charlemagne, de Bossuet et de l'Eglise de France. Sa parole fut précipitée, impérieuse, menaçante. Quand Napoléon eut fini de parler, il arrêta ses regards sur chacun de ceux qui étaient là; il paraissait chercher une réponse, mais les cardinaux et les évêques se taisaient; Maury, qui, en d'autres temps, avait fait voir au monde une intrépidité aussi grande que sa parole, gardait le silence en face des dangereuses prétentions et des faux principes de l'empereur en matière religieuse.

Napoléon se tournant alors vers un simple prêtre, un prêtre chargé d'ans, l'abbé Émery, « Monsieur, lui dit-il, que pensez-vous de l'autorité

« du pape ? » M. Emery, directement interpellé,
jeta les yeux avec déférence sur les évêques, comme
pour demander une permission d'opiner le premier, et répondit ainsi : « Sire, je ne puis avoir
« d'autre sentiment sur ce point que celui qui est
« contenu dans le Catéchisme enseigné par vos
« ordres dans toutes les églises ; à la demande :
» *Qu'est-ce que le Pape ?* on répond qu'il est le
« chef de l'Eglise, le Vicaire de Jésus—Christ, à qui
« tous les chrétiens doivent l'obéissance : or, un
« corps peut-il se passer de son chef, de celui à
« qui de droit divin il doit l'obéissance ? » L'empereur entendit cette réponse avec surprise, et
comme il écoutait encore et semblait convier
M. Emery à parler, le prêtre continua. Il dit qu'en
soutenant les quatre articles de la déclaration du
clergé, il fallait en recevoir la doctrine dans son
entier, que le préambule de cette déclaration proclamait le pape chef de l'Eglise et son autorité
universelle et nécessaire ; il ajouta qu'un concile
disjoint du pape n'aurait aucune valeur. « Eh bien !
« reprit Napoléon après avoir murmuré le mot
« *Catéchisme,* je ne vous conteste pas la puissance
« spirituelle du pape puisqu'il l'a reçue de Jésus-
« Christ ; mais Jésus—Christ ne lui a pas donné la
« puissance temporelle ; c'est Charlemagne qui la
« lui a donnée, et moi, successeur de Charle-
« magne, je veux la lui ôter, parce qu'il ne sait

« pas en user et qu'elle l'empêche d'exercer ses
« fonctions spirituelles. Monsieur Émery, que pen-
« sez-vous de cela ? » — Sire, Votre Majesté ho-
« nore le grand Bossuet et se plaît à le citer sou-
« vent; je ne puis avoir d'autre sentiment que
« celui de Bossuet dans sa *défense de la déclara-*
« *tion du clergé*, qui soutient expressément que
« l'indépendance et la pleine liberté du chef de la
« religion sont nécessaires pour le libre exercice
« de la suprématie spirituelle, dans l'ordre qui se
« trouve établi de la multiplicité des royaumes et
« des empires. Je citerai textuellement le passage
« que j'ai très-présent à la mémoire ; Sire, Bossuet
« parla ainsi :

« *Nous savons bien que les pontifes romains et*
l'ordre sacerdotal ont reçu de la concession des
rois et possèdent légitimement des biens, des droits,
des principautés (imperia), comme en possèdent les
autres hommes, à très-bon droit. Nous savons que
ces possessions, en tant que dédiées à Dieu, doivent
être sacrées, et qu'on ne peut, sans commettre un
sacrilége, les envahir, les ravir et les donner à des
séculiers. On a concédé au Siége apostolique la
souveraineté de la ville de Rome et d'autres pos-
sessions, afin que le Saint-Siége, plus libre et plus
assuré, exerçât sa puissance dans tout l'univers.
Nous en félicitons non-seulement le Siége aposto-
lique, mais encore l'Eglise universelle, et nous

prions de tous nos vœux que, de toutes manières,
ce principe sacré demeure sain et sauf[1]. »

Napoléon, qui avait patiemment écouté, prit
doucement la parole. « Je ne récuse pas, dit-il,
« l'autorité de Bossuet ; tout cela était vrai de son
« temps, où, l'Europe reconnaissant plusieurs
« maîtres, il n'était pas convenable que le pape
« fût assujetti à un souverain particulier; mais quel
« inconvénient y a-t-il que le pape soit assujéti à
« moi, maintenant que l'Europe ne connaît d'au-
« tre maître que moi seul? » M. Émery, ainsi placé
en présence d'un orgueil qu'il importait de ne pas
blesser, éprouva d'abord quelque embarras. Il ad-
mit qu'il était possible que les sérieux inconvénients signalés par Bossuet ne se rencontrassent
point sous le règne de Napoléon, « mais, Sire,
« ajouta-t-il, vous connaissez aussi bien que moi
« l'histoire des révolutions ; ce qui existe mainte-
« nant peut ne pas toujours exister; à leur tour,
« les inconvénients prévus par Bossuet pourraient
« reparaître. Il ne faut donc pas changer un ordre
« si sagement établi. »

Les évêques du comité ecclésiastique étaient
d'avis que l'empereur envoyât un message au pape
pour lui demander, dans le cas où six mois s'écou-
leraient sans qu'il donnât aux évêques nommés

---

[1] Livre Ier, sect. X, chap. XVI.

l'institution canonique, d'autoriser le chapitre métropolitain à la donner en son nom. Napoléon dé-
sira savoir de M. Émery s'il croyait à cette concession du pape : «Non, Sire, répondit M. Émery, le
« le Saint-Père anéantirait son droit d'institution.»
Et l'empereur, s'adressant aux évêques, leur dit :
« Vous vouliez me faire faire un pas de clerc en
« m'engageant à demander au pape une chose
« qu'il ne doit pas m'accorder. » Au moment de
lever la séance, l'empereur demanda à un évêque
du comité si la définition du *Catéchisme* était véritablement comme M. Émery l'avait rapportée :
« Oui, Sire, » lui répondit l'évêque, et Napoléon
se disposa à se retirer. On voulut lui dire que
M. Émery lui avait peut-être déplu et on implora
de l'indulgence pour son grand âge : « Vous vous
« trompez, répliqua l'empereur, je ne suis pas
« irrité contre l'abbé Émery; il a parlé comme un
« homme qui sait et possède son sujet : c'est ainsi
« que j'aime qu'on me parle. M. Émery ne pense
« pas comme moi; mais chacun doit avoir ici son
« opinion libre. » Lorsqu'il sortit, Napoléon, en
passant devant l'abbé Émery, le salua avec un sentiment mêlé d'estime et de respect. [1] Depuis cette
séance, il ne parlait que de ce digne prêtre lors-

---

[1] Les principaux traits de cette séance du mois de mars 1811
ont été tirés d'une note trouvée dans les papiers du cardinal
Consalvi.

qu'il était question de théologie, et un jour il lui arriva de laisser échapper ces mots : « Un homme « tel que M. Émery me ferait faire tout ce qu'il « voudrait, et peut-être plus que je ne devrais. »

La ferme attitude de l'abbé Émery dans cette séance du comité ecclésiastique est un des beaux souvenirs de l'histoire des derniers temps. Il y avait là un silence complaisant qui eût mis trop à l'aise la toute-puissance du maître, et la Providence voulut qu'un prêtre se rencontrât pour sauver alors la gloire du sacerdoce ; ce vieillard de quatre-vingts ans, un pied dans la tombe et la tête au ciel, apparut ce jour-là comme le devoir, comme la doctrine, comme l'honneur. La manière dont Napoléon l'écouta (c'est justice de le dire) prouve aussi que le dominateur ne repoussait pas toujours la vérité, et que de bons et courageux conseillers lui auraient épargné au moins quelques-unes de ses plus grandes fautes.

Un homme d'Etat de grandes manières, qui porte bien la gloire de son nom, et dont l'esprit droit et ferme demeure, malgré l'âge avancé, fortement attentif aux destinées de notre pays, a rendu un solennel hommage à M. Émery par des paroles que nous n'avons point oubliées : « La Congréga- « tion de Saint-Sulpice existe encore », disait l'arrière-petit-fils de Matthieu Molé, en recueillant l'héritage académique d'un noble archevêque ;

« elle mérite les mêmes respects, les mêmes hom-
« mages ; un abbé Émery ne la dirigera plus. Na-
« poléon ne pouvait se lasser d'admirer dans ce
« saint prêtre je ne sais quel mélange de simpli-
« cité presque primitive et de sagacité pénétrante,
« de sérénité et de force, j'ai presque dit de grâce et
« d'austère ascendant. Il avait appelé l'abbé Émery
« lors des négociations du Concordat. *Voilà*, me
« dit-il un jour, *la première fois que je rencontre*
« *un homme doué d'un véritable pouvoir* sur les
« hommes, et auquel je ne demande aucun compte
« de l'usage qu'il en fera. Loin de là, je voudrais
« qu'il me fût possible de lui confier toute notre
« jeunesse ; je mourrais plus rassuré sur l'ave-
« nir [1]. » Nous avons dit qu'en religion il y avait
dans Napoléon deux hommes ; les derniers mots
qu'on vient de lire sont de l'homme d'un bon sens
profond, qui savait tout ce que pouvait la vérité
religieuse pour le bien des sociétés de ce monde.

Tel est l'empire des choses religieuses, tel est
le caractère de la lutte entre la force morale et la
force matérielle, que rien n'intéresse plus fortement que la longue et terrible attitude de Napoléon en face du Pape. Toutes les fois que l'empereur se met en scène dans ces graves matières, on

[1] M. le comte Molé. Discours de réception à l'Académie française, à la place de M. de Quélen, archevêque de Paris, le 30
décembre 1840.

écoute curieusement ses paroles ; on se plaît à pénétrer dans ses idées, ses raisonnements, ses préjugés ; on y retrouve tour à tour la révolution et le bon sens, le dix-huitième siècle et un autre temps qui commence, le faux et le vrai, des fantaisies, des illusions, des bizarreries. La séance solennelle du comité ecclésiastique, au mois de mars 1811, laissa voir les pensées de Napoléon à cet égard, mais les assistants n'écrivirent pas tout ce qui fut alors entendu et n'emportèrent que des souvenirs incomplets; nous avons sous les yeux une pièce d'un grand prix pour l'histoire, c'est le discours de Napoléon à l'audience donnée au clergé de Malines, le 30 avril 1810, discours fidèlement recueilli au moment même, et qui nous montre quelles idées se remuaient dans cette vaste tête quand il s'agissait des Pontifes de Rome et de ce qu'il appelait *ses droits*. Par respect pour le pape et aussi par respect pour le génie de Napoléon, nous ne reproduirons pas les crudités de langage qui se rencontrent dans ce discours; nous ne prendrons que ce qui peint l'homme et appartient essentiellement à l'histoire.

On sait que l'abbé de Pradt, nommé à l'archevêché de Malines, n'avait pas obtenu ses bulles dans les formes et les termes que le gouvernement demandait; le clergé de ce diocèse témoignait plus de sympathies au Saint-Siége qu'à Napoléon; il ne priait plus pour l'empereur depuis la bulle d'excommunication. Le clergé de Malines et l'archevêque nommé parurent devant Napoléon. « Qui « êtes-vous ? » leur dit l'empereur. « Ce sont « messieurs les vicaires généraux, le doyen, les « curés et les vicaires, » répondit l'abbé de Pradt. L'empereur, prenant brusquement la parole, dit qu'il aurait tous les égards pour le pape, qu'il le reconnaîtrait comme successeur de saint Pierre en tout ce qui concerne la foi et la doctrine, mais qu'il ne devait pas s'immiscer dans son temporel, et que les deux puissances étaient indépendantes. Jusque là rien de mieux, et Pie VII n'avait pas à se reprocher de s'être mêlé des affaires temporelles de Napoléon. Le maître disait ensuite qu'il voulait la religion de saint Bernard, de Bossuet et de l'Eglise gallicane, qu'il la protégerait de toutes ses forces, mais qu'il ne voulait pas la religion et les opinions de Grégoire VII, des Boniface, des Jules : « Quoi qu'on en dise, ajoutait-il, je crois « qu'ils brûlent aux enfers pour toutes les discordes « qu'ils ont excitées par leurs prétentions extra- « vagantes. » Le pape, pour son repos et pour le repos de l'Eglise, n'aurait rien voulu de plus aussi que l'inviolable respect de la *religion de saint Bernard, de Bossuet et de l'Eglise gallicane*, entendue comme saint Bernard et Bossuet l'entendaient. Napoléon accusait le Souverain-Pontife d'avoir causé le schisme de l'Angleterre et de la moitié de l'Allemagne ; ceci n'était plus de l'histoire. Il déclarait ne pas être de *cette religion de Grégoire VII qui n'est pas de Jésus-Christ*, et qu'il se *ferait plutôt protestant que de l'adopter*. Il faisait remarquer que Jésus-Christ ne s'était pas érigé un trône à Jérusalem *pour dominer sur toute la terre*, mais qu'il *s'était humilié jusqu'à l'heure de la rédemption*, et citait les paroles de l'Evangile : *Rendez à César ce qui est à César et à Dieu ce qui est à Dieu*. Après avoir parlé de son intention d'observer le concordat, de suivre l'avis de *ses évêques*, de convoquer, s'il le fallait, un concile pour décider de ses droits, Napoléon poursuivait ainsi :

« Le pape est un bon homme ; je l'ai connu
« évêque d'Imola ; un homme saint, un anacho-
« rète, doux comme un agneau[1] ; ce n'est pas lui
« qui agit, mais il suit de mauvais conseils. Je lui
« aurais laissé ses États s'il avait eu assez de poli-
« tique pour les gouverner, mais il n'a pas voulu
« fermer ses ports aux Anglais, qui pouvaient in-

[1] Napoléon, en parlant de Pie VII, cette auguste et grande victime, l'a souvent appelé un *agneau*. Dans une lettre au cardinal Fesch, à la date du 16 mai 1806, l'empereur disait : « Voyez « le pape, et dites-lui que la note du cardinal Consalvi m'a for- « tement indisposé, que cet homme, par bêtise ou trahison, veut « perdre les États temporels du Saint-Siége, et qu'il y réussira.» Il est difficile de ne pas se rappeler ici la fable du *loup et de l'agneau*.

« quiéter més soldats à Naples; je lui ai ôté ses
« États, et voilà tout mon différend avec lui.

« On m'a dit que vous ne vouliez pas prier pour
« moi, qu'on m'avait excommunié. N'est-ce pas
« moi qui ai relevé vos autels, qui vous ai rendus à
« la religion, qui vous ai fait porter le costume que
« vous portez maintenant? Pourquoi êtes-vous in-
« grats?... Je veux protéger les bons, mais je pour-
« suivrai les méchants. »

Napoléon engageait l'archevêque nommé et les
vicaires généraux à *bien surveiller leurs ecclésiastiques,* qui ne peuvent pas *se plaindre de la persécution,* et qui, *s'ils s'obstinent, ne seront pas des
martyrs;* si lui, Napoléon, *suit son bon droit et
que le pape en suive un mauvais,* c'est le pape *qui en
est responsable;* il prétend avoir pour lui l'histoire
ecclésiastique et l'autorité des faits; s'il parlait des
mystères de la Trinité ou de l'Eucharistie, *il ne
serait pas recevable;* il *laisse tout cela aux évêques et aux papes, successeurs des apôtres,* et n'a
aucune envie de s'en mêler. L'empereur a été à
Vienne; il y a parlé avec les *plus grands théologiens;* leurs principes sont conformes aux siens;
il en est de même en Espagne et en Portugal; on
ne pense autrement *qu'à Louvain.* L'empereur déclare que les bulles envoyées à l'archevêque nommé
de Malines *manquent quant à la forme;* il ne peut
pas les admettre, et dit qu'il y a donc *vacance de la*

place. « Que le chapitre métropolitain, ajoutait-il,
« régisse son Église par ses vicaires généraux;
« je ne veux pas que les évêques administrent
« sans leur institution du pape, mais le chapitre
« peut faire usage de leur ministère et rester dans
« l'ordre. » Il est curieux de voir ici Napoléon
s'opposer à l'administration capitulaire des évêques
nommés; c'était le 30 avril 1810 qu'il parlait de la
sorte; au mois d'octobre suivant, il devait soutenir
l'avis contraire dans l'affaire du cardinal Maury.
Voici les derniers mots de son discours :

« La religion n'est pas une franc-maçonnerie.
« Jésus-Christ a dit : prêchez sur les toits. —
« Quiconque connaît l'histoire ecclésiastique saura
« en quoi consistent mes différends avec le pape.
« Le pape n'est pas le grand Lama; le régime de
« l'Église n'est pas arbitraire; elle a ses règles et
« ses canons que l'Eglise doit suivre. Si le pape
« veut être le grand Lama, je ne suis pas de sa
« religion [1]. »

Tous ceux qui sont accoutumés au langage de
Napoléon l'ont reconnu à nos extraits. C'est un

---

[1] Le discours de Napoléon au clergé de Malines est tiré de
notes manuscrites remises à Mgr de Beaulieu, évêque de Soissons,
par Mgr de Broglie, évêque de Gand, et laissées par Mgr de Beaulieu à M. de Bully, grand vicaire de Soissons. Ces pièces se
trouvent aujourd'hui entre les mains de M. l'abbé Lequeux,
vicaire général de Paris, qui a bien voulu nous les communiquer.

langage impératif et tranchant, original et bref, familier et trivial. L'empereur généralise à sa convenance, insiste sur ce que nul ne conteste, donne des torts imaginaires et se donne souverainement raison ; il est impitoyable pour l'*agneau*, et la suite de ce récit le montrera plus fortement encore.

La résistance du pape n'aurait pas dû être pour Napoléon un si grand sujet de surprise ; à défaut d'une connaissance suffisante des devoirs d'un pontife, l'empereur n'aurait eu qu'à se rappeler les lettres par lesquelles son oncle le cardinal Fesch lui faisait pressentir la lutte ; l'archevêque de Lyon, à la date du 8 avril 1808, plus d'un an avant le décret spoliateur parti du camp de Vienne, écrivait à son neveu : « Le pape se trouve, dans ce moment-ci,
« en attitude de défendre sa conscience contre
« tous ceux qui l'approchent, et, plus encore,
« de les réduire tous sous sa conscience ; il a
« pris une pose et une assurance bien différentes
« de celles qu'il avait. C'est lui à présent qui fait
« tout. Le cardinal Doria racontait que toutes ses
« fonctions se réduisaient à signer ce que le pape
« lui envoyait. C'est lui-même qui minute et ré-
« dige tout ce qu'il y a d'important. Il réforme
« inexorablement le travail des personnes les plus
« accréditées. On ne doute plus qu'il n'ait pris
« son parti et que sa conduite ultérieure ne soit
« tracée. Il est décidé à tout, dût-il s'en suivre la

« persécution générale de l'Église. Il est sûr qu'il
« trouve le temps présent préférable au temps
« passé. Il dit qu'une persécution ouverte vaut
« mieux qu'une persécution sourde; que celle-ci
« séduit et que celle-là fait démasquer; qu'il y a
« des circonstances où les persécutions sont utiles
« à l'Église; qu'elles sont la pierre de touche et
« le creuset. Il envisage froidement les consé-
« quences qui pourraient résulter d'un coup d'é-
« clat. Sire, vous couvrez la terre de vos armées et
« de votre puissance, mais vous ne sauriez com-
« mander aux consciences; permettez que je vous
« représente que, quelle que fût la contenance
« des évêques, quelle que fût la force des raisons
« par lesquelles on peut prouver au pape qu'il a
« outrepassé son autorité, il n'est pas moins vrai
« qu'il y aurait, non-seulement partage dans les
« opinions, mais un horrible déchirement dans
« l'Etat, qui dégénèrerait en un schisme terrible
« qu'on n'éteindrait pas facilement, et que toute
« mesure de rigueur serait taxée de persécution.
« Je prie Dieu qu'il inspire à Votre Majesté les
« moyens d'aplanir tous les obstacles qui pour-
« raient s'opposer à une réconciliation avec le
« pape, *qu'on doit considérer comme un homme*
« *désespéré qui croit agir par l'inspiration de Dieu,*
« la conscience seule devant lui servir de règle;
« et dans l'assurance que l'esprit de Dieu ne peut

« abandonner le chef et le gardien de son Église,
« il demande si on peut avoir de meilleur conseil-
« ler et si on peut se fier à Dieu [1]. »

A part les mots que nous avons soulignés, nous aimons cette lettre ; elle est courageuse et belle. Fesch, surpris par la révolution aux premiers temps de sa prêtrise, transformé tout à coup en garde-magasin à l'armée des Alpes, nommé ensuite commissaire des guerres en 1796, n'avait probablement pas conservé dans ces deux emplois les vertus sacerdotales ; redevenu l'abbé Fesch après le 18 brumaire, archevêque de Lyon depuis l'année 1801, cardinal depuis 1803, ambassadeur à Rome de 1803 à 1806, l'oncle de Napoléon était parvenu à se débarrasser, en 1810, de sa nomination au siége de Paris, un peu plus peut-être par des considérations d'intérêt que par dévouement à la discipline ; il s'était aperçu, disait-il, « que d'un ad-
« ministrateur on voulait faire un Père du désert.»
Fesch passait pour égaler Maury dans l'amour de l'argent ; avec sa pension, son traitement d'ambassadeur, de cardinal, de grand-aumônier, de sénateur, de grand-aigle de la Légion d'honneur, il avait joui d'un revenu annuel de cinq cent mille

[1] Histoire des Négociations diplomatiques relatives aux traités de Morfontaine, de Lunéville et d'Amiens, pour faire suite aux Mémoires du roi Joseph, précédée de la correspondance inédite de l'empereur Napoléon Ier avec le cardinal Fesch ; publiée par M. A. Ducasse. Tome I. Paris, 1855.

francs et ne s'était pas regardé comme suffisamment pourvu ; mais la lettre du 8 avril 1808 honore le cardinal Fesch aux yeux de l'histoire. Deux ans auparavant, le 3 mars 1806, il avait tenu aussi un noble langage à Napoléon, à propos du violent désir de l'empereur de faire expulser des États pontificaux les Russes, les Anglais, les Suédois, les Sardes, et de faire fermer les ports du pape aux navires de ces nations ; il refuse son concours à une politique brutale. « Je frissonne, écrivait-il
« à son neveu, en réfléchissant sur les événements
« ultérieurs ; sans m'arrêter aux censures et peines
« ecclésiastiques que je pourrais encourir, que
« deviendrais-je aux yeux des catholiques du
« monde chrétien, si j'avais le malheur de con-
« tribuer activement à un événement qui en amè-
« nerait d'autres qu'on ne peut pas prévoir? il ne
« me resterait que le choix d'un cloître pour me
« cacher aux yeux du monde [1]. »

Le sentiment du devoir garde une beauté qui plaît et console toujours dans le tableau des choses humaines.

[1] Histoire des Négociations diplomatiques, etc., déjà citée. Tome I.

CHAPITRE XIX.

Dans l'assemblée d'évêques de France et d'Italie qu'on a appelée le concile national de 1811, et dont les séances se tinrent à Notre-Dame à Paris, le cardinal Maury ne joua pas un rôle qui le mît particulièrement en lumière ; il se montra parmi les évêques les plus complaisants ; il s'associa à la catholique inspiration de la prestation du serment prescrit par la bulle du pape Pie IV, de ce bel acte par lequel, le 17 juin, s'ouvrit le concile : le cardinal Fesch, président de l'assemblée, prononça, à genoux, et à haute voix, cette profession de foi qui *jure et promet une véritable obéissance au pontife romain ;* il reçut le même serment de tous les

Pères du concile et des ecclésiastiques du second ordre. Ce serment, à pareil moment, et dans une situation si violente, a honoré le cardinal Fesch; Pie VII s'en est souvenu; un tel acte honorait aussi les 95 évêques d'un concile qui ne fut qu'une tentative de vaste empiétement de la part du pouvoir politique.

Il n'entre pas dans notre plan de raconter les délibérations de cette assemblée qui ne siégea pas longtemps, et dont l'histoire n'a pu consigner tous les détails, parce que Napoléon fit saisir et ne laissa jamais publier les pièces relatives au concile; les documents qui ont aidé à connaître l'ensemble des faits ne parurent qu'après 1814. La plus curieuse et la moins connue des pièces de cette époque, c'est le discours du ministre des cultes, M. Bigot de Préameneu, le 20 juin 1811, lorsqu'il se présenta tout à coup au concile, à la grande stupéfaction des évêques, de tous ceux au moins qui n'étaient pas dans le secret, car il paraît que le cardinal Maury, le cardinal Fesch et deux ou trois autres évêques en avaient reçu la confidence. Ce ne fut pas, comme on l'a dit, un message de l'empereur, mais un discours du ministre; il est bien vrai, du reste, que ce n'est pas le langage de M. Bigot de Préameneu qu'on entend : on rencontre là toutes les formes et les idées de Napoléon sur les affaires religieuses de ce temps; la pensée de ce document est indiquée dans plusieurs livres, mais c'est son contenu tout entier qu'il faut avoir sous les yeux si on veut bien comprendre tous les motifs de la position prise par l'empereur à l'égard du pape. Et quand on songe que c'est à une assemblée d'évêques qu'il fait parler ainsi son ministre, on trouve à ce grand homme je ne sais quel air de ressemblance avec les potentats byzantins. Voici donc ce discours, qui paraît ici en entier pour la première fois :

« Messieurs les Archevêques et Evêques,

« Sa Majesté Impériale et Royale nous a chargé de vous faire connaître l'objet pour lequel elle vous à convoqués.

« Dès 1805, dix-sept évêchés étaient vacants dans le royaume d'Italie. S. M. nomma les prélats les plus dignes de son royaume. Le pape refusa de leur donner des bulles d'institution canonique. Il persista dans son refus pendant tout le temps que durèrent la troisième et la quatrième coalition. L'obligation où se trouvait l'empereur de conduire ses troupes aux extrémités de l'Europe, faisait présumer au pape qu'il était dans l'intérêt de Sa Majesté de ne laisser en Italie aucune source de fermentation, et qu'elle pourrait acheter l'institution d'un si grand nombre d'évêchés par la donation de la Romagne. Mais, S. M., accoutumée à se confier dans l'amour que lui portent les peuples d'Italie et dans leur fidélité, repoussa avec mépris de pareilles insinuations, et ce ne fut qu'après des refus réitérés pendant trois ans que les batailles d'Iéna et de Friedland purent enfin vaincre l'obstination du pape, qui, voyant la défaite des ennemis de la France et ses espérances trompées, donna, un mois après le traité de Tilsitt, l'institution canonique aux évêques qui avaient été nommés par S. M. et auxquels il l'avait si longtemps refusée.

« En 1808, l'archevêché de Malines étant venu à vaquer, S. M. y nomma l'évêque de Poitiers (l'abbé de Pradt). Le pape envoya des bulles d'institution dans lesquelles il déclarait que cette nomination était de son propre mouvement. Ces bulles furent comme de raison rejetées au conseil d'État, et, depuis ce temps, l'évêque de Poitiers n'a point encore son institution canonique comme archevêque de Malines.

« Pour tous les évêchés qui sont venus à vaquer depuis, et qui sont au nombre de 27, le pape a refusé de donner les bulles d'institution, soit qu'il voulût soutenir l'étrange proposition de nommer de son propre mouvement et suivant la formule rédigée pour l'archevêque de Malines, soit qu'il eût espéré faire intervenir la concession des bulles dans les discussions qui ont eu lieu relativement aux forteresses, aux limites, et enfin à la souveraineté temporelle des papes.

« S. M., se ressouvenant de ce qui avait été fait du temps de Louis XIV dans une pareille circonstance et voyant l'impossibilité de laisser plus longtemps vacants des diocèses comme Paris et Florence, y nomma aux termes du concordat. Les chapitres donnèrent des pouvoirs spirituels comme vicaires capitulaires. Mais des Brefs émanés de Savone et adressés aux chapitres de Florence et d'Asti leur défendirent positivement de donner des pouvoirs capitulaires à ceux que l'empereur avait nommés. Ainsi, tout ce que le pape a pu faire pour exciter les troubles et la désobéissance, a été fait. Mais les évêques et les chapitres de France et d'Italie se sont montrés indignés d'une telle conduite, si contraire aux canons, à la doctrine de l'Église, au respect que tous les pontifes doivent au souverain, et n'ont eu aucun égard à ces Brefs.

« Depuis, le pape a investi de ses pouvoirs le cardinal di Pietro, homme passionné et qui nourrit une profonde haine contre la France. L'empereur avait été obligé de l'exiler à Semur, et ce fut dans cet exil qu'il reçut le Bref secret qui lui donnait des pouvoirs pour les affaires spirituelles de la France : attentat contre le trône et l'Eglise. Ce cardinal avait déjà dans les ténèbres noué des trames obscures avec les plus mauvais prêtres de la France, lorsque la justice le saisit avec ses complices pour le punir selon les lois de l'Etat.

« Ainsi, dans l'espace de dix années, l'empereur a été troublé sept ans, à deux différentes époques, une fois pendant l'espace de trois ans, et une seconde depuis l'espace de quatre ans, dans les prérogatives que lui accordait le concordat.

« Depuis dix ans, S. M. a relevé les autels en France et n'a été occupée que du bien de la religion, de l'accréditer et l'établir dans son vaste empire, et même de faire sentir les effets de sa puissance et de sa protection aux catholiques des pays étrangers. Mais il nous a chargé expressément de vous le dire, afin que le monde entier l'entendît, il n'a trouvé dans la cour de Rome qu'indifférence pour les vrais intérêts de la religion; elle a été constamment occupée de deux objets : 1° d'obtenir de l'empereur la donation des anciennes légations de Bologne, de Ferrare et de la Romagne; 2° d'accréditer les principes que le pape est l'évêque universel, qu'il peut renvoyer tous les évêques, qu'il est au-dessus de tous les souverains, du concile et de toutes les Eglises.

« Lorsque le pape vint à Paris pour le couronnement, il s'en retourna mécontent parce qu'il s'était flatté d'obtenir les Légations. Mais le serment de l'empereur comme roi d'Italie, et l'attachement qu'il porte aux peuples de ces provinces et spécialement à sa bonne ville de Bologne, rendirent impossible la réalisation de ces espérances, qui eût fait tomber ces beaux pays dans la plus vicieuse des administrations. Depuis, la cour de Rome a profité de toutes les circonstances pour élever des difficultés, pour inquiéter les consciences et troubler la tranquillité de l'empire, toujours dans l'espérance qu'il arriverait des circonstances où, pour être certain d'avoir pour appui sincère l'influence du pape, l'empereur ferait des sacrifices temporels et lui accorderait, sinon les trois légations, du moins la Romagne. C'est à cela qu'il faut attribuer les réticences qui se trouvent dans l'allocution du pape sur les lois organiques, le pape n'ayant point d'autre but que de jeter des ferments susceptibles d'être développés. Ce fut dans cet esprit qu'il refusa d'abord l'institution en Italie et en France.

« S. M. ayant vu, par cette conduite du pape, qu'il tenait constamment à la politique de ses prédécesseurs de faire concourir son influence spirituelle à l'agrandissement de sa puissance temporelle ; que, toutes les fois qu'il aurait des embarras extérieurs, la cour de Rome chercherait à lui susciter des embarras intérieurs, il a pris le parti de faire reversion à l'empire du fief de Rome, qui en avait été détaché en faveur des papes, afin de leur ôter pour toujours les moyens de faire servir les intérêts spirituels aux affaires temporelles. La providence voulut que précisément le lendemain des batailles d'Austerlitz et de Friedland S. M. reçût des Brefs du pape pleins d'aigreur et de menaces, parce que, la veille de ces grandes crises politiques, l'opinion de tous les agents de la cour de Rome en pays étrangers était la défaite et la destruction de l'armée française.

« Les hommes sages et religieux ont, dans les différents siècles, considéré comme fâcheux et nuisible à la religion le mélange de la puissance temporelle bornée à un petit coin de l'Italie, et de la puissance spirituelle s'étendant sur tout l'univers, ce mélange d'affaires temporelles qui changent comme les choses de la terre, et surtout à certaines grandes époques comme celle où nous nous trouvons, et d'affaires spirituelles qui sont immuables comme Dieu et qui ne changent jamais.

« Le parti qu'a pris l'empereur est du ressort politique et des affaires de la terre. S. M. ne trouve de meilleures garanties pour la tranquillité de ses peuples contre tous les abus de l'influence spirituelle commis par les papes et dont les pages de l'histoire sont remplies, que dans l'autorité et la mission des évêques qui, attachés au sol par tous les liens du sang, ont intérêt à repousser par les mêmes armes les attentats des Grégoire et des Boniface et de ceux qui ont voulu établir ces prétentions subversives dans la bulle *in cœnâ Domini*, prétentions qui ont excité l'indignation de tous les souverains, de tous les peuples et de tous les vrais évêques.

« S. M., lorsqu'elle a voulu rétablir les autels en France, eut besoin d'avoir recours à la cour de Rome. Il n'y avait plus d'évêchés en France. Les évêques étaient en partie morts, en partie déportés et réfugiés chez l'étranger. Pour rétablir l'Église de France, il n'y avait pas d'autre moyen que de demander aux évêques de donner leur démission, ou de leur ôter leurs pouvoirs par une bulle de la cour de Rome, afin de recomposer ensuite l'Eglise de France.

« Personne ne sait mieux que vous, Messieurs, combien cet acte était nécessaire, combien la religion lui doit. Mais enfin cet acte était presque sans exemple dans l'histoire de l'Eglise, et la cour de Rome est partie de cette espèce d'acte extraordinaire qu'elle a fait, à la demande du souverain, pour se renforcer dans ses idées de domination arbitraire sur les évêques, et dans la croyance que les papes doivent disposer en maîtres des affaires spirituelles et même des affaires temporelles, parce que l'esprit est au-dessus de la chair.

« Depuis et avant saint Louis, les souverains de France et de tous les États de l'Europe ont eu des discussions avec la cour de Rome et ont été sans cesse occupés d'en repousser les prétentions. Ils ont toujours été guidés, éclairés et soutenus dans ce grand choix par les évêques. Aussi peut-on dire que la cour de Rome a eu constamment pour but de diminuer l'existence, la considération et les prérogatives des évêques, en attribuant au siége de Rome ce qui, d'institution primitive, appartenait à l'épiscopat.

« L'épiscopat est détruit en Allemagne. Il est remplacé par des vicaires apostoliques. Or, S. M. nous a ordonné de vous exprimer sa pensée et sa volonté : elle ne souffrira jamais aucun vicaire apostolique dans ses Etats. Elle ne saurait reconnaître la religion chrétienne partout où elle ne serait pas exercée par la mission des évêques ; c'est la religion de Jésus-Christ, celle qu'ont professée Charlemagne et saint Louis, que Sa Majesté a rétablie en France, et non la doctrine des Grégoire et des Boniface, qui est incompatible avec l'indépendance, la dignité et la souveraineté de tous les trônes.

« S. M. reconnaît le pape comme le chef de l'Eglise, comme le premier des évêques, comme le centre de l'unité ; mais elle ne le reconnaîtra jamais comme évêque universel. Elle ne lui connaît pas le droit de destituer, de chasser les évêques de leurs églises, encore moins le pouvoir d'anéantir dans un pays l'épiscopat, dont l'existence est aussi nécessaire à la religion que la papauté même ; et pourtant 27 évêchés sont vacants, parmi lesquels sont les archevêchés de Paris, de Florence, de Malines, de Venise, d'Aix, de Bourges, etc.; beaucoup d'évêques sont vieux, et les moyens d'y pourvoir par le concordat, s'il n'existe plus? Le concordat est un contrat synallagmatique. Le pape l'a violé à deux reprises différentes pendant l'espace de sept ans sur dix; il n'offre plus aucune garantie. Le concordat n'existant plus, nous nous trouvons reportés au temps de Charlemagne de saint Louis et de Charles VII et aux temps antérieurs au concordat de François Ier et de Léon X. Quel que soit le mode que le concile choisisse comme le plus conforme aux canons et aux usages de l'Eglise, S. M. le ratifiera, pourvu que dans trois mois tous les évêchés vacants soient pourvus, et que jamais, sous quelque prétexte que ce soit et dans quelque circonstance que l'on se trouve, une église puisse rester plus de trois mois veuve de son évêque.

« Certes, si l'empereur avait été si indifférent pour les affaires religieuses, il eût continué à nommer des évêques qui eussent reçu des chapitres les pouvoirs spirituels comme vicaires capitulaires. Au bout de vingt ans, l'épiscopat eût été éteint, et sans l'épiscopat, la religion chrétienne n'eût plus été l'établissement des apôtres. Mais Sa Majesté, en relevant les autels, n'a pas cherché si elle ferait quelque chose d'agréable ou non à la cour de

Rome ; ce n'est pas pour elle que l'empereur les a rétablis. La religion est le bien de tous les peuples, elle tourne au profit de tous, elle ne peut donc être le patrimoine ni la forme d'aucun pays, d'aucun centre en particulier. Lorsque François Ier fit son concordat avec Léon X, les papes étaient puissants comme puissance temporelle ; ils se battaient à la tête de leurs armées et avaient des alliances avec Milan, Florence, Venise. François Ier conclut en partie le concordat pour se rendre favorable la puissance temporelle des papes. Lorsque l'empereur, au contraire, a traité avec le pape actuel, il n'était rien comme puissance temporelle et n'était rien ni dans la balance de l'Europe, ni dans celle de l'Italie. Ainsi l'empereur n'a suivi que le sentiment de sa propre conscience ; il voulut rétablir la religion de nos pères pour le bonheur de son peuple et la stabilité de son trône. Sa Majesté, à l'exemple de Charlemagne, de saint Louis, de Charles VII et de tous ses prédécesseurs, dans des circonstances semblables, a donc chargé le concile réunissant les évêques de tout le tiers de la chrétienté, de prendre des mesures pour que, vu la déchéance où est tombé le concordat, il soit pourvu à la nomination et à l'institution des évêques, soit par le mode suivi sous saint Louis et Charles VII, ou d'après tout autre mode que le concile jugera le plus conforme aux canons et usages de l'Eglise, afin qu'il ne soit au pouvoir d'aucun homme de priver les diocèses de leurs évêques, ni de mettre un terme ou une interruption à cette suite de pasteurs qui, depuis les apôtres, doivent aller jusqu'à la fin des siècles. »

Il est aisé de se représenter la pénible surprise de tant d'évêques au milieu desquels tombait une parole si peu mesurée, si peu exacte et si impérieuse. Cette parole prêtait gratuitement au pape des intentions qu'il n'avait jamais eues, et aux évêques, en général, des sentiments que leur piété repoussait ; elle transformait en agresseur l'auguste victime de Savone, et décorait du nom de justice une détestable spoliation. Il faudrait placer une observation à côté de chaque phrase, mais le lecteur éclairé aura porté de lui-même son jugement. Quel ton tranchant et absolu pour affirmer ce qui est contraire à l'histoire ! C'est au nom des *hommes sages et religieux* de tous les siècles que l'on condamne ici le pouvoir temporel des pontifes de Rome ! On les accuse de s'être servis de leur puissance spirituelle pour agrandir leurs états quand l'histoire est là pour déclarer que les états du Saint-Siége sont toujours restés les mêmes au milieu des plus grands jours de l'ascendant de la papauté au moyen âge ; et c'est à l'occasion d'un pape dépouillé que cette doctrine est professée !

Napoléon laissa voir, par le discours de son ministre, qu'il entendait faire marcher le concile à sa guise. Les évêques, malgré leur bonne volonté de ne pas déplaire, ne purent mener les choses comme le maître le souhaitait. Le décret du 10 juillet vint dissoudre l'assemblée que l'empereur voulut ressusciter quelques jours après, pendant que trois évêques, ceux de Gand, de Tournay et de Troyes, jugés trop récalcitrants, étaient enfermés à Vincennes. Nous ne parlerons de la *congrégation générale* du 5 août 1811 que pour rappeler que cette délibération est sans valeur, parce qu'elle a été prise sans liberté. Nous en dirons autant du bref de Pie VII, qui approuvait cette délibération, bref rédigé par le cardinal Roverella, personnage plus docile aux vues de l'empereur que fidèle à ses devoirs envers le pape, et dont le cardinal Pacca disait : *Aliquid humani passus est;* il y a quelque chose qui domine ce bref du 20 septembre, c'est la belle lettre de Pie VII au cardinal Caprara. Une note écrite de la main de l'un des Pères du concile, évêque d'Italie, et qui a passé sous nos yeux, affirme que dans la congrégation générale du 5 août 1811, on ne put jamais voter au scrutin, mais toujours par assis et levé; elle ajoute qu'on ne vota au scrutin qu'à l'ouverture du concile, pour la formation du bureau, et que ce fut sur la proposition du cardinal Maury, qui se *montrait à ces moments-là très-respectueux*, selon les expressions de la note de l'évêque d'Italie [1].

Les tristes succès obtenus à Savone encouragèrent apparemment le cardinal Maury dans une nouvelle tentative auprès de l'auguste captif; nous avons une lettre du 12 octobre 1811, où il expose au pape comment, *appuyé sur le secours divin*, et *confiant à l'ancienne bienveillance* de Sa Sainteté, il a accepté le siége de Paris ; il supplie le Souverain-Pontife de l'affranchir des liens qui l'unissent aux églises de Montefiascone et de Corneto ; l'information accoutumée ne pouvant pas se faire, vu qu'il n'y a en France ni légat, ni nonce, ni délégué apostolique, le cardinal dépose aux pieds du pape, de l'avis de beaucoup de prélats, l'information dressée par l'évêque de Versailles, le plus ancien évêque et le premier suffragant de la métropole, espérant que Sa Sainteté daignera s'en contenter, eu égard aux circonstances extraordinaires du temps : une pareille indulgence ne pourra jamais être invoquée comme un exemple. « Rien au monde, ajouta-t-il, ne me sera plus « cher et plus sacré que de montrer et de profes- « ser jusqu'à la mort que je suis attaché par le « lien le plus étroit de l'obédience et de la com- « munion à Votre Sainteté, le Vicaire de Jésus-

---

[1] *Che a quei momenti si mostrava con quello (le cardinal Fesch) assai riverente.*

« Christ sur la terre, le chef suprême de l'Église,
« et à la chaire de saint Pierre, qui est le centre
« de l'unité catholique ; ainsi le veulent et les
« bienfaits signalés dont j'ai été comblé par le
« Siége apostolique, et la faveur nouvelle pour la-
« quelle je me recommande maintenant ; ainsi le
« veulent la dignité de cardinal et le ministère
« épiscopal, comme les promesses solennelles qui
« me lient et que je remplirai avec fidélité. »
Pie VII ne répondit pas à cette lettre, ou du moins
nous n'avons trouvé nulle part la réponse. Sa Sainteté pouvait s'étonner que le cardinal ne parlât
point du bref du 5 novembre 1810, et qu'il le tînt
comme non avenu. Cette nouvelle démarche du
12 octobre 1811 atteste les inquiétudes du cardinal Maury et son désir de sortir d'une situation ir-
régulière. Nous avons déjà vu que Napoléon pressait Maury de *laisser de côté* le titre d'administrateur capitulaire et de prendre le titre d'archevêque
de Paris ; Maury ne cédait pas à l'empereur sur ce
point si grave, et quoiqu'il eût beaucoup perdu de
sa considération par sa situation nouvelle, les enfants de l'Église doivent tenir compte à Maury d'a-
voir maintenu jusqu'au bout des résistances sans
lesquelles un déchirement pouvait s'accomplir.

CHAPITRE XX.

Aux approches de la semaine sainte, en 1811,
on annonça que le cardinal Maury monterait en
chaire à Notre-Dame et prêcherait la Passion; la
curiosité publique fut vivement excitée; tout le
monde voulait entendre ce grand orateur de la
Constituante dont le nom avait rempli l'Europe;
au jour marqué, la métropole se trouva trop étroite
pour la foule des auditeurs, et une dame de haut
rang, la princesse de Schwartzemberg, femme de
l'ambassadeur d'Autriche, ayant vainement cher-

ché à s'asseoir dans la vaste enceinte, se mit hardiment à la suite du cardinal, gravit les marches de la chaire, et se plaça assez près du prédicateur, qui ne s'en doutait pas, pour soulever les murmures. L'immense auditoire éprouva tout d'abord un désappointement quand il vit le cardinal déployer un cahier et se préparer à lire son sermon ; sa mémoire, qui avait été un prodige, se trouvait fatiguée ; il ne pouvait plus apprendre par cœur. Parmi les sermons de sa jeunesse, Maury en avait un sur la Passion qu'il prêcha autrefois à Versailles ; ce n'est pas celui-là qu'il prononça à Notre-Dame le vendredi-saint de l'année 1811, mais un nouveau qu'il avait composé ; cette Passion formait deux discours, dont l'un fut prononcé en 1811, et l'autre en 1812. Les auditeurs qui étaient arrivés là avec les grandes images de la Constituante ne furent pas satisfaits ; Maury, grand lutteur de tribune, puisant son énergie et ses soudaines inspirations dans les violentes résistances, les injures des partis et les ardeurs de la bataille, ne pouvait pas se retrouver dans Maury prédicateur, lisant un sermon au milieu du silence d'un auditoire recueilli. S'il n'eût pas lu sa Passion, on en aurait été certainement plus frappé ; toutefois, nous pensons que ce n'est pas le même génie qui fait l'orateur de tribune et le prédicateur ; le véritable orateur politique s'inspire des mouvements, des passions, des contradictions qui l'environnent et quelquefois l'assiégent ; le prédicateur est forcé d'aller toujours sans qu'on lui réponde ; il instruit et tonne, mais c'est dans la solitude de sa pensée. Tel prédicateur qui ravit les âmes sous les voûtes muettes de nos basiliques, produirait peu d'effet dans une assemblée délibérante ; et tel orateur politique, qui remue profondément une chambre, ne retrouverait pas son génie au milieu du religieux silence d'un auditoire d'église. Nous faisons ici une observation générale, sans prétendre que les deux genres s'excluent essentiellement ; il est incontestable que Maury eut des succès de prédicateur avant ses immenses succès de tribune, mais notre remarque peut expliquer le sentiment de ses auditeurs de 1811 à Notre-Dame, pour qui le sermon de la Passion fut un mécompte. On ne fut pas content de son débit [1] ; il parlait bien mieux qu'il ne lisait. Cette Passion, prononcée en 1811 et 1812, n'a pas été imprimée ; des auditeurs de ce temps nous ont assuré qu'elle renferme des beautés. Un fragment nous en a été communiqué ; nous le donnons ici :

« D'un mot, Jésus ouvre le ciel à l'un des com-
« pagnons de son crucifiement ; d'un mot, il

---

[1] M. de Lacretelle, qui avait entendu l'abbé Maury, et qui a beaucoup loué son éloquence, parlait de sa *prononciation rapide, ferme et habilement accentuée.* Histoire de France, t. VII.

« donne l'objet chéri de ses prédilections pour fils
« à sa mère désolée, et qui met le comble à sa
« douleur, en assistant à son supplice. O vous qui
« ne parûtes point sur le Thabor et qui vous trou-
« vez aujourd'hui sur le Calvaire, Reine prédes-
« tinée du ciel, confidente auguste et intime des
« anges, vous apprenez à tous les siècles futurs,
« par votre seule attitude, si justement remarquée
« dans l'Évangile, que vous êtes dans le secret cé-
« leste de cette mort. *Stabat*. Je vois Marie de-
« bout sur le mont sacré, comme tout sacrifica-
« teur doit l'être à l'autel ; je la vois debout,
« triomphant, par son courage et sa résignation,
« de toutes les puissances du monde et de l'enfer,
« soutenant un si horrible spectacle par l'unique
« souvenir qu'elle conserve, de devoir à la ré-
« demption, c'est-à-dire au péché et à tous les
« pécheurs, la prérogative et le fardeau de sa ma-
« ternité divine. *Stabat*. Je la vois debout, au pied
« de la croix, où elle nous représente toute l'E-
« glise ; où, comprenant seule le mystère qui s'ac-
« complit, elle renferme dans son âme toute la foi
« de l'ancienne et de la nouvelle alliance ; où,
« fidèle à ce dépôt sacré, elle affermissait sa foi
« par le spectacle même qui obscurcissait, ébran-
« lait, scandalisait la foi des apôtres eux-mêmes,
« en partageant, en quelque sorte, le calice et le
« sacerdoce éternel de son Fils pour s'offrir elle-

« même en holocauste, quand, s'il est permis de
« le dire sans blasphème, quand la torture de son
« âme, abîmée dans la plus cruelle désolation, la
« met en rivalité d'expiation avec son divin Fils,
« et nous présente le spectacle prolongé d'un
« double sacrifice, d'une double Passion, d'un
« double martyre sur le Calvaire. *Stabat.*

« Tout le collége apostolique a pris la fuite
« autour de Jésus. Marie seule et le disciple bien-
« aimé restent fidèles à son agonie. Ne la quittons
« pas, mes frères : qui sait si son divin Fils, tou-
« ché de notre pieux courage, comme il le fut à la
« vue de saint Jean, ne nous la donnera pas pour
« mère en disant à chacun de nous : *Ecce mater
« tua !* Son âme, percée de douleur, selon la pré-
« dilection trop bien justifiée de Siméon, lui fait
« partager avec son Fils tout le poids énorme de
« la justice divine ; dans sa prière publique, l'É-
« glise emprunte les paroles d'un prophète pour
« comparer ses angoisses devant la croix aux souf-
« frances de l'enfantement, et son plus grand sup-
« plice est de survivre à son Fils. *Stabat.* Quel
« prêtre ! et quel sacrifice ! A quel prix le ciel lui
« fait-il payer sa prérogative d'être la première de
« toutes les créatures ! Une Mère ! une Mère aban-
« donnée devant l'échafaud de son Fils ! Ah ! du
« moins, quand l'Éternel demanda le sacrifice
« d'Isaac à l'auteur de ses jours, il ne s'adressa

« qu'au seul Abraham ; il sembla ne pas oser sou-
« mettre le dévouement du cœur maternel à cette
« épreuve de la foi, mais Dieu se réserve d'exer-
« cer aujourd'hui un pareil empire sur la ten-
« dresse d'une mère qui n'a pu mourir de douleur.
« *Stabat*. Je m'arrête, mes frères, nulle éloquence
« ne sera jamais au niveau d'une situation si dé-
« chirante. La maternité de Marie inspire un si
« grand intérêt qu'un tel témoin ferait oublier la
« victime elle-même. Eh quoi! tous ces juges de
« Jérusalem, ces anciens de la synagogue, ces
« spectateurs, ces bourreaux n'ont-ils donc point
« une mère? Mais où vais-je chercher un mouve-
« ment de compassion? Cœurs maternels, faites-
« nous entendre vos lamentables gémissements ;
« parlez à ma place. Vous pouvez seuls apprécier
« tout l'héroïsme d'une épreuve si digne des re-
« gards et de la couronne du ciel. O mon divin
« Sauveur! puisque vous devez expirer devant
« Marie sur la croix, oh! du moins, par pitié pour
« elle, daignez abréger vos tourments. *Stabat*.

Ce morceau a de la grandeur. Les mystérieuses
angoisses de la Mère du Messie sur le Golgotha y
sont retracées avec une force pénétrante et une
croissante émotion. Le sentiment y est profond,
et l'âme, frappée du tableau, trouve en elle-même
la mesure de toutes ces douleurs.

Il n'y avait pas à cette époque une seule portion

de l'Eglise de France, nous parlons de l'Eglise fidèle, sur laquelle ne tombât le mécontentement de Napoléon ; la congrégation de Saint-Sulpice, dont Fénelon a été la gloire, et qui se recommande au respect des hommes par les noms d'Olier, de Tronson, d'Émery et de tant d'autres, eut, en 1811, sa part des rigueurs impériales, et le cardinal Maury ne fit rien pour lui épargner ces nouveaux coups ; son appui manqua à l'abbé Jalabert qui, avec un généreux courage, prit la direction du séminaire, afin de garder la place des Sulpiciens enlevés à leurs fonctions. Napoléon goûtait peu l'esprit chrétien de messieurs de Saint-Sulpice, et nous avons de lui un bien étrange jugement à leur égard ; le 11 novembre 1802, il écrivait à l'abbé Fesch, archevêque de Lyon : « Méfiez-vous beaucoup des « Sulpiciens ; je vous le répète, ces hommes ne « sont attachés ni à l'État ni à la religion, ce sont « des intrigants [1].

En 1812, lorsque, par un voyage qui fut une torture, on eut conduit de Savone à Fontainebleau le pontife prisonnier, les cardinaux *rouges*, restés à Paris, allèrent plus d'une fois lui porter leurs hommages et de respectueux conseils, et Maury parut parmi eux ; Pie VII, à chaque visite, lui fit sentir ses torts par le froid de son accueil.

[1] Histoire des Négociations diplomatiques, etc., etc. ; publiée par M. A. Ducasse. Tome I.

Le 21 novembre 1812, dans un discours sur le renouvellement des promesses de la cléricature, à la chapelle du séminaire de Saint-Sulpice, non loin des Carmes où le sang des martyrs avait coulé, Maury disait :

« Dans les régions où le clergé se déshonore
« par un lâche parjure, la révolution du culte est
« inévitable; mais partout où il reste fidèle jus-
« qu'à l'effusion du sang, la religion triomphe, et
« le peuple de Dieu est sauvé. Grâces immortelles
« vous en soient à jamais rendues, ô mon Dieu !
« la palme du martyre a refleuri de nos jours sur
« cette même terre si longtemps desséchée par le
« souffle dévorant de l'incrédulité. Nos saints pon-
« tifes et leurs dignes coopérateurs ont fait revivre
« au milieu de nous la gloire des anciennes et
« sanglantes épreuves de la foi. Nous comptons
« nos guides, nos instituteurs, nos collègues, nos
« condisciples, nos amis, nos frères parmi nos pro-
« tecteurs dans le ciel. Nous sommes très-près ici
« du beau théâtre de leur héroïque dévouement.
« Le temple où ils furent massacrés est encore
« debout, conservé au culte, et se trouve en ce
« moment pour ainsi dire sous nos yeux. La di-
« vine providence avait ses vues sur notre jeune
« clergé, en réglant, dans l'ensemble de ses dé-
« crets, qu'un pareil monument fût encore rap-
« proché du voisinage de cette sainte maison, afin

« que l'école où la religion forme ses héros fût
« ainsi placée, pour l'instruction de la postérité,
« à côté de l'arène où le ciel les couronne. [1]

Malgré le libre exercice du culte, la plus grande partie des prêtres dans le diocèse de Paris, sous l'Empire, n'avaient pas un costume qui fît reconnaître leur état; ces restes d'habitude d'un temps de persécution déplaisaient à Maury : on sait que, dans les plus mauvais jours de ses luttes contre la révolution, il n'avait point cessé de porter l'habit ecclésiastique. Au commencement de 1813, au retour d'une longue visite pastorale dans le diocèse de Paris, le cardinal se montrait affligé d'avoir rencontré un nombre considérable de curés, *d'ailleurs exemplaires*, et la grande majorité des prêtres attachés au service des paroisses, avec un costume presque entièrement séculier; à la date du 12 janvier 1813, il adressa aux curés du diocèse une circulaire ayant pour but de mettre fin à un état de choses qui ne pouvait profiter ni à la considération ni à la régularité du clergé. Il signala l'usage ha-
« bituel des vêtements de couleur, dont les formes
« sont absolument laïques, ainsi que des bas et
« des gilets assortis à ce nouveau costume, des
« cols blancs, des chapeaux ronds, des perruques,
« et des coiffures enfin qui n'ont jamais été d'u-

---

[1] Cette page, ainsi que le morceau de la *Passion*, nous ont été communiqués par M. Louis-Sifrein Maury, neveu du cardinal.

« sage parmi les bons ecclésiastiques. Cette ma-
« nière de se vêtir, ajoute-t-il, excusée d'abord
« par la nécessité, n'est plus tolérable dans l'ordre
« du clergé, lorsque le costume canonique du sa-
« cerdoce concilie le respect public aux ministres
« des autels, en les obligeant de se respecter eux-
« mêmes. » Le cardinal dit que, dans les premiers
temps de l'heureuse restauration du culte catholique en France, la sagesse du gouvernement crut
devoir prescrire d'abord au clergé l'usage de l'habit court français, hors de l'enceinte de nos temples, mais que les progrès de l'esprit religieux dans
toutes les classes de la société le déterminèrent à
autoriser bientôt les ministres de l'Église à porter
l'habit long, sous la protection des lois. Les curés
et desservants de Paris furent ainsi admis, avec
l'ancien costume de leur état, aux audiences publiques de l'empereur, qui leur en témoignait sa
satisfaction. Depuis lors, le chapitre et le corps
pastoral de Paris paraissaient, chaque année, en
soutane, aux Tuileries. Le cardinal espère n'avoir
pas besoin d'un acte formel d'autorité de sa part
pour rétablir sur ce point l'ancienne discipline des
canons; il se borne à remettre en vigueur les lois
du diocèse ainsi que les statuts synodaux et les ordonnances des archevêques de Paris, spécialement celles de M. de Harlay, de M. le cardinal de
Noailles, de M. de Beaumont.

Maury n'apparaît point dans les manœuvres et les négociations qui amenèrent le concordat du 25 janvier 1813, arraché à l'épuisement du vieux Pontife et désavoué deux mois plus tard avec une intrépidité si apostolique. Mais le cardinal, que son malheur avait placé sur la pente du servilisme politique, ne manqua pas de s'associer à ce déplorable triomphe de Napoléon ; il trouvait, du reste, son compte dans l'article IV du concordat de Fontainebleau sur l'institution canonique. Non content de faire chanter un *Te Deum*, conformément aux intentions du gouvernement, il célébra, à la fin de son mandement pour le carême de l'année 1813, à la date du 3 mars, ce qu'on appelait alors le *rétablissement de la paix* de l'Eglise, le retour d'une *parfaite harmonie* entre le siége apostolique et l'empereur. Il disait de ce traité que *sa prévoyante modération en garantissait la durée*, et qu'il *assurait la perpétuité de l'Eglise gallicane dans le sein maternel de l'Eglise romaine.* « Cinq « journées de conférences intimes et à jamais glo-« rieuses pour les parties contractantes, ont ter-« miné tous les différends, sans blesser en rien ni « l'intérêt de l'Etat, ni la majesté du prince, ni la « discipline de l'Église, ni la délicatesse, ni la « conscience, ni la dignité suprême du Vicaire de « Jésus-Christ. » Vingt-deux jours après que Maury écrivait ces lignes, le Pape prouvait par son désaveu que le concordat de Fontainebleau avait blessé *sa délicatesse, sa conscience, sa suprême dignité*. Maury citait, à l'occasion de ce nouveau traité entre l'Eglise et l'Etat, ces paroles du sermon de Bossuet sur l'Unité de l'Église : « Un pontificat si saint et si désintéressé doit surtout être « mémorable par la paix et par les fruits de la « paix, qui seront, j'ose le prédire, l'humiliation « des infidèles et le rétablissement de la discipline. « Voilà l'objet de nos vœux ; et, s'il fallait sacrifier « quelque chose à un si grand bien, craindrait- « on d'en être blâmé ? » Cette citation, par laquelle le cardinal rapproche des époques et des situations si différentes, atteste dans sa propre pensée l'étendue des *sacrifices* faits en vue de *la paix;* mais l'abandon des droits essentiels ne peut jamais produire des fruits de paix durables, et les cardinaux et les évêques, heureusement en petit nombre, qui se félicitèrent du concordat de 1813, se préoccupaient bien plus du bon plaisir de Napoléon que de la gloire de la papauté.

Maury ne sut pas se taire devant l'acte courageux par lequel Pie **VII** désavoua ce concordat ; il consentit à servir d'instrument au violent dépit qu'en éprouva l'empereur, et alla porter à Fontainebleau des surprises et des plaintes ; la vivacité de son langage s'accrut des résistances qu'il rencontra, et, désespérant de réussir dans sa mission, le cardinal perdit toute mesure ; la douceur patiente du Pontife n'y tint pas ; il se leva, non sans effort, de son siége, prit Maury par la main et le mit hors de chez lui[1]. Quelle humiliation pour l'ancien lutteur catholique de la Constituante, pour le cardinal ! Et il en était venu là à force de dévouement servile à l'homme dont la gloire avait subjugué son imagination, à l'homme qui était devenu le dominateur de sa pensée !

Le cardinal Maury avait été frappé de l'ignorance des enfants, de l'ignorance du peuple en matière de religion. Il eut l'idée de rédiger lui-même un précis de la doctrine chrétienne, par demandes et par réponses, à l'usage de ceux qui ne savaient rien ; il renferma les éléments de la foi catholique, dans une douzaine de pages, qui prirent place dans les Prières du prône, et que le prêtre, chaque dimanche, devait lire après l'Évangile à l'assemblée des fidèles. Ce court abrégé de notre religion fut affiché dans toutes les églises et les écoles du diocèse. L'ordonnance pour la publication de ce précis de la doctrine chrétienne est du 10 avril 1813. Ces pages, où l'exposition des principes catholiques est irréprochable, ont de la concision et de la netteté. Nous avons remarqué ces mots sur le dogme de l'incarnation :

[1] Cardinal Pacca. Relazione del Viaggio di Pio papa VII a Genova nella primavera dell' anno 1815.

« Comme Fils de Dieu, la seconde personne de
« la Trinité a un père et n'a pas eu de mère dans
« le ciel ; et, en qualité d'Homme-Dieu, Jésus-
« Christ a une mère et n'a point eu de père sur la
« terre. Saint Joseph n'a été que son père nour-
« ricier. »

Et ces mots sur l'Eglise :

« Nous devons croire que celui qui ne recon-
« naît pas l'Eglise pour mère n'éprouvera pas,
« dans l'éternité, l'avantage d'avoir un Dieu pour
« père. »

Un article de cet abrégé de notre foi a pour
titre : « Quels sont nos devoirs envers Sa Majesté
l'Empereur ? »

On répond : « Notre sainte religion, qui a pour
« base les livres sacrés de l'Ancien et du Nouveau-
« Testament et la tradition, nous ordonne, comme
« une obligation de conscience, d'être fidèles,
« soumis et pleinement dévoués à Sa Majesté l'Em-
« pereur et Roi, que Dieu nous a donné pour sou-
« verain ; et elle consacre aussi les liens qui nous
« attachent pour toujours à son auguste famille. »
Un an après la publication de ce précis de la doctrine chrétienne, l'article que nous venons de reproduire devenait difficile à observer, car le sénat
déclarait que le peuple français appelait librement
au trône Louis-Stanislas-Xavier de France, et Napoléon, dans son traité avec les empereurs de

Russie et d'Autriche et le roi de Prusse, *renonçait pour lui et pour ses héritiers à tout droit de souveraineté, tant sur l'empire français et le royaume d'Italie que sur tout autre pays.*

Le cardinal Maury aimait les belles traditions d'étude de l'Eglise de France, les souvenirs de la grande école de Paris dont Bossuet, *nourri de son lait,* vantait en chaire les *illustres travaux connus de toute la terre*[1]; il proposa à Napoléon la fondation à la Sorbonne d'un séminaire national où seraient appelés des élèves choisis dans tous les diocèses de France, le rétablissement du *cours de licence.* « On appelait, en Sorbonne, *cours de licence,* dit-il dans son mémoire, un intervalle de deux années pendant lesquelles, à la suite de cinq ans, destinés à l'étude de la philosophie et de la théologie, tous les bacheliers étaient obligés de soutenir, durant douze heures consécutives, trois thèses politiques, d'y assister tous successivement trois heures, d'y argumenter à leur tour, et même hors de rang, à l'ordre du syndic de la faculté, en présence des docteurs qui présidaient à ces exercices. Cette arène théologique, dans laquelle les étudiants comparaissaient presque tous les jours de l'année, était la véritable source des lumières qui ont assuré au clergé français une si noble prééminence dans l'Église catholique, où l'on ne connaissait

[1] Premier sermon sur la Conception de la sainte Vierge.

aucun établissement pareil, et où l'on ne s'en formait pas même aucune idée. » Maury indiquait aussi les voies et moyens. Son mémoire est du 28 novembre 1813. Il fut remis à l'empereur entre les désastres qui marquèrent la fin de la campagne de Saxe et les formidables approches de l'invasion d'un million de baïonnettes étrangères; Napoléon, menacé par cette Europe qu'il avait tant de fois attaquée chez elle, était alors plus occupé de trouver des soldats que de faire revivre les beaux jours des thèses *sorboniques*.

Dans les derniers jours de 1813 et au commencement de janvier 1814, Napoléon, obéissant à un intérêt politique, songeait à restituer à Pie VII ses États; il craignait les mouvements en Italie du roi Murat, devenu son ennemi, et s'accommodait mieux du pouvoir du pape à Rome que de tout autre pouvoir; des évêques eurent mission de se rendre auprès du pontife et de lui faire des ouvertures à cet égard; le pape refusa toute conférence et toute négociation, disant qu'il ne voulait plus parler d'affaires, tant qu'il ne serait pas libre, et que d'ailleurs la restitution de ses États, œuvre de pure justice, ne pouvait devenir l'objet d'un traité. Le cardinal Maury qui, sans doute, se promettait quelque joie d'avoir à annoncer au chef de l'Église le terme de ses plus rudes épreuves, se présenta au palais de Fontainebleau et ne fut pas reçu. On

sait comment Napoléon renvoya Pie VII à Rome ;
deux mois et démi plus tard, il signait son abdica-
cation dans ce même palais de Fontainebleau, dont
il avait fait la prison du successeur de Pierre, et
un Bourbon faisait rendre au pape l'anneau du
Pêcheur, la tiare et les archives romaines.

CHAPITRE XXI.

Les mandements du cardinal Maury ; appréciation et analyse de
 ces mandements, les uns religieux, les autres relatifs à des
 événements politiques : la naissance du roi de Rome, la campagne de Russie, la victoire de Lutzen, celle de Wurtchen,
 l'invasion de 1814.

Les mandements sont les témoignages durables
du sentiment et du caractère des évêques. C'est la
correspondance entre le pasteur et le troupeau,
c'est la parole du gouvernement spirituel à certaines époques et au milieu des grandes émotions
nationales. Nous avons cherché les mandements
que publia le cardinl Maury pendant qu'il administrait le diocèse de Paris. Le recueil en est rare ;
nous l'avons trouvé dans une bibliothèque parti-
lière où les mandements de tous les archevêques
de Paris ont été rassemblés avec un soin persévé-
rant [1]. Nous en tirerons ce qui nous paraîtra de

[1] Nous devons la communication des mandements du cardinal
Maury à l'obligeance de M. l'abbé Églée.

nature à exciter l'intérêt. Dans un récit où les événements n'abondent pas, il n'eût pas été bon de s'interrompre fréquemment à chaque mandement nouveau ; nous avons mieux aimé réunir ces divers écrits et les ranger en tableaux successifs par de rapides analyses. Il faut d'abord que le lecteur fasse connaissance avec la formule de ces mandements ; nous la transcrivons :

« Jean-Siffren Maury, par la grâce de Dieu et
« du Saint-Siége apostolique, cardinal prêtre de
« la sainte Église romaine, du titre de la très-
« sainte Trinité au mont Pincius, archevêque-
« évêque de Montefiascone et de Corneto, nommé
« archevêque de Paris, administrateur capitulaire
« de cette métropole pendant la vacance du siége,
« comte de l'Empire, etc., etc. »

Pour ne pas entremêler les mandements purement religieux et les mandements relatifs à des événements politiques, nous parcourrons d'abord les uns avant de nous occuper des autres.

Le premier mandement de carême est du 22 février 1811 et porte l'empreinte de toute la sévérité chrétienne. Le cardinal parle de l'institution de la pénitence quadragésimale qui doit *disposer les pécheurs pénitents à célébrer avec fruit la plus grande fête du christianisme.* « C'est par cette
« pieuse institution qu'elle (la religion) veut nous
« faire participer à la gloire de Jésus-Christ res-

« suscité, le plus beau triomphe du chrétien,
« comme le chrétien ressuscité devient à son tour
« le plus beau triomphe de Jésus-Christ. L'Eglise
« grecque elle-même, si déplorablement séparée
« de nous depuis près de dix siècles, fournit en-
« core aujourd'hui un témoignage surabondant à
« cette discipline primitive, en observant à la ri-
« gueur quatre différents carêmes qui forment
« presque la moitié de l'année. » L'archevêque
nommé dénonce le *relâchement scandaleux* que
subit maintenant l'abstinence de la sainte quaran-
taïne ; tout en adoucissant les observances qu'une
lâche tiédeur ne peut plus supporter, il regrette
ces siècles fameux de la pénitence publique, où la
piété des peuples allait au delà même des injonctions légales ; mais en cédant à l'empire de la nécessité, « nous n'effacerons pas du moins, dit-il,
« les faibles vestiges qui nous restent de la dis-
« cipline apostolique. Nous ne briserons pas la
« table de la loi, comme autrefois Moïse, qui, dans
« une sainte colère, à la vue du veau d'or et des
« danses impies des Hébreux idolâtres, jeta par
« terre les tables du témoignage, écrites de la main
« de Dieu lui-même, et les mit en pièces au bas
« de la montagne du Sinaï. » Non, ce n'est pas la
pénitence, dit le cardinal, c'est le péché qui abrége
les jours de l'homme sur la terre... Il demande,
avec l'Esprit-Saint, qu'on *cesse de chercher soi-*

*même la mort avec tant d'ardeur dans les égare-
ments de la vie* [1]. Sa sollicitude recommande aux
sacrifices de la charité les anciens membres du
sacerdoce réduits au plus triste dénûment, ces
apôtres en cheveux blancs courbés sous le fardeau
des années ou vieillis avant l'âge, épuisés par les
voyages, l'exil, la captivité.

« Si nos temples conservaient encore leur pre-
« mière magnificence, nous n'importunerions pas
« les fidèles pour subvenir aux besoins de ces vé-
« nérables vétérans du sacerdoce. Nous nous hâ-
« terions de dépouiller nos autels de leurs plus
« précieux ornements pour sustenter les ministres
« du sanctuaire, qui sont eux-mêmes les temples
« vivants de l'Esprit-Saint, car les plus grands
« évêques nous ont appris depuis longtemps que
« les *temples sont faits pour l'homme et non pas*
« *pour l'Eternel qui n'en a pas besoin*. Nous obéi-
« rions avec joie à l'autorité des saints conciles
« qui nous ordonnent de vendre les vases sacrés
« pour secourir la veuve et l'orphelin, et sans
« doute aussi nos plus utiles collaborateurs. Enfin
« nous imiterions avec la plus vive émulation nos
« prédécesseurs les plus révérés, et surtout saint
« Exupère de Toulouse, qui, après avoir pieuse-

---

[1] Nolite zelare mortem in errore vitæ vestræ. Sapient., cap. I,
v. 12.

« ment dépouillé les autels pour nourrir les pau-
« vres, se vit réduit, selon le témoignage de saint
« Jérôme, *à porter le corps du Sauveur dans une*
« *corbeille d'osier, et son sang précieux dans une*
« *coupe de terre.* »

Le second devoir de charité recommandé par le cardinal s'appliquait aux jeunes lévites qu'il appelait la douce et précieuse espérance du sanctuaire. Il regardait comme une de ses principales obligations de favoriser l'établissement d'écoles ecclésiastiques pour assurer à la religion la perpétuité de ses ministres. Il terminait noblement par un tribut d'amour et de vénération à la mémoire du cardinal de Belloy, mort sur le siége de Paris, à 99 ans et 8 mois, et auquel Napoléon fit élever un monument « pour attester la singulière considération « qu'il avait pour ses vertus épiscopales. »

 « Le héros de l'histoire et de la postérité, au-
« quel il sied si bien de mesurer et de dispenser
« la gloire, dit le cardinal Maury, l'a déjà élevé
« au-dessus de tous nos hommages en ordonnant
« qu'il lui fût érigé un monument funèbre dans
« le temple où sa cendre repose. Ce digne pontife,
« également selon le cœur de Dieu et des hommes,
« et dont le nom sera toujours en bénédiction, a
« terminé sa carrière apostolique, à l'époque où
« il allait entrer dans son année séculaire. Tous
« les vœux publics lui présageaient et lui souhai-

« taient encore une jouissance prolongée de jours
« sereins, au delà des bornes les plus reculées de
« la vie. Un si glorieux épiscopat sera, dans les
« fastes de cette grande Église, inséparable du ré-
« tablissement à jamais mémorable du culte pu-
« blic; c'est l'anneau sacré par lequel le ciel a
« voulu rattacher tous ses successeurs légitimes à
« la série des évêques immortels qui ont occupé
« avec tant d'éclat le siége de saint Denis, notre
« premier apôtre. Dans ce vieillard vénérable,
« qu'on aurait pu appeler comme autrefois le fa-
« meux Osius de Cordoue, *le père des évêques*, la
« Providence semblait avoir signalé le caractère
« le plus heureusement en harmonie avec les cir-
« constances difficiles de la restauration de nos
« autels, par son excellent esprit, sa haute pru-
« dence, son attrayante douceur, son inépuisable
« charité, et la sagesse toujours éclairée de ses
« principes. La religion profita de la piété filiale
« qu'inspiraient ses vertus, son grand âge et la
« réunion de tous les dons extérieurs de la na-
« ture pour commander avec plus d'autorité le
« respect dû à son ministère; et durant ses
« dernières années, il nous a retracé la vieillesse
« auguste et calme du disciple bien-aimé qu'il
« paraissait avoir spécialement choisi pour mo-
« dèle dans cette douce morale qui réduit à la
« seule obligation d'aimer le prochain, selon

« Dieu, l'essence et la plénitude de la loi [1]. »

Dans le mandement pour le carême de l'année 1812, nous trouvons trois pages, les trois dernières, consacrées au souvenir d'un archevêque et d'un simple prêtre, tous les deux illustres à des titres divers, Mgr de Juigné et M. l'abbé Émery, qui, en 1811, s'étaient suivis de près sur le chemin de la mort. On se rappelle comment, vingt ans auparavant, l'abbé Maury avait défendu M. de Juigné à la tribune ; le 3 avril 1811, il présidait aux obsèques solennelles de l'ancien archevêque de Paris et entendait son oraison funèbre prononcée par un vicaire général du diocèse [2]; le 3 février 1812, le cardinal parlait des grands exemples et des immenses bienfaits qui avaient marqué la carrière épiscopale de M. de Juigné. « L'opinion
« publique, disait-il, le proclamait hautement
« comme l'un des plus sages et des plus saints
« évêques de France, quand il fut appelé, par le
« seul crédit de sa renommée, du siége de Châ-
« lon au gouvernement spirituel de la capitale.
« Une belle âme naturellement portée à la vertu,
« des mœurs dignes des premiers siècles de l'E-
« glise, une piété angélique, une charité sans
« bornes, une inaltérable et attrayante douceur
« de caractère, signalaient en lui un prélat formé

---

[1] Filioli, diligite alterutrum... et si solum fiat, sufficit.
[2] M. l'abbé Jalabert.

« à l'école et profondément pénétré de l'esprit
« de saint François de Sales, un évêque sans ta-
« che, dont le nom chéri de Dieu et des hommes
« devait être à jamais en bénédiction. Le ciel
« l'avait doué, au plus haut degré, de ce vérita-
« ble esprit ecclésiastique, qui consiste surtout
« dans la plus parfaite alliance de l'amour du bien
« et de la science de son état, avec des principes
« sages et une constante modération ; et dans la
« réunion d'un zèle religieux, sans exagération
« comme sans relâchement, avec un attrait éclairé
« pour les bonnes œuvres, les savantes études, et
« les utiles projets que suggèrent les intérêts de
« la religion. Son humilité, qui avait toujours été
« inaltérable dans la grandeur, lui persuadait,
« durant les épreuves de son édifiante retraite,
« qu'il était inutile à l'Église dans les jours de re-
« pos qui ont couronné une si pure et si belle vie.
« Mais il se trompait, nos très-chers frères : la
« Providence l'avait destiné à terminer sa glo-
« rieuse carrière, en exerçant parmi nous un nou-
« veau genre d'apostolat dont nous n'avions en-
« core aucun exemple, l'apostolat du plus parfait
« désintéressement et de la plus touchante rési-
« gnation aux décrets du ciel, quand il vint dé-
« vouer la sérénité de ses dernières années à la
« solitude de la vieillesse, dans le sein de son ho-
« norable et vertueuse famille ! Sa seule présence

« était le plus instructif de tous les livres, pour les
« bons esprits qui savaient le démêler et en mé-
« diter les leçons. On se souviendra toujours, avec
« la plus respectueuse admiration, d'avoir vu dans
« cette capitale un ancien archevêque de Paris,
« l'un des pairs les plus opulents de l'ancienne mo-
« narchie, trouver dans ses seules vertus le supplé-
« ment de la considération attachée aux dignités,
« et prêcher ainsi à l'immense troupeau dont il
« avait été le pasteur et le père, le néant éternel de
« ce monde, où, selon l'expression sublime de l'é-
« loquent évêque de Meaux, *tout n'est rien en effet.* »

Le cardinal Maury qui, en louant M. de Juigné, ne faisait que confondre son hommage dans
l'hommage universel, put aussi louer à son aise
M. Émery; il rencontrait dans ce public éloge le
vif sentiment de tous les partis, et peut-être se
souvenait-il avec un secret remords de cette belle
attitude de prêtre qui ne fut pour lui qu'une inutile leçon. Le cardinal parle très-bien d'ailleurs du
digne supérieur de Saint-Sulpice; on sent que la
louange ne lui coûte ici aucun effort.

« Dans le mois qui suivit la mort d'un pontife
« si digne à jamais de nos hommages, l'Église de
« Paris, qui voit disparaître si rapidement et avec
« tant de regrets les précieux restes de son ancien
« clergé, perdit encore le vertueux supérieur du sé-

! Lettres de Bossuet, CXXXVI⁰ lettre.

« minaire diocésain que toute la France regardait,
« avec raison, comme l'un des ornements les plus
« révérés de notre second ordre. Cet infatigable in-
« stituteur de la tribu lévitique avait présidé, durant
« plus d'un demi siècle, à l'éducation d'une très-
« grande partie du clergé français, dont il était le
« conseil et le modèle. Il faisait revivre dans sa
« personne les vénérables régénérateurs de l'Eglise
« gallicane, animés de l'excellent esprit de leurs
« deux premiers chefs, le cardinal de Berulle et
« saint Vincent de Paul. Voilà les véritables et
« immortels réformateurs qui, en apprenant à la
« France l'art de former dignement les ministres
« du sanctuaire, leur ont aussitôt aussuré la plus
« incontestable prééminence dans toute l'Eglise
« catholique. M. Emery avait fait de la religion,
« qui était pour lui sa famille, le centre de toutes
« ses affections et l'objet continuel de ses pen-
« sées. Son zèle, toujours guidé par ses lumières,
« lui suggéra l'utile dessein de prouver la vérité
« de la religion par les principes ainsi que par les
« ouvrages des quatre plus grands philosophes
« qui aient illustré les temps modernes, en France,
« en Allemagne, en Angleterre, c'est-à-dire Des-
« cartes, Leibnitz, Bacon et Newton. C'était ven-
« ger bien noblement, sans doute, la religion
« chrétienne des sophistes qui ont eu le malheur
« de la combattre dans la vaine prétention de

« montrer un esprit supérieur, que de leur oppo-
« ser, par une démonstration de fait, l'exemple
« et l'autorité de ces quatre grands génies, et
« d'enlever ainsi pour toujours aux incrédules le
« crédit de ces imposantes réputations. Ce noble
« vétéran du clergé de Paris possédait spéciale-
« ment la science ecclésiastique, les anciennes
« traditions, les plans des grandes études, les mé-
« thodes d'instruction et d'institution les plus
« propres à perpétuer la connaissance, les prin-
« cipes et la gloire de l'Eglise gallicane. S'il est
« triste pour nous, mes très-chers frères, d'avoir
« à déplorer en même temps pour l'Eglise de Pa-
« ris la mort d'un si digne archevêque, qui l'avait
« gouvernée avec tant d'édification, et la perte
« d'un de ses plus utiles collaborateurs, il est
« juste, du moins, comme il est beau, de pouvoir
« décerner le même jour, dans tous les temples
« de ce diocèse, un hommage si bien mérité à
« deux éminents hommes de bien, dont les noms
« occuperont une place honorable dans les dypti-
« ques de cette métropole, et qui, après avoir été
« tendrement unis pendant leur vie, ont terminé
« ensemble leur carrière sans que la mort même
« ait pu les séparer. *Saül et Jonathas amabiles, et*
« *decori in vitâ suâ, in morte quoque non sunt*
« *divisi* [1]. »

[1] Regum, lib. II, cap. I, v. 23.

Il faut reconnaître que Maury, dans ses mandements, n'affaiblit pas la langue catholique, ne fléchit point devant les fausses doctrines et les préjugés du temps, mais qu'il défend toujours avec force les pratiques et l'intérêt de la religion, les vérités chrétiennes. Dans le mandement pour le carême de 1813, où il trouva dans son dévouement au pouvoir le courage d'applaudir au concordat de Fontainebleau, il n'épargnait pas l'*incrédulité*. « Une doctrine si commode (c'est Maury qui
« parle), plus immorale encore que les passions
« elles-mêmes, puisqu'elle en seroit l'apologie,
« promet à la vie de l'homme le calme trompeur
« de l'oubli de Dieu ; mais elle ne lui réserve réel-
« lement, à l'heure de la mort, qu'une conscience
« éteinte, un aveuglement volontaire, une intré-
« pidité d'ostentation, ou les secrètes et affreuses
« angoisses du désespoir. » Nous trouvons ici de belles pages que personne n'a lues depuis plus de quarante ans, et qui ne doivent pas rester dans l'oubli :

« C'est ainsi qu'aujourd'hui l'éternité n'est plus
« comptée pour rien par des esprits légers et re-
« belles, que toute loi religieuse révolte, parce
« qu'elle heurte et dès lors épouvante leur fausse
« sécurité. On ne veut plus s'imposer aucune pri-
« vation dans une religion née sur le Calvaire ; on
« se soulève contre les observances même dont on

« peut s'affranchir par un simple acte de soumis-
« sion à l'Église, en réclamant son indulgence
« maternelle. Les enfants des hommes, condam-
« nés à passer si rapidement sur cette terre de
« tribulation, dont nous avons tous été formés, et
« qui doit tous nous engloutir, ne veulent plus
« permettre à la vérité de les réveiller un seul
« instant dans l'année par aucun devoir, par au-
« cun avertissement, par aucun souvenir reli-
« gieux, dans la léthargie de leur indifférence
« pour l'avenir qu'ils séparent habituellement de
« leur destinée. Les insensés! ils ne voient pas
« qu'en bannissant Dieu de l'univers, ils ren-
« draient aussitôt le monde orphelin! Le seul nom
« de Dieu, ce doux nom d'amour et d'espérance
« pour les justes, les importune et les chagrine,
« dans le besoin qu'ils éprouvent sans cesse de se
« fuir eux-mêmes, de peur de se voir réduits à
« prononcer leur propre sentence, s'ils ne se ré-
« fugiaient dans cette dissipation continuelle pour
« remplir le vide d'une inquiète et corruptive oi-
« siveté. Tant il est vrai que, selon la belle pen-
« sée de saint Léon : *La foi est la vigueur des*
« *grandes âmes*[1], et qu'ainsi que l'avait dit aupa-
« ravant saint Ambroise, avec autant de raison
« que d'éloquence, *le cœur rétréci de l'impie*

___

[1] Fides est magnarum vigor mentium. S. Leo papa, homil.
primæ dominicæ Quadragesimæ.

« *n'est plus assez vaste pour se mesurer avec la*
« *grandeur et la majesté de la religion*[1]!...

« ... Enfants dégénérés de ces tribus prédesti-
« nées et pénitentes, nous n'apportons plus à cette
« portion la plus sanctifiante de l'instant fugitif
« qu'on appelle une année, que des passions ty-
« ranniques qui nous subjuguent, des habitudes
« criminelles qui nous enchaînent, des doutes
« vagues et fomentés par une ignorance volon-
« taire qui ne daigne rien éclaircir, des paradoxes
« absurdes qui nous rassurent, des corps énervés
« par la mollesse qui nous abrutit, des scandales
« autorisés par de funestes exemples qui nous
« aveuglent, un orgueil toujours flatté, une non-
« chalance habituellement sourde à la crainte et
« aux remords, un oubli de l'avenir qui se confie
« à l'impunité du présent, un dégoût invincible
« pour la pénitence, un attrait inexplicable pour
« des plaisirs aussi corrompus que trompeurs, un
« éloignement des sacrements, qui, sans en être
« la profanation, n'en devient pas moins, pour le
« terme où il aboutit, l'équivalent des sacriléges,
« une obstination sourde à toutes les leçons de
« l'expérience et rebelle à tous les avertissements
« du malheur, une indifférence léthargique pour
« la religion et ses menaces : que sais-je ? peut-être

[1] Non capiunt fidei magnitudinem augusta impiorum pectora. S. Ambrosius, libro tertio de Spiritu sancto.

« même un désir secret de notre anéantissement,
« qui, en nous faisant envier lâchement la desti-
« née des animaux, nous conduit, par cette dé-
« gradation illusoire, à la réprobation éternelle ;
« enfin, un divorce irréconciliable avec une con-
« science troublée, dont nous n'entendons plus le
« langage, ou dont nous ne savons plus interpré-
« ter le silence. Et au milieu de pareils systèmes,
« de pareilles contradictions, de pareilles mœurs,
« nous, ministres impuissants de la parole sainte,
« qu'il ne nous est plus donné de renforcer, comme
« autrefois Moïse, par les éclats redoublés du ton-
« nerre de Sinaï ; nous, faibles organes de cette
« parole de vie qui, dans notre bouche, ne sau-
« rait ressusciter des cœurs morts à la grâce, et
« peut-être fermés aux lumières mêmes de la foi,
« nous venons prêcher vainement l'Évangile de la
« pénitence à des impies, disons mieux, à des in-
« sensés, qui, au milieu du tourbillon du monde,
« et dans l'ivresse de ses vains plaisirs, après avoir,
« selon l'image éloquente du prophète Daniel,
« *entièrement renversé leur sens, détournent leurs*
« *yeux pour ne pas voir le ciel, afin de ne plus se*
« *souvenir de ses jugements* [1]. »

---

[1] Everterunt sensum suum, et declinaverunt oculos suos, ut non viderent cœlum, neque recordarentur judiciorum. Proph. Dan., cap. XIII, v. 9.

Et plus bas :

« Venez et voyez autour de vous la lumière qui
» vous environne, dans le sein de la religion,
« pour éclairer votre foi entre Dieu et le monde.
« Voyez la grande et salutaire révolution morale
« que l'Évangile a opérée dans l'univers ; et bé-
« nissez la divine miséricorde d'en avoir fait re-
« jaillir sur vous tous les bienfaits. Autrefois, en
« effet, le paganisme, borné aux vues courtes du
« présent, qui n'est déjà plus quand on le nomme,
« le paganisme avait divinisé la vie, en bornant à
« ses plaisirs et à ses illusions toute la destinée de
« l'homme dans cette vallée de larmes : le chris-
« tianisme, au contraire, qui est venu du ciel pour
« nous y conduire, a su bien autrement diviniser
« la mort, en faisant de notre dernier jour sur la
« terre le commencement de notre véritable et
» éternelle existence. Aussi, dans l'ancienne loi
« elle-même, Dieu promettait-il de longs jours
« pour récompense aux patriarches du genre hu-
« main ; au lieu que, sous le règne de l'Évangile,
« Jésus-Christ promet à la vertu une durée im-
« mortelle et une interminable félicité. »

En lisant ces morceaux, ne vous a-t-il pas semblé lire des pages de Massillon ?

SUITE DU CHAPITRE XXI.

Lorsque, à la date du 23 février 1814, nous avons lu le mandement de carême, qui a été le dernier acte de l'archevêque nommé de Paris, nous nous sommes étonnés que cet homme, qui n'enfermait pas sa vie dans la solitude de ses devoirs, mais qui portait sur les événements de la politique l'ardeur de ses regards, ait pu trouver assez de force et de présence d'esprit pour écrire vingt-et-une grandes pages d'un style vigoureux sur un sujet de pure religion, et toutes remplies de la pensée des livres saints et des Pères de l'Église! Pas une ligne, pas un mot ne trahit les sentiments et les émotions de Maury en présence des batailles de Champ-Aubert et de Montmirail, de Vaux-Champs et de Montereau, en présence de la fortune de Napoléon succombant sous le poids de l'Europe malgré les prodiges de son génie militaire! Maury est tout entier aux observances du carême, que le pape saint Léon-le-Grand appelait une *institution apostolique;* il disait aux fidèles, avec saint Augustin, que pour rendre leurs jeûnes agréables à Dieu, ils devaient *faire de la prière et de l'aumône comme deux ailes* capables d'en élever l'hommage au trône de l'Éternel ; il leur prescrivait l'aumône comme un moyen d'envoyer leurs biens périssables devant eux dans l'éternité, pour les y retrouver au centuple après leur mort ; il parlait des pauvres, ces *fidèles trésoriers du ciel,* comme « autorisés par le grand privilége de la « charité à ratifier, sous la garantie de notre Dieu, « l'échange journalier des richesses passagères « avec les trésors éternels ; » la bienfaisance purement humaine ne lui paraissait autre chose qu'un *orgueilleux larcin du nom sacré de la charité ;* il répétait qu'on ne se dérobe pas à l'éternelle vengeance « en se flattant de se retrancher à jamais « par la mort dans ces mêmes tombeaux, où la « trompette du ciel viendra reveiller soudain « toutes les générations des enfants d'Adam. Alors « la terre obéissante rendra sa proie au Créateur, « dont le souffle anima notre poussière. Tous ces « asiles passagers du trépas ne sont donc plus, « aux yeux de la foi, que de fidèles et temporaires « dépôts de la justice divine, jusqu'au second avé- « nement de Jésus-Christ, qui posera la borne du « temps pour juger les vivants et les morts au « dernier jour du monde... Soyez donc à jamais « confondus dans vos fallacieuses illusions, vous

« tous qui vous réduisez à espérer, dans l'horri-
« ble ambition du néant, que tout finira pour
« vous à la fin de cette misérable vie ! C'est au
« contraire à l'heure même de la mort que com-
« mencent et se fixent nos destinées éternelles. »

Maury poursuivait l'irréligion avec verve et profondeur :

« Oh ! qui d'entre vous, mes très-chers frères,
« voudrait abandonner au hasard son éternité sur
« la foi d'une fallacieuse et corruptrice irréligion,
« que vous avez tous si bien appris à juger par ses
« œuvres ? O mon Dieu ! quel appui pour le pré-
« sent ! et quel garant pour l'avenir ! Quels ser-
« vices croient donc rendre au genre humain les
« promoteurs ou les partisans de tous ces mal-
« heureux systèmes, en déchaînant toutes les
« passions des méchants, en promettant l'impu-
« nité à tous les vices, en brisant le frein de la
« religion, en dégradant la noblesse de l'homme :
« comme si l'on craignait qu'il pût avoir trop de
« rapports avec Dieu, trop de barrières devant
« ses faiblesses, trop de dépendance de l'avenir ;
« comme s'il était dangereux pour nous d'avoir
« un frein de plus dans notre conscience, et le
« plus réprimant ainsi que le plus intime de tous
« les liens, pour nous arrêter dans le danger
« d'être faux, corrompus, injustes, impitoyables ;
« comme si l'on redoutait que nous eussions trop

« de moyens, trop de motifs de nous rendre justes,
« doux, bons, compatissants, charitables, réglés
« dans toutes nos actions, fidèles à tous nos de-
« voirs; enfin, comme si nous avions naturelle-
« ment assez de vertu pour nous passer impuné-
« ment de l'intervention et de la crainte de Dieu,
« dans cette vallée de misère et de larmes? »

Tout cela est fortement médité et grandement écrit. Le mandement de Maury pour le carême de 1814 est un vigoureux morceau d'éloquence chrétienne; l'inspiration en est prise dans les entrailles même de la foi catholique, dans les Écritures, dans les anciens et les plus vénérables interprètes de la vérité religieuse. Le langage du cardinal semble être devenu plus profondément chrétien au bruit des coups de tonnerre qui retentissent avec les événements nouveaux.

Les mandements purement religieux que nous avons voulu détacher d'abord, sont supérieurs aux mandements politiques; la langue du servilisme est aisément vide et déclamatoire; l'épopée de la flatterie, quand elle se prolonge et se répète trop souvent, devient difficile à porter. Où le caractère descend le talent ne monte pas. Ces mandements de circonstance où le posternement devant Napoléon épuise les formes du langage, ne se lisent pas avec entraînement; ils font trop souvent songer à ce mot de Bossuet, qui ne fut jamais vrai pour lui : *la louange languit auprès des grands noms.* Parcourons rapidement les nombreux mandements qui touchent aux événements de l'empire depuis 1810 jusqu'à 1814.

Le 11 novembre 1810, Napoléon, traitant le cardinal Maury de *cousin*, selon l'usage des rois de France avec les cardinaux, lui annonçait ses espérances de postérité *avec une satisfaction infinie*, et lui demandait des prières publiques pour l'impératrice. Maury, à la date du 22 novembre 1810, répondit avec surabondance aux intentions de l'empereur; c'était son premier mandement; il parlait de son élévation au siége de Paris, et des assurances religieuses qu'il avait reçues de l'empereur à cette occasion. « Après nous avoir dé-
« claré qu'il n'avait besoin de personne pour as-
« surer pendant sa vie une puissance devenue
« inébranlable entre ses mains, ce monarque lé-
« gislateur ajouta que la vie de l'homme n'étant
« qu'un passage sur la terre, il voulait donner à
« son trône la plus grande stabilité que puissent
« avoir les institutions humaines, en l'appuyant
« sur la base immuable de notre sainte religion,
« à laquelle il ne souffrirait jamais qu'il fût fait
« aucun changement. Vous partagerez, mes très-
« chers frères, l'émotion vive et profonde que dut
« nous causer une volonté si rassurante dans la
« bouche d'un souverain tout-puissant; notre zèle

« paternel était impatient de le faire connaître au
« troupeau que nous devons et que nous voulons
« toujours nourrir du lait le plus pur de l'ancienne
« et invariable doctrine de l'Église. »

Maury, se conformant aux désirs de l'empereur, prescrivit, le 23 février 1811, les prières des
quarante heures pour la délivrance de Marie-
Louise. Le 18 mai, Napoléon lui annonçait, de
Rambouillet, la naissance du roi de Rome, et
demandait des prières et des remercîments envers
l'*auteur de tout bien*, en fixant au 9 juin la cérémonie du baptême. Il était encore alors au sommet de la domination et de la gloire ; il y eut de
l'enthousiasme autour du berceau de son fils. Nul
encens, nul hommage, nulle promesse ne manqua à ce berceau. L'archevêque nommé de Paris
publia un mandement, pour qu'il fût chanté un
*Te Deum, en actions de grâces de la naissance et
du baptême de Sa Majesté le Roi de Rome*. Il y a
quelque chose d'un peu étrange dans ce titre de
Roi de Rome en tête d'un mandement signé par
un membre du Sacré-Collége, car c'était la spoliation du pape qui faisait les frais de cette souveraineté nouvelle, et la couronne du nouveau-né
avait été prise sur le front du pontife. Le cardinal
élève la voix au nom de la *religion de Clovis, de
Charlemagne et de saint Louis*. Il retrace l'émotion du peuple aux coups de canon des Invalides :

« Tant qu'il fut incertain de l'entier accomplisse-
« ment de ses vœux, il (le peuple) comptait en si-
« lence les explosions qui ne lui garantissaient pas
« encore la plénitude de son bonheur; mais son
« allégresse n'eut plus de bornes, au moment où
« leur continuation redoublée l'assura que c'était
« véritablement l'héritier du trône qui venait de
« naître. » Maury peint la joie de l'empereur dans
le calme de sa haute puissance, environné de la
plénitude de sa renommée, concentrant sur ce seul
point de sa vie tout l'ensemble de ses destins;
il disait à Marie-Louise qu'en donnant à la France
un enfant *prédestiné à tant de puissance et de
gloire*, elle était devenue Française par le titre
sacré de sa maternité; il disait au roi de Rome
qu'un jour, à la lecture des écrits qui ont salué son
berceau, il ne *pourrait jamais s'exagérer la joie
extraordinaire dont sa naissance a comblé la nation.* L'archevêque nommé n'oubliait pas que la religion élève le *fils du plus puissant des souverains
au-dessus de tous ces titres fugitifs des grandeurs
humaines*, en faisant de lui, par la régénération
baptismale, *l'enfant de Dieu, le frère de Jésus-
Christ, l'héritier du royaume éternel.* Il se plaisait
à montrer Napoléon remplissant les devoirs paternels et accroissant sa gloire par l'éducation de son
fils.

« L'amour paternel achèvera de nous révéler

« tout ce que Dieu a mis de sensibilité et de
« bonté dans son âme. Nous le verrons descen-
« cendre, en quelque sorte de sa hauteur, et se
« mettre à la portée d'un âge si tendre comme
« autrefois le prophète Élisée s'abaissa devant
« l'enfant qu'il rendit à la vie, pour l'animer de
« son esprit, le vivifier de son souffle, soutenir et
« guider ses premiers pas dans le sentier de la
« vertu et dans la route de la gloire. Avec quelle
« sollicitude, avec quel intérêt un œil si perçant
« ne saura-t-il pas épier et démêler les premiers
« rayons de sa raison naissante, les facultés de
« son intelligence, la sensibilité de son cœur, la
« trempe de son caractère, le ressort de son âme,
« pour découvrir de loin les destinées de cet em-
« pire qui est son ouvrage, de cette France qui
« lui est chère, et qui vient d'augmenter si vive-
« ment sa félicité par les acclamations de la joie
« publique ! Mais son règne sera toujours la leçon
« la plus instructive qu'on puisse donner à ce
« jeune prince. Plus il étudiera les merveilles
« d'une vie si extraordinaire, plus il se convain-
« cra, que hors des livres saints, qui ne sont pas
« les annales des hommes, mais les fastes de la
« Providence, le nom de l'auteur de ses jours est
« le plus grand que le burin de la vérité puisse
« graver dans l'histoire. »

Maury finit par une prière à Dieu en faveur de

cet enfant sur la tête de qui il appelle les bénédictions et les dons du ciel. Trois ans plus tard, l'enfant *destiné à perpétuer la dynastie d'un grand homme,* et dont toutes les bouches proclamaient l'avenir magnifique, n'était plus que le duc de Reichstadt !

Napoléon, écrivit, de Mojaisk, le 10 septembre 1812, la lettre suivante au cardinal Maury :

« Mon cousin, le passage du Niémen, de la
« Dwina, du Borystène ; les combats de Mohilow,
« de la Drissa, de Polotsk, d'Ostrwno, de Smo-
« lensk, enfin la bataille de la Moskowa, sont au-
« tant de motifs pour adresser des actions de
« grâces au Dieu des armées. Notre intention est
« donc, qu'à la réception de la présente, vous
« vous concertiez avec qui de droit. Réunissez
« mon peuple dans les églises pour chanter des
« prières, conformément à l'usage et aux règles
« de l'Église en pareille circonstance. Cette lettre
« n'étant à autre fin, je prie Dieu qu'il vous ait,
« mon cousin, en sa sainte garde. » La lettre était contre-signée par le comte Daru.

Maury, le 30 septembre 1812, publia un mandement pour justifier la campagne de Russie, célébrer les triomphes de nos armées et en prophétiser *de plus décisifs.* Il ne faut pas y chercher les prévoyances inquiètes qui accompagnaient une lointaine expédition contre un puissant ennemi armé de son climat et de son immensité; il ne faut pas y chercher des plaintes contre une ambition à laquelle l'univers semblait trop étroit et qui se nourrissait des plus étranges rêves. Napoléon, à ses heures d'épanchement, aurait permis la contradiction à des amis éprouvés, mais il n'aurait supporté ni des doutes ni des regrets publics. L'archevêque nommé n'aurait dû parler alors que pour ordonner des oraisons; la sobriété de son langage aurait laissé voir de légitimes alarmes. Maury citait ces paroles fameuses de l'empereur : *La fatalité les entraîne, que les destins s'accomplissent!* Il regardait l'empereur comme l'instrument choisi d'en haut pour réaliser les desseins de la Providence sur le Nord de l'Europe. Mais ce n'étaient pas les Russes que la fatalité entraînait, et leurs destins qui n'allaient pas s'accomplir; cette parole de Napoléon ne fut prophétique que contre lui-même. Maury applaudissait au rétablissement du royaume de Pologne par *la soudaine apparition de nos phalanges;* cette restauration du trône des Jagellons et de Sobieski avait été jetée à la France comme une bonne nouvelle; mais Napoléon qui estimait la Pologne comme une vaillante épée n'en voulait pas comme nation indépendante. Ce conquérant qui s'enfonçait dans les solitudes du nord et se mesurait avec l'infini de l'espace, apparaissait à Maury comme le vengeur

de l'Europe entière, jadis ravagée par d'effroyables débordements; le cardinal voyait en lui un
envoyé du ciel qui allait triompher des souvenirs
du *fléau de Dieu,* et *demander compte au Nord*
de ses vieilles et terribles entreprises contre le
monde civilisé. Il reconnaissait et proclamait les
grands jours de la Providence dans les triom-
phantes journées dont on apportait les bulletins.
Hélas! les *Te Deum* du 4 octobre 1812 ne furent
séparés que par de courts intervalles de cette campagne de Russie, où des désastres inouis dans l'histoire anéantirent la plus belle armée du monde!

La journée de Lutzen, en Saxe, le 2 mai 1813,
était fort digne assurément d'exciter l'enthousiasme de Maury; Napoléon avait improvisé un
plan de bataille, relevé nos armes, ressaisi son
ascendant; mais notre pays, épuisé et meurtri,
soupirait après la paix; la prose dithyrambique du
cardinal Maury, dans son mandement du 17 mai
1813, était bien plus d'un admirateur ou plutôt
d'un adulateur persistant que d'un esprit préoccupé des dangers et des besoins de la patrie. Marie-
Louise, *impératrice-reine et régente,* pouvait bien
demander à son *cousin* d'adresser *des actions de
grâces au Dieu des armées,* mais elle n'eût pas
exigé ces lyriques acclamations de l'archevêque
nommé de Paris. Nous en dirons autant du mandement du 10 juin 1813, à l'occasion de la vic-

toire de Wurtchen, en Lusace ; ce qu'on y entend, ce n'est pas la religion se plaçant plus haut que la terre, c'est la politique avec ses ardeurs et ses animosités. Napoléon, serrant la main à Duroc mourant, lui avait dit : *Mon ami, il est une autre vie !* Et Maury prend texte de ces mots comme de mots sacrés pour parler de l'immortalité de l'âme ; ce sont les seules couleurs religieuses de cet écrit pastoral. Maury ne voit pas ou feint de ne pas voir que les batailles gagnées à Bautzen, à Wurtchen et sous les murs de Dresde ne décident rien et n'avancent à rien ; que l'ennemi recule, mais reste toujours debout ; qu'il est battu, mais qu'il se recrute sans cesse. La coalition est là dans toute son énergie, et menace les frontières même de la France.

Le 24 janvier 1814, Napoléon écrivait au cardinal Maury :

« Mon cousin, au moment où nous allons nous
« mettre à la tête de nos armées pour repousser
« l'invasion des ennemis de la France et en déli-
« vrer notre territoire, notre première pensée est
« de recourir à la protection de Dieu, pour qu'il
« daigne bénir nos armes et l'énergie de l'hon-
« neur français dans la défense de la patrie. Nous
« désirons donc qu'à la réception de la présente,
« vous réunissiez les fidèles dans les temples de
« votre diocèse pour adresser au ciel les prières

« consacrées par l'Église, *et que vous leur retra-*
« *ciez, avec les sentiments que la religion inspire,*
« *les devoirs qu'elle impose dans ces circonstan-*
« *ces à tout citoyen français.* »

Maury, répondant à cette invitation, s'excusa de faire entendre des paroles étrangères à son ministère. Son mandement fut un appel aux armes. Il est bien vrai que tout citoyen est soldat contre les violateurs du sol de la patrie, mais en lisant ce mandement du 29 janvier 1814, on aurait pu croire que Napoléon n'avait jamais eu que de pacifiques pensées, que l'injustice de l'Europe le poursuivait, et que l'Empire était la dernière ressource monarchique de notre nation.

Le cardinal avait interrompu la rédaction du mandement du carême de 1814 pour en faire un contre l'invasion ; il avait été mandé inopinément chez le ministre des cultes, où plusieurs évêques étaient réunis, et ce fut là qu'on lui demanda de réchauffer, au nom de la religion, le patriotisme des Parisiens contre l'étranger. Un témoin nous a dit que le cardinal rédigea lui-même dans cette réunion la petite lettre de l'empereur à son adresse, dont nous avons précédemment reproduit le texte. Quand le ministre l'invita par écrit à se rendre chez lui sans autre explication, Maury répondit que le ministre savait où demeurait l'archevêque nommé de Paris, et que, s'il avait besoin de lui, il pouvait venir à l'archevêché ; il envoya son frère à sa place, mais celui-ci revint bientôt pour l'instruire de l'importance du rendez-vous ; le cardinal, mécontent d'être arraché à son travail, pressé, préoccupé, appelant inutilement un valet de chambre pour substituer à son costume du matin un autre costume, et ne pouvant mettre la main ni sur sa soutane rouge ni sur sa soutane noire, monta en voiture enveloppé dans un manteau qui cachait une bien étrange toilette.

Maury, surtout dans ses dernières années, ne prenait nul souci de sa personne, ne se préoccupait plus des usages du monde, et sa vie extérieure était celle d'un homme qui n'habite plus qu'avec ses propres pensées. Les règles de la bienséance existaient peu pour lui. La foi religieuse lui donnait de la dignité à l'autel ; mais la dignité manquait à ses manières dans le monde. On peut être parti de bas et avoir des airs de noblesse ; les formes distinguées ne sont pas toujours un privilége de la naissance ; mais Maury, malgré tout son esprit et malgré la longue fréquentation de la société la plus polie, gardait de fortes traces de son origine.

CHAPITRE XXII.

La confiance de Maury dans la destinée et le génie de Napoléon était sans bornes; il ne croyait pas à son renversement, il n'y croyait pas, même en présence des menaces immenses de l'invasion; il lui semblait toujours que des combinaisons imprévues et soudaines sortiraient de ce prodigieux génie, conjureraient les périls et forceraient la victoire, quoique lassée, à revenir à ce drapeau qu'elle avait si longtemps connu; et lui-même, avec ce sang-froid qui ne le quitta jamais, il continuait ses habitudes et ses travaux au milieu de l'émotion universelle. Celui qui était alors son jeune secrétaire[1] nous a raconté que le cardinal lui faisait lire tranquillement et lisait tout haut lui-même, à son tour, un *Traité des sacrements* pendant que la canonnade grondait à Belleville, à Saint-Chaumont et à Montmartre. Il y eut un moment où son valet de chambre, Francesco, entra tout à coup dans son cabinet en criant : *Monseigneur, bonnes nouvelles, bonnes nouvelles!* il avait cru voir, d'une fenêtre, sur la place un mouvement et entendre des paroles qui annonçaient un triomphe de l'empereur. Le cardinal, le visage radieux, levant les mains au ciel, se mit à réciter le *Te Deum;* il en continua les versets en allant et venant d'un pas rapide; mais bientôt la nouvelle fut démentie, et le cardinal n'acheva point l'hymne de réjouissance.

Lorsque la dernière heure de l'Empire eut sonné, Maury fut atterré; il assistait à la chute d'un régime qui l'avait ébloui et qui lui semblait éternel; il voyait tomber l'homme aux pieds de qui il avait oublié un illustre passé politique. Il demeura confondu par cette succession rapide de terribles et de grandes choses. Seul avec son jeune secrétaire, il se laissait aller à de mélancoliques pensées, à des réflexions sur la fragilité des pou

<hr>

[1] M. l'abbé Menjaud, aujourd'hui évêque de Nancy.

voirs humains et le néant des plus colossales do-
minations; il repassait les commencements, l'a-
grandissement rapide et les fabuleux succès du
héros qui n'avait pas su s'arrêter, et sa chute lui
paraissait un des coups les plus retentissants de
la Providence. Il répétait les mots de l'Ecclésiaste
sur la vanité des choses de la terre, et passant des
grands spectacles à sa propre personne, il ne regardait ses titres et ses dignités que comme de
misérables ombres et de la vile poussière. « Que
« ne suis-je resté, disait-il encore, dans l'humble
« chemin que mon père a suivi ! j'aurais été plus
« heureux. Et, puisque je devais être quelque chose
« en ce triste monde et m'élever au-dessus de la
« condition de mon père, que n'a-t-il au moins
« vécu un peu plus longtemps, et que n'ai-je pu
« mettre ma calotte de cardinal dans son tablier ! »
Maury faisait ici allusion à la profession de son
père.

Le mandement du cardinal Maury contre les
alliés rendait sa position peu facile après leur victoire; le 30 avril au soir on lui fit dire avec insistance qu'il agirait prudemment s'il quittait Paris;
« Je n'ai pas eu peur des lanternes et des poignards
« de la Révolution, répondit-il, et je ne tremblerai
« pas devant les cosaques. » Le lendemain matin un
homme de bien, l'imprimeur de l'archevêché[1], se

---

[1] M. Adrien Le Clere.

présenta chez le cardinal et lui dit : « Monseigneur,
« la capitulation a été signée cette nuit, les alliés
« vont entrer, vous n'êtes plus en sûreté, quittez
« Paris, vous n'avez qu'une demi-heure. » — « Où
« voulez-vous donc que j'aille? — A Versailles. »
On décida non sans peine le cardinal à un dégui-
sement laïque qu'il ne consentit pas à compléter;
il partit, et, trouvant la barrière fermée, revint
chez lui. Maury, indigné contre lui-même de s'être
prêté un moment à quelque chose qui ressemblait
à une fuite, quitta ses vêtements de hasard, mit
sa soutane rouge, se couvrit de toutes ses décora-
tions et s'en alla au jardin de l'archevêché qu'il
parcourut très-longtemps dans une paisible pro-
menade : des cosaques, pour qui la pourpre romaine était un spectacle nouveau, se plantaient le
long des grilles du jardin, regardaient immobiles,
sans se douter assurément des sentiments de
l'homme à robe rouge qui passait et repassait devant eux.

Le 5 avril, le chapitre métropolitain de Paris ad-
hérait à la déchéance de Napoléon et de sa famille,
prononcée par le sénat, et le cardinal Maury y ad-
hérait aussi.

Dans les premiers jours d'avril (c'était pendant
la semaine sainte), chacun des membres du chapitre métropolitain de Paris reçut un écrit sans
nom d'auteur ni d'imprimeur, composé de trois

grandes pages et intitulé : *Exposé des motifs qui doivent déterminer le Chapitre de Paris à révoquer les pouvoirs qu'il a donnés à M. le cardinal Maury.* Cet écrit, mystérieusement déposé chez les chanoines de Notre-Dame, rédigé avec les ardentes couleurs de 1814, énumérait les torts du cardinal Maury depuis 1810. On lui reprochait d'avoir gardé l'administration du diocèse de Paris contre la volonté du Souverain-Pontife, d'avoir trop loué Bonaparte, d'avoir mal administré, d'avoir *gouverné en despote le diocèse de Paris comme Bonaparte gouvernait l'Etat.* On disait au Chapitre qu'en révoquant les pouvoirs du cardinal, il se laverait de la malheureuse adresse du 6 janvier 1811, et *ferait un acte de dévouement à la race des Bourbons;* on lui rappelait la *faiblesse de sa conduite* durant les démêlés affligeants de Bonaparte avec le Pape : *un acte de courage* ferait sortir le Chapitre de Paris de *cette humiliation* et paraître avec gloire dans le nouvel *ordre de choses.* Un *Te Deum* allait être chanté dans quelques jours pour célébrer l'arrivée d'un prince français; il ne fallait pas que le cardinal Maury *vînt à bout de l'entonner et d'y présider.*

« Je le vois avec frémissement aux pieds du prince
« déplorer ses égarements et toucher sa bonté par
« le ton d'une éloquence persuasive. La chose
« n'est pas probable, dira-t-on, mais elle est pos-
« sible, et cette possibilité seule jette l'alarme et

« froisse le cœur. » On menaçait le Chapitre d'une adresse des curés de Paris *pour le prier d'éloigner* le cardinal Maury.

Personne ne connut alors l'auteur de cet écrit. On sut plus tard qu'il était parti de la main de M. Tharin, qui remplissait à cette époque les fonctions de directeur au séminaire de Saint-Sulpice, et qui occupa dans la suite le siége de Strasbourg.

L'effet de cette invitation, où bouillonnaient les sentiments monarchiques de ce temps, fut prompt. Dès le lendemain, 9 avril, le Chapitre, extraordinairement assemblé *per domos*, sous la présidence de M. Sinchole d'Espinasse, chanoine titulaire et vicaire général capitulaire, *déterminé* (ce sont les expressions du considérant) *par une multitude de considérations qu'il est plus facile de sentir que convenable d'exprimer*, révoqua tous les pouvoirs précédemment accordés au cardinal Maury et nomma pour ses vicaires généraux MM. Sinchole d'Espinasse, Jalabert[1] et de La Myre. Il chargea M. l'abbé Burnier-Fontanelle, proto-notaire apostolique, promoteur diocésain, doyen de la faculté de théologie de l'université de Paris, de notifier *sans délai* cette décision au cardinal Maury et à son frère, le vicaire général. L'acte révocatoire fut une grande blessure au cœur du cardinal.

---

[1] L'abbé Jalabert eut le bon goût de ne pas assister à la séance du Chapitre où furent révoqués les pouvoirs du cardinal Maury.

On dit, mais nous ne l'avons pas su avec certitude, qu'il essaya inutilement de parvenir jusqu'à l'empereur Alexandre, dont le père, Paul Ier, lui avait fait des offres généreuses dans de mauvais jours. On dit aussi que l'empereur d'Autriche demanda des nouvelles du cardinal Maury, à une visite qu'il fit à Notre-Dame, que le cardinal en fut averti et ne se présenta pas. Ce qui est certain, c'est que Maury exprima le désir d'offrir ses hommages au comte d'Artois et n'obtint pas cette faveur. « Ils rentrent dans leur héritage, » avait dit le cardinal en apprenant le rétablissement des Bourbons.

Il publia, le 12 mai, un *Mémoire* pour justifier son adhésion au gouvernement de Bonaparte et son administration capitulaire. Par quelles inconcevables illusions le cardinal dit-il qu'il *n'a jamais soupçonné que l'acceptation de sa nomination pût déplaire à Sa Sainteté?* Mais le terrible éclat de la scène du 1er janvier aux Tuileries, mais l'emprisonnement de l'abbé d'Astros, mais tout ce fracas politique autour des Brefs de Savone, ces recherches, ces fureurs, ces persécutions n'avaient donc pas eu de sens pour Maury? il ignorait donc tout seul ce que le monde entier savait? Pourquoi des ombres passaient-elles sur son front, et pourquoi gémissait-il chaque fois qu'il apercevait le donjon de Vincennes[1]?

---

[1] Nous tenons ce détail de M. l'abbé Bardin, prêtre de la pa-

M. Tharin [1] répondit au mémoire du cardinal Maury avec beaucoup de force. Celui-ci, qui avait trouvé toute simple la révocation des pouvoirs de l'abbé d'Astros, s'était efforcé d'établir que la sienne n'était pas valide : contradiction profonde où l'on tombe pour le besoin de la cause ! M. Tharin chercha à prouver le droit des chapitres de révoquer leurs vicaires généraux, sans privilége ni exception en faveur des évêques nommés. Ses assertions à cet égard sont contestables ; la plupart des canonistes n'admettent pas la révocabilité des pouvoirs. Du reste, le cas particulier offert par l'administration du cardinal Maury ne rendrait pas difficile la justification d'un acte révocatoire. La réponse au mémoire du cardinal résumait ainsi les griefs contre l'archevêque nommé de Paris :

« Ce prélat faisait semblant de s'environner des
« lumières d'un conseil, et les écarts violents
« d'une imagination bouillante et impétueuse
« semblaient être sa seule règle d'administration.
« Il témoignait dans ses discours un inviolable
« attachement aux règles ecclésiastiques ; et dans

roisse Saint-Vincent-de-Paul. Il fut le secrétaire particulier du cardinal Maury dans les années 1811 et 1812 ; M. l'abbé Menjaud lui succéda.

[1] Mémoire sur les administrations capitulaires des évêques nommés, en réponse au Mémoire pour M. le cardinal Maury. Cet écrit parut sans nom d'auteur. Il était l'ouvrage de M. Tharin.

« sa conduite, au lieu de regarder les autres grands
« vicaires capitulaires comme ses égaux dans l'ad-
« ministration, ainsi que le réclamaient les prin-
« cipes, il paraissait ne voir en eux que des man-
« dataires et des subordonnés. Il prétendait les
« envoyer exercer les fonctions curiales dans les
« paroisses vacantes, comme il était venu lui-
» même de Montefiascone à Paris pour y exercer
« les fonctions de grand vicaire capitulaire. Tous
« les mandements étaient publiés en son nom,
« toutes les nominations aux cures vacantes étaient
« de lui seul ; tous les actes publics étaient revêtus
« de son sceau. Un autre grand vicaire n'aurait
« pas pu signer sans inconvénient des pouvoirs
« qu'un prêtre de la campagne, pressé de retour-
« ner où son devoir l'appelait, eût sollicités avec
« instance. Une pareille administration n'était-elle
« pas, aux yeux de tout homme sensé, un intolé-
« rable désordre en fait de discipline, un chaos
« véritable en matière d'administration, d'où le
« chapitre de Paris ne pouvait sortir honorable-
« ment sans prononcer, au premier moment de
« liberté, la destitution de M. le cardinal.

« Mais il est un autre grief de l'Eglise contre
« M. le cardinal bien plus grave que celui-là. Que
« dirons-nous de sa résistance au Souverain-
« Pontife? etc., etc. »

L'auteur émettait le vœu que l'abolition des administrations capitulaires des prélats élus fût irrévocablement prononcée dans le nouveau concordat qui devait se conclure entre le roi et le Saint-Siége.

, Un autre travail[1] sur la question, plus étendu et plus savant que le mémoire de M. Tharin, parut en 1814 ; il était le produit d'un esprit droit et ferme auquel nous avons rendu hommage. M. l'abbé d'Astros, dont le nom se mêle à l'origine même de ces débats, avait approfondi la matière ; son ouvrage, où la mesure et la paix sont inséparables de la science et de la logique, ne garde aucune trace des amertumes et des souffrances du prisonnier.

Une intéressante dissertation fut encore remarquée à cette époque ; elle a pour titre : *De l'administration de l'élu,* ou *du nommé à un évêché.* Enfin on publia à Rome même, en 1815, des brochures sur cette question. L'écrit de M. Fea *sur la Nullité des administrations capitulaires* mérita les suffrages d'éminents théologiens. Des matières jusque-là peu étudiées occupaient vivement la pensée ecclésiastique ; on mettait en lumière les règles et la doctrine ; on rendait aux conciles et aux canons leur vérité.

---

[1] De l'abus de cette maxime, que *l'usage abroge la loi,* où l'on traite : 1° du pouvoir des évêques nommés ; 2° des administrations capitulaires des évêques nommés ; 3° de la révocabilité des vicaires capitulaires de Paris.

Mais parmi les écrits que fit naître, en 1814 et en 1815, la question de discipline soulevée entre Pie VII et Napoléon, il y en eut un qui frappa particulièrement l'attention ; il se composait de trois volumes, imprimés à Liége, et avait pour titre : *Tradition de l'Eglise sur l'institution des évêques, par l'auteur des Réflexions sur l'état de l'Eglise.* Le nom caché sous cette désignation était le nom de l'abbé de Lamennais, âgé alors de trente-deux ans, pas encore prêtre, et vivant au petit séminaire de Saint-Malo que son pieux frère dirigeait. Cet ouvrage, qui précédait de trois ans l'apparition du premier volume de l'*Essai sur l'indifférence*, avait pour but de prouver que l'institution des évêques tenait aux droits essentiels de la papauté. Après une introduction où les grands aperçus abondent au sujet du gouvernement de l'Église et de la primauté du Saint-Siége dont l'auteur retrace l'origine, les preuves et les effets, nous entrons dans le livre par une histoire abrégée de l'établissement des patriarcats en Orient ; nous voyons d'abord que ces patriarcats ont tous été institués par l'autorité de saint Pierre, et que leurs priviléges, au nombre desquels il faut compter le pouvoir de confirmer les évêques, n'étaient qu'une émanation de la primauté du Siége apostolique ; nous voyons ensuite, dans toute l'Église d'Orient, jusqu'à l'époque du schisme, les patriarches et les évêques

institués par les pontifes romains. Passant à l'É-
glise d'Occident sur laquelle les papes ont toujours exercé une autorité plus immédiate, l'auteur
établit que les métropolitains n'avaient d'autres
droits que ceux qu'ils tenaient du Saint-Siége, et
que, dans les dix premiers siècles, c'était par leur
intermédiaire que le pape confirmait les évêques ;
il montre les causes et les effets des changements
opérés dans la discipline depuis le dixième siècle,
résout les objections et les difficultés, s'arrête sa-
vamment au concordat de Léon X et au concile de
Trente, et met en lumière tout ce qui touche à l'institution des évêques en Europe depuis le seizième
siècle jusqu'à nos jours. C'est un beau spectacle
que cette chaîne de la tradition s'étendant d'âge
en âge depuis saint Pierre jusqu'à Pie VII. Le livre
de l'abbé de Lamennais, en 1814, annonçait une
grande science et un grand talent au service de
l'Église : hélas ! il devait tomber un jour au plus
profond des erreurs humaines !...

Pendant tout le mois d'avril 1814 et jusqu'au
17 mai, jour de son départ pour l'Italie, Maury
eut des jours difficiles et troublés. Mais sa trempe
vigoureuse se retrouvait toujours en face des
grandes épreuves. « Les coups d'épingles me met-
« tent aux champs, disait-il, les coups de barre
« ne me font rien. » La veille de son départ de
Paris, le cardinal écrivit à son neveu : « Obligé de

« retourner dans mon diocèse, je pars sans faute
« demain matin ; et, si aucun obstacle ne 'm'ar-
« rête en route, je compte arriver sur ma mon-
« tagne dans l'octave de la Fête-Dieu. Je mène
« avec moi mon frère de lait, M. d'Alissac, de
« Valréas. C'est un homme d'esprit, d'un carac-
« tère doux et aimable. *Il me faut absolument un
« Français pour causer et pour écrire...* Je vais
« me séparer, à mon très-grand regret, de mon
« frère [1] ; ce sacrifice est celui qui me coûte le
« plus sans aucune comparaison. Je finis cet ar-
« ticle pour ne pas trop m'affoiblir en m'atten-
« drissant. »

Maury, en quittant Paris, ne savait pas d'abord
s'il irait à Rome ; il s'y achemina pourtant ; ce fut
à petites journées, parce qu'il souffrait. Oh ! le triste
voyage ! Qu'il était différent de ce premier voyage
qui n'avait été pour le brillant défenseur de l'Église
et de la monarchie qu'une longue fête et un perpétuel triomphe ! Alors d'illustres princes et les filles
des rois l'accablaient de marques d'estime, et
maintenant il fuyait devant les rois ! Alors Pie VI
l'appelait et le comblait d'honneurs, et maintenant
un bref de Pie VII, daté de Césène, le 3 mai 1814,
le jour même de l'entrée de Louis XVIII à Paris,
suspendait Maury de toute fonction dans le diocèse

---

[1] Ce frère du cardinal Maury mourut le 8 décembre 1821.

de Montefiascone et de Corneto, et de l'administration de la mense épiscopale! Le cardinal en sut la nouvelle à Radicofani, sur les frontières des États-Romains. C'est là que, près de dix ans auparavant, il avait complimenté Pie VII se rendant à Paris pour y sacrer Napoléon. Ce coup, parti de la main du pape, lui fit éprouver une peine profonde. L'évêque de Cervia, Mgr Gazzola, nommé à sa place dans l'évêché de Montefiascone, reçut des instructions signées de l'archevêque d'Édesse, aumônier du pape, monsignor Bertazzoli. Celui-ci était le même qui avait pris une part si tristement active au déplorable concordat de Fontainebleau, et, pour cela, avait reçu de Napoléon, ainsi que les cardinaux Joseph Doria et Fabrice Ruffo, une boîte d'or avec le portrait de l'empereur enrichi de gros brillants : il semble que de tels souvenirs auraient dû gêner le signataire des instructions envoyées au remplaçant de Maury. Le cardinal, informé de la décision du pape, évita de se rendre à Montefiascone, et se déroba ainsi à un pénible affront. Il ne reçut qu'à Viterbe les deux lettres de Césène. Arrivé à Rome le 19 juin, Maury sollicita l'honneur de s'expliquer et ne l'obtint pas. Un ordre du cardinal Pacca lui interdit l'entrée de *Monte Cavallo* et de la chapelle papale. Maury se résigna au silence et vécut à Rome obscurément et sans bruit.

Cependant de fervents défenseurs de la discipline ecclésiastique se remuaient autour du Souverain-Pontife ; ils demandaient qu'on fît un *grand exemple*, et qu'on *montrât au monde catholique quelle punition avaient méritée les évêques et les prêtres des pays étrangers, et surtout de France, qui avaient méconnu la légitime juridiction du pape* [1] : ils demandaient que le cardinal Maury fût frappé. Pie VII accueillit ces vœux répétés qui se recommandaient par l'adhésion du cardinal Pacca, ordonna l'instruction de l'affaire du cardinal Maury, et désigna monsignor Caprano, depuis cardinal, et monsignor Invernizzi pour l'examen des pièces. Les choses en étaient là quand le bruit du débarquement de Napoléon en France éclata comme la foudre ; la révolution du 20 mars, cette triste merveille d'où devaient sortir tant de calamités pour notre patrie, menaçait le Saint-Siége de nouvelles épreuves ; le roi Murat allait devenir roi d'aventure et déployer fatalement pour lui-même le drapeau de l'indépendance italienne ; les Napolitains entraient, malgré le pape, dans les États-Pontificaux. Le cardinal Pacca et d'autres cardinaux conseillèrent à Pie VII de quitter Rome pour ne pas s'exposer à tomber entre les mains du beau-frère de Napoléon comme un otage d'un trop grand

[1] Cardinal Pacca. Relazione del viaggio di Pio papa VII a Genova nella primavera dell' anno 1815.

prix; le pontife, après d'inquiètes hésitations, partit secrètement et se dirigea vers Gênes; c'était le soir du 22 mars et du mercredi-saint; le pape avait assisté aux cérémonies de ce jour, sans que personne, excepté le cardinal Pacca, qui devait l'accompagner, et quelques autres cardinaux, se doutât de son départ si prochain. En l'absence du pontife, le gouvernement de Rome fut confié à une *junte d'Etat*, composée du cardinal La Somaglia, et des prélats Riganti, San-Severino, Falsacapa, Ercolani, Giustiniani et Rivarola.

Pendant le séjour de Pie VII à Gênes, où l'avait suivi la plus grande partie du Sacré-Collége, le cardinal Pacca reçut de la junte d'État une dépêche qui annonçait que le cardinal Maury, depuis l'événement du 20 mars, relevait la tête, parlait beaucoup et songeait à retourner en France; la junte était d'avis d'enfermer le cardinal Maury au château Saint-Ange *pour plus de sûreté (per maggior sicurezza)*; le cardinal Pacca, ayant pris les ordres du pape, répondit que, s'il y avait quelque danger à laisser le cardinal Maury en liberté, on pouvait s'assurer de sa personne, mais qu'il fallait faire tout cela sans éclat, et surtout, par respect pour sa dignité, ne pas enfermer Maury dans une forteresse. Cette résolution parut trop douce à la junte d'Etat qui, s'en tenant à son premier dessein, fit tout à coup arrêter le cardinal Maury pour l'écrouer au château Saint-Ange. Le cardinal Pacca[1] convient que cette mesure excita de la surprise en Europe; il l'explique mais ne la justifie pas, et se borne à dire qu'il doit supposer que la junte eut de bonnes raisons pour suivre son premier projet[2]. L'histoire ne peut guère apprécier d'une façon très-exacte tous ces motifs; seulement, pour ce qui touche à l'intention du cardinal Maury de revenir en France au milieu du nouveau triomphe de Napoléon, cette intention nous paraît douteuse; ce fut le 12 mai que le cardinal fut arrêté; or, s'il avait voulu s'associer au retour de fortune qui ébranlait alors l'Europe, il nous semble que cet ardent esprit n'aurait pas attendu aussi longtemps et aurait imité l'empressement du cardinal Fesch. On fouilla dans les papiers du cardinal Maury, non pas en sa présence, mais après son arrestation; la belle croix qu'il tenait des bontés de Pie VI tomba entre les mains d'agents subalternes chargés de cette besogne, et Maury ne la revit plus. Par un raffinement injurieux, on lui donna au château Saint-Ange la chambre qu'avait occupée Cagliostro, si célèbre par son charlatanisme, ses aventures et ses escroqueries. Sa dure captivité, qu'il s'efforça d'adoucir par le travail, se pro-

[1] Relazione del viaggio di Pio papa VII a Genova.
[2] La giunta però per motivi che io debbo supporre giustissimi, credé di seguire la sua prima risoluzione.

longea trois mois et quatorze jours. Que d'amertumes il dévora dans les souterrains du môle d'Adrien, à quelques pas du Vatican! Le cardinal Consalvi fut son libérateur; il n'avait jamais oublié les anciens et illustres services de Maury, ses grands talents, sa conduite au conclave de Venise. Revenu du congrès de Vienne, Consalvi obtint sur-le-champ l'élargissement de Maury et l'abandon du procès pour lequel déjà se réunissait, à des jours marqués, une congrégation de cardinaux, ayant pour secrétaire un habile canoniste, Mgr Belli, archevêque de Naziance. Pie VII inclinait lui-même vers l'élargissement de Maury, surtout depuis que le cardinal Fesch, après la seconde chute de Napoléon en 1815, avait retrouvé à Rome une tranquille et libre hospitalité; une portion de la société romaine demandait pourquoi on avait arrêté le cardinal Maury, qui était resté chez lui aux Cent-Jours, et pourquoi les portes du château Saint-Ange ne s'ouvraient pas pour le cardinal Fesch, qui, à la nouvelle de la réapparition victorieuse de Napoléon, s'était hâté de reprendre le chemin de Paris.

Il fut permis à Maury de s'établir au couvent de Saint-Sylvestre, situé sur le monte Cavallo; le cardinal devait y trouver de l'espace, de la salubrité et des soins; il donna sa démission d'évêque de Montefiascone, et le pape lui assigna quatre mille écus de revenus sur le trésor. Comme Pie VII avait consenti à revoir Maury et à lui rendre de vive voix sa bienveillance, le cardinal se présenta chez le pontife, accompagné du cardinal Consalvi; il y eut dans cette audience de touchants entretiens et de tristes épanchements. Pie VII exprima au cardinal Maury le regret qu'il ne l'eût pas suivi à Gênes et lui répéta plusieurs fois qu'il était libre, qu'il pouvait quitter Saint-Sylvestre et retourner à sa demeure. Maury répondit que la solitude d'une maison religieuse plaisait mieux, pour quelque temps encore, à ses goûts studieux. Mais, dès ce jour, il retrouva comme cardinal sa place dans toutes les cérémonies, dans toutes les assemblées[1]. Nommé membre d'une congrégation d'évêques, Maury se rendait très-exactement aux séances; chaque fois qu'il prenait la parole dans les délibérations sur les matières ecclésiastiques, on admirait son lumineux talent de discussion, sa forte habitude d'approfondir les sujets et d'en considérer tous les aspects.

---

[1] Alle sagre fonzioni, a concistori, et ad ogni altra rappresentanza cardinalizia. Cardinal Pacca. Relazzione.

CHAPITRE XXIII ET DERNIER.

Le cardinal Maury, qui s'était associé au chapitre de Notre-Dame dans son adhésion à la déchéance de Napoléon, et que la révolution du 20 mars n'avait pas décidé à quitter Rome, ne fit aucune difficulté d'écrire à Louis XVIII pour le féliciter sur sa rentrée à Paris après les Cent-Jours. Dans une lettre du 7 décembre 1815, écrite au roi à l'occasion du prochain renouvellement de l'année, selon l'usage des membres de Sacré-Collége, Maury parlait, en se flattant peut-être un peu lui-même, du bon ac-

cueil qu'avaient reçu ses félicitations après la seconde chute de Bonaparte : « Je fus très-profon-
« dément ému en apprenant avec quelle adorable
« bonté le roi avait daigné accueillir mes félicita-
« tions les plus intimes sur son heureux retour
« dans sa capitale, qui a été le dénouement de la
« révolution. « Un beau règne, » ajoutait Maury, en
s'adressant à Louis XVIII, dans sa lettre du 7 décembre 1815, « nous fera oublier à tous cette af-
« freuse tempête à côté de laquelle la perturbation
« de la monarchie, sous Charles V et sous Char-
« les VII, ne paraîtra plus qu'un jeu d'enfants dans
« notre histoire. Aussi èst-ce un génie d'un tout
« autre ordre qui a été appelé à réparer le passé
« comme à dominer l'avenir, par une charte tuté-
« laire, non moins précieuse au peuple qu'au mo-
« narque, dont elle rend à jamais les droits et les
« intérêts inséparables. Un si grand monument
« de sagesse aurait empêché tous nos désastres
« s'il les eût précédés. Le fléau national est dé-
« sormais impossible. Il n'y aura bien certaine-
« ment bientôt plus en France que de bons Fran-
« çais, paisibles et heureux à l'ombre du trône,
« qui en est la clef de voûte sociale. Nous y ver-
« rons renaître dans tous les cœurs cet amour sa-
« cré pour le roi qui fut en tous temps le véritable
« esprit public et le noble patriotisme de notre
« nation. Je jouirai dans ma solitude de ce ma-

« gnifique spectacle ; c'est surtout, Sire, quand
« on a le malheur d'être éloigné de son pays qu'on
« sent plus vivement par ses regrets combien l'on
« aime sa patrie. »

Mais ces témoignages, où se rencontre un goût
assez vif pour la monarchie constitutionnelle, ne
pouvaient plus toucher personne, et ce royalisme
de l'arrière-saison laissait voir toutes les ombres
d'un cœur attristé. Nous avons une preuve que le
gouvernement du roi ne tint pas grand compte des
nouvelles démonstrations du cardinal Maury. A la
suite de l'ordonnance royale du 21 mars 1816,
qui rendait à chacune des classes de l'Institut son
nom primitif, le nom de Maury ne figurait pas sur
la liste des membres de l'Académie française ; il
n'y manquait point par oubli, mais par élimina-
tion ; le cardinal partageait cette disgrâce avec des
confrères bien étonnés d'éprouver en cette occurrence le même sort que lui, avec des régicides ! En
1796, ce fut la révolution qui ne voulut plus du
cardinal Maury à l'Académie ; en 1803, ce fut le
premier consul, irrité de son opposition royaliste à
Rome, opposition qui tirait à sa fin ; en 1816, c'é-
tait le royalisme lui-même. Cet homme, qui aimait tant les lettres et qui attachait tant de prix
au fauteuil des Quarante, souffrit de ce coup, et,
parmi les blessures de ses dernières années, celle-
ci ne fut pas la moins sensible. Après avoir été

deux fois reçu à l'Académie, il ne devait pas y avoir de successeur, et personne ne devait y prononcer son éloge.

Quoique sa réconciliation avec le pape fût connue, les visiteurs et les amis se montraient en bien petit nombre autour de Maury; comme homme de grande célébrité, on eût volontiers recherché son commerce, mais on eût craint de se faire mal noter en politique par de simples relations avec le cardinal. Ce qui rendait surtout ses jours solitaires, c'était la défaveur attachée à son nom dans les régions officielles de l'ambassade de Louis XVIII, et l'on sait quelle grande place a toujours occupée à Rome l'ambassade de nos rois. Maury souffrait de son isolement, se plaignait qu'on fût impitoyable à son égard et qu'on eût oublié d'anciens services; il parlait de son abandon avec amertume et douleur. Un jeune ecclésiastique français [1], bravant l'impopularité qui environnait le cardinal et ne songeant qu'à ses grands talents, au vif intérêt de sa conversation, allait frapper à sa porte le plus souvent qu'il pouvait : « Venez voir un malheureux, » lui dit un jour Maury avec un accent de profonde souffrance intérieure, « venez voir un malheureux « qu'on laisse mourir de la maladie pédiculaire. » Les fréquentes visites de ce jeune homme finirent

---

[1] M. l'abbé Martin de Noirlieu, aujourd'hui curé de Saint-Louis-d'Antin.

par lui inspirer de généreuses inquiétudes à son sujet ; ces visites, qui lui plaisaient, pouvaient nuire à l'ecclésiastique dont la carrière commençait à peine et dont l'avenir n'était pas fait ; le cardinal lui déclara qu'il devait cesser de venir le voir et s'imposa une privation qui ne pouvait que coûter à son délaissement.

Maury se consolait du muet désert de sa vie par le travail. Depuis son retour à Rome, il s'était ardemment occupé de ce qu'il appelait un grand ouvrage ; on ne sait rien de cet ouvrage resté manuscrit entre les mains de l'héritier du cardinal, et qu'on suppose être une étude approfondie des administrations capitulaires et des libertés de l'Eglise de France : « Bossuet avait effleuré le sujet, » disait-il dans l'audacieuse familiarité de son langage ; « moi, je l'ai éventré. » La pensée de Maury s'était sérieusement arrêtée sur les travaux de sa jeunesse ; il les repassait avec sévérité. Déjà, à Montefiascone, le cardinal avait occupé ses loisirs d'évêque par un rigoureux examen de ses productions anciennes. Un jour (c'était à son retour de Venise), en 1800, il commanda à son neveu [1] d'aller dans telle pièce, de prendre dans telle cassette de nombreux cahiers de sermons et de les lui apporter ; le neveu obéit, arrive avec les cahiers sous le bras et

[1] M. Louis Sifrein Maury, neveu du cardinal Maury, vit encore et habite aux environs d'Orange.

attend les ordres du cardinal. « Allume un grand « feu, » lui dit Maury. — « Mais, mon oncle... com- « ment... vous voudriez?... — « Allume un grand « feu, te dis-je. » — Et le neveu tout ému fait ce qu'on lui ordonne, et le cardinal livre ses sermons aux flammes, et tandis que le neveu, ne pouvant en prendre son parti, disputait au feu quelques-uns des cahiers qui allaient devenir de la cendre, « ne vois-tu pas, lui dit Maury, que je travaille « pour ma gloire?... Et d'ailleurs, s'il y a quelque « chose de bon dans ces sermons que le feu dé- « vore, ignores-tu que ce quelque chose de bon « est là, » ajouta-t-il en se frappant le front. C'est ainsi que Maury détruisit tous les sermons, moins deux ou trois, qu'il avait composés et prêchés dans sa jeunesse, et qui portaient trop cette empreinte sécularisée dont il a fait lui-même justice dans son *Essai sur l'éloquence de la chaire*. Le cardinal disait aussi que les sermons de sa jeunesse ton-naient beaucoup contre les grands et les riches, que cela était bon au dix-huitième siècle, mais que, dans nos temps nouveaux, le peuple à son tour avait besoin de leçons. Un vénérable curé de Paris [1] répétait d'énergiques paroles prononcées devant lui par Maury contre ce que le cardinal ap-pelait la *cabale philosophique* qui, non contente de régner dans les salons et les académies, avait

---

[1] M. l'abbé de Pierre, curé de Saint-Sulpice.

pénétré jusque dans le sanctuaire et avait imposé à la langue de la chaire d'indignes réserves et de coupables timidités. « Malheureux que nous étions, « s'écriait Maury, nous en étions venus au point « de ne plus oser prononcer le nom de Notre- « Seigneur Jésus-Christ ! » Il écrivit dans les dernières années de sa vie plusieurs sermons, non plus avec les couleurs et les pusillanimes concessions de la plupart des prédicateurs du dix-huitième siècle, mais avec le sentiment et le courage catholiques du siècle de Bossuet et de Bourdaloue. Ces sermons sont restés inédits ainsi que les *opinions* ou discours non imprimés au temps de la Constituante, et que Maury tira plus tard des profondeurs de sa mémoire[1]. Il dicta ces discours à

---

[1] Voici les titres de ces discours de tribune et de ces sermons inédits, tels que le neveu du cardinal Maury a bien voulu nous les transmettre :

Opinion sur la vérification des pouvoirs et la réunion des ordres, 20 juin 1789.

Opinion sur la sanction royale, 18 septembre 1789.

Réplique à M. Duport, sur la propriété des biens ecclésiastiques, 29 octobre 1789.

Opinion sur les assignats, 15 avril 1790.

Opinion sur la conservation de la maréchaussée et des juridictions prévotales, 20 mai 1790.

Opinion sur les formules intermédiaires des jugements criminels, 15 janvier 1791.

Opinion sur les dépositions des témoins en matière criminelle, 17 janvier 1791.

Opinion sur le ministère public, 20 février 1791.

Opinion sur l'institution des jurés, 12 avril 1791.

Montefiascone, comme s'il les eût improvisés à la tribune. L'*opinion* sur la souveraineté du peuple, que nous avons fait connaître, nous autorise à penser que bien des trésors d'esprit, de savoir et d'éloquence demeurent ensevelis dans les cartons de l'héritier du cardinal. Quel dommage que le temps ait manqué à l'ancien rival de Mirabeau et de Barnave pour retrouver et remettre par écrit tant de discours si forts et si pleins dont les titres seuls nous sont parvenus ! Ces discours auraient gardé à travers les temps leur valeur littéraire et historique, et, si Maury les avait rassemblés, nous aurions une série d'études très-instructives, très-curieuses et souvent éloquentes. Maury, dans une note de son Opinion sur le droit de paix et de

Opinion sur le droit de faire grâce, 1er juin 1791.

Réplique à M. Duport sur le droit de faire grâce, 4 juin 1791.

Opinion sur la souveraineté du peuple. (Ce discours a été imprimé en 1852.)

Trois Mémoires à Louis XVI.

Sermon sur la Cène.

Sermon sur la Passion, prêché à Versailles. (Ce sont les deux seuls sermons de sa jeunesse que Maury ait conservés.)

Autre Passion, formant deux discours.

Sermon sur l'aumône.

Sermon sur l'indifférence.

Sermon sur le délai de la conversion.

Homélie sur l'enfant prodigue.

Sermon de charité.

Sermon sur l'emploi du temps.

Omiglia per la consegrazione degli ogli santi.

guerre, exprimait l'intention de mettre au jour
tous ces travaux, et lui-même en donnait l'énumération ; nous reproduisons ici cette indication
détaillée comme un curieux document :

« Sur toutes les affaires de la religion et du
« clergé, sur le droit de *veto*, sur l'intérêt de l'ar-
« gent remboursable à terme fixe, sur la vérifica-
« tion des pouvoirs, sur l'union des ordres, sur la
« libre exportation des grains, sur la durée de la
« législature, sur la juridiction prévotale, sur la
« suppression et le remplacement de la gabelle,
« sur l'organisation des municipalités, sur la pré-
« séance des officiers municipaux, sur la nouvelle
« municipalité de Marseille, sur les conditions de
« l'éligibilité, sur la formation et la dénomination
« des départements, sur la législation de nos co-
« lonies, sur l'établissement d'un comité colonial,
« sur l'offre du don des Génevois, sur l'emprison-
« nement des officiers de la marine de Toulon,
« sur les prisons et les prisonniers d'Etat, sur la
« caisse d'escompte, sur l'agiotage, sur les causes
« de la rareté et de l'extraction du numéraire, sur
« les finances, sur le pouvoir exécutif, sur la con-
« stitution de l'armée, sur les insurrections des
« provinces, sur l'état des juifs, sur l'ordre judi-
« ciaire, sur la réforme des lois criminelles et du
« code pénal, sur les plans partiels du premier
« ministre des finances, sur le système et le mode

« des impositions, sur la réduction des pensions,
« sur l'organisation de la municipalité de Paris,
« sur le privilége exclusif de la Compagnie des
« Indes, sur le papier-monnaie, sur les créanciers
« hypothécaires du clergé et sur les droits féo-
« daux; la réplique dans la cause de M. de Bour-
« nissac, prévôt général de la maréchaussée de
« Provence. »

Il y a dans une telle énumération une sorte
de tableau en raccourci de cette puissance d'intelligence qui ne voulut demeurer étrangère à rien,
qui embrassa avec le même intérêt et la même
verve les sujets les plus divers, et, à force d'in-
vestigation, de promptitude et de facilité lumineuse, se fit remarquer dans toutes les questions :
on y voit le grand travailleur doué d'une riche
nature.

En jugeant les diverses œuvres de Maury, nous
avons quelquefois relevé des erreurs qui tiennent
soit à l'inadvertance, soit à une connaissance imparfaite du sujet; nous avons indiqué des plans
d'améliorations ou de complément littéraire pour
l'*Essai sur l'Eloquence de la chaire*, plans restés
sans exécution. Nous regrettons que dans ses laborieuses années d'Italie, et surtout à cette dernière époque de sa vie où il s'appliquait à refaire
et à corriger, Maury n'ait pas porté sur l'*Essai* un
suprême effort d'attention critique. Assurément,

loin de la France, bien des ressources eussent manqué à ses recherches, et les éléments de plus d'une rectification ne se seraient pas rencontrés sous sa main ; mais des inexactitudes d'une réparation facile auraient disparu de son œuvre. Nous ne dirons rien de quelques dates assignées par erreur à tel sermon, à telle station de Bossuet, du sermon pour la vêture de mademoiselle de Bouillon, nièce de Turenne, prononcé le 8 septembre 1660, et qu'une évidente faute d'inattention place au 8 septembre 1668, à peu de distance de l'abjuration du grand capitaine ; mais on est fâché de voir Maury donner à Bossuet pour maître d'anatomie, dans les derniers temps de l'éducation du dauphin, le célèbre Danois Stenon, qui avait déjà quitté Paris en 1666, et de nous montrer le grand docteur convertissant le célèbre anatomiste dix ou douze ans après l'abjuration de Stenon à Florence. Il est indubitable que Bossuet prépara la conversion du fameux Danois ; seulement la date de ses entretiens avec Stenon ne peut appartenir qu'à l'année 1665 ; et quant à ses études anatomiques, nous savons que le précepteur du dauphin eut Duverney pour maître. Nous aurions voulu aussi que l'auteur eût pu corriger les lignes où il nous montre Bossuet au lit de mort de la reine d'Angleterre, et Madame écoutant avec attendrissement les paroles qui consolaient la dernière heure de sa mère ; une pilule d'opium [1] fit tout à coup passer du sommeil à la mort la reine Henriette, et ni Bossuet, ni la duchesse d'Orléans ne se trouvèrent là. C'est presque toujours dans ses notes que Maury prête le flanc à la critique ; la fantaisie semble n'être pas assez sévèrement exclue des faits plus ou moins curieux qu'il recueille ; l'anecdote a des écueils contre lesquels son imagination se défend faiblement. C'est beau d'avoir beaucoup d'esprit, d'avoir du style et du talent ; mais l'irréprochable exactitude des faits a aussi sa beauté, et celle-ci doit précéder toutes les autres. On est d'abord exact, et puis on a du génie si on peut.

Lorsque Maury avait médité un sujet et jeté sur un petit carré de papier la base d'une œuvre oratoire, la parole débordait de ses lèvres. Son corps avait pris l'habitude de triompher des veilles, et, même dans un âge avancé, il demandait peu au repos des nuits. Le jeune secrétaire qui écrivit sous sa dictée les deux mandements de 1814, nous racontait que le cardinal, alors âgé de soixante-huit ans, allait frapper à la porte de sa petite chambre à deux heures après minuit, au milieu de l'hiver : « Allons, enfant, lui disait-il, levez-

---

[1] « On lui fit prendre des pilules pour la faire dormir ; elle le « fit si bien qu'elle n'en revint point. » Mémoires de Mademoiselle, 4e partie (1670). Voir notre Collection des Mémoires relatifs à l'Histoire de France, 3e série, tome IV, p. 423.

« vous; il nous faut travailler. » Et le jeune secrétaire, en entendant cette rude et forte voix, se
levait précipitamment, et la besogne commençait
bien vite. Maury, coiffé d'un serre-tête, vêtu d'une
épaisse houppelande et d'un gros gilet de molle-
ton, se promenait en long et en large dans son cabinet, parlant comme s'il eût été à la tribune, et
sa dictée était si rapide, que la plume du secrétaire ne pouvait jamais le suivre; quatre tabatières
étaient posées sur la cheminée: l'une de ces tabatières restait ouverte et contenait du tabac d'Espagne; le cardinal y plongeait ses doigts, et de
larges prises de la poudre excitante emplissaient
ses narines.

Maury, dans sa retraite de Saint-Sylvestre, et
ensuite dans son ancien logement où il rentra plus
tard, pensait tout haut avec le petit nombre de visiteurs qu'il recevait; il ne se contraignait pas plus
dans ses discours que dans ses manières. Sa conversation sur les matières de religion était toujours
celle d'un croyant; mais, en dehors des vérités de
la foi, qui le trouvaient toujours respectueux et
soumis, sa parole courait avec une ardente liberté.
Rien en lui ne le convia jamais à voiler ses talents
ni à douter de son mérite; il était tout naturellement le contraire d'un homme modeste. « Il y a
« bien des tiroirs dans cette tête, » disait-il un
jour en frappant son large front. Parfois il lisait à

un visiteur des morceaux de ses sermons. Dans le feu de la lecture, il saisissait de sa forte main le bras de celui qui l'écoutait, et ne le lâchait pas avant que le morceau fût achevé. Un jeune ami qui admirait les sermons de Maury, mais qui redoutait ses vigoureuses étreintes, nous disait que, pour ne pas se trouver à l'état de patient, il avait pris le parti de se placer toujours à distance dès que le cardinal commençait les apprêts de la lecture : comme le jeune ami n'avait pas un bras d'Hercule, il lui aurait fallu, sans cette précaution, renoncer à jouir des confidences oratoires auxquelles il attachait un grand prix.

A Rome, comme à Montefiascone, comme à Paris, Maury avait le culte de l'esprit ; le bon sens tout seul ne suffisait pas pour lui plaire ; il fallait que le bon sens fût spirituel et s'exprimât bien. Cette intolérance pour ce qui n'était pas l'esprit l'avait privé plus d'une fois de conseils utiles pendant qu'il administrait le diocèse de Paris; il ne put jamais se résigner à écouter un homme qui parlait mal; et cependant la rectitude du jugement et l'ingénieuse facilité de la parole ne vont pas toujours ensemble : vouloir tout donner à l'éclat, ce serait s'exposer à beaucoup donner à l'erreur. La trop rare apparition de l'esprit autour de Maury dans ses derniers temps de Rome ne fut pas le moindre de ses supplices; il y avait des heures de lassitude où il remplaçait la causerie absente et revenait à la première moitié de sa vie par la lecture passagère de tel ou tel livre de littérature dont il avait aimé l'auteur; on le trouva un jour avec un volume de Champfort, son ancien confrère à l'Académie : « Vous me voyez là, dit-il à son « visiteur, en compagnie de Champfort, esprit « charmant et fin que j'ai beaucoup connu; je « retrouve ainsi les années de ma jeunesse, et je « me rafraîchis à leur souvenir. »

En peignant cette époque de sa vie, nous exciterons peut-être bien des surprises si nous montrons Maury assidu aux règles et aux devoirs, en apparence les moins importants de son état. Très-exact à réciter le bréviaire, il le récitait tout haut pour éviter des distractions. Il se plaignait des fautes de rubrique qu'il avait faites par son inexpérience du bréviaire romain, et dont il lui *avait fallu se confesser*, ajoutant qu'il allait reprendre le bréviaire de Paris pour être plus sûr de le bien dire. Les entraînements du monde avaient pu atteindre Maury, mais il était resté chrétien; et à ces suprêmes années précédées de révolutions si diverses, sa foi avait pris plus de profondeur. L'ecclésiastique [1] qui fut à Paris son secrétaire particulier pendant deux ans, nous racontait que le cardinal

---

[1] M. l'abbé Bardin, dont nous avons déjà prononcé le nom.

ne manquait jamais de dire chaque soir le ro-
saire, et ne se couchait jamais sans avoir fait une
lecture spirituelle.

Avec sa vigoureuse constitution et la rudesse accoutumée de ses habitudes, Maury aurait pu pousser
la vie à des bornes reculées ; mais à soixante-neuf
ans on ne passe pas trois mois et demi dans une
humide cellule du fort Saint-Ange sans que la
santé en reçoive des atteintes ; durant sa captivité
le cardinal avait été frappé d'une sorte de lèpre ;
il n'en travaillait pas moins assidûment et ne s'é-
pargnait pas les longues veilles. Malgré la diminution de ses forces, il continuait à sortir ; ses promenades avec un ou deux amis étaient de conti-
nuels entretiens sur Dieu qui ne passe pas, sur la
courte durée des empires et les destinées de
l'homme ; les débris et la poussière de Rome ont
une éloquence que l'âme écoute toujours, et si on
arrive là avec la perspective d'une tombe prochaine et les pensées du soir, il s'établit tout naturellement entre les ruines et le cœur de l'homme
un commerce de mystérieuse mélancolie. Dans
une de ses dernières promenades du côté du Co-
lysée avec le maître du sacré palais et le provincial
des Cordeliers, Maury disait : « Voyez combien il
« faut de temps pour former un homme ! Notre
« vie n'est presque qu'une enfance prolongée, et
« dès que notre éducation se termine, quand nous

« pourrions être quelque chose, la mort arrive
« tout à coup. »

Que de tristesses dans ces pensées de Maury, et
combien d'hommes en ont senti l'amertume ! Il
faut de longs efforts pour l'étude d'un art, d'une
science, d'un sujet, pour se donner quelque expérience des affaires et du gouvernement des sociétés, et lorsqu'un peu de lumière nous arrive,
nous partons ! La journée de la vie se passe à apprendre ; ce n'est que bien tard que nous savons
un peu, et le temps nous manque pour mettre à
profit ce que nous avons conquis sur l'ignorance.
Dans cette laborieuse et courte part qui nous est
faite, le matin et le soir se touchent. Notre vie est
comme un passage dans la nuit : elle finit quand
les clartés commencent. N'est-ce point la preuve
qu'on doit mourir pour mieux savoir, que notre
horizon d'ici-bas n'est que blanchi par une aube
mêlée de bien des vapeurs, et que c'est ailleurs que
le jour se lève ?

Le matin du 11 mai 1817, lorsqu'on entra,
comme de coutume, dans la chambre du cardinal
Maury, on le trouva mort dans son lit : son mal
avait présenté tous les symptômes du scorbut. Ses
amis ne s'attendaient pas à une fin aussi prochaine. Toutefois le cardinal ne s'était pas fait illusion sur le petit nombre de jours qu'il avait à
passer en ce monde, et avait demandé pieusement

à la religion la force qu'elle seule peut donner en présence de la tombe et de l'éternité. Son corps fut embaumé et reçut les honneurs funèbres à *Santa-Maria in Vallicella*, appelée aussi *Chiesa Nuova*.

Il est d'usage que tout cardinal soit enterré dans son titre, c'est-à-dire dans l'église dont il porte le nom; Maury, comme on l'a vu, portait le titre de la Sainte-Trinité-du-Mont; son neveu, M. Louis Sifrein Maury, demanda pour le cardinal la sépulture dans ce sanctuaire [1]. L'église de la Sainte-Trinité-du-Mont, l'ancienne église des Minimes–Français, dont on remarque le bel escalier et l'obélisque tiré du cirque des jardins de Salluste, fut fondée par le roi Charles VIII, à la prière de saint François-de-Paule, et consacrée par Sixte-Quint; en 1798, les Français en firent une caserne, sans respect pour la sainteté du lieu, sans respect pour le tombeau de Claude Lorrain et pour la descente de Croix de Daniel de Volterre, une des trois belles compositions de peinture qui soient au monde, selon Poussin. M. de Blacas, ambassadeur de Louis XVIII, avec une générosité magnifique, digne du duc de Créqui et du cardinal de Bernis, avait, depuis un

---

[1] M. Louis Sifrein Maury a publié, en 1828, une notice étendue sur le cardinal Maury, suivie de pièces dont il possède les originaux. C'est une œuvre exclusive de justification dont la pensée s'explique de la part d'un neveu, mais que l'histoire ne saurait accepter sur tous les points.

an, relevé de ses ruines et splendidement restauré l'église de la Sainte-Trinité, lorsque le cercueil du cardinal Maury alla frapper en quelque sorte à la porte de ce temple; l'ambassadeur de France jugea que cette église était trop royale pour recevoir les dépouilles de l'homme qui avait abandonné la cause du roi, et rejeta la demande qu'on lui adressa. A des instances nouvelles, M. de Blacas répondit qu'il en écrirait à son gouvernement; mais Louis XVIII fut apparemment du même avis que son ambassadeur. Les restes du cardinal Maury, après avoir attendu, dans une pièce voisine de la sacristie de la *Chiesa Nuova,* la sépulture durant trente-huit jours, furent enfin déposés, par les ordres du pape, auprès du maître-autel de *Chiesa Nuova,* à côté des restes du célèbre cardinal Baronius, justement appelé *le Père des Annales ecclésiastiques,* et du cardinal Tarugi. Un même caveau renferme les dépouilles des trois cardinaux. L'épitaphe de Maury, composée par Morcelli, dit que deux grands hommes l'ont pour compagnon de tombeau [1]. Ce fut encore l'amitié fidèle du cardinal Consalvi qui lui valut cette place honorable dans l'asile de la mort.

Ainsi s'acheva la destinée de cet homme qui avait reçu du ciel des dons brillants, un goût très-

___

[1] Magni viri Baronius et Tarugius tumuli socium habent.

vif pour les œuvres de l'esprit, le double talent de parler et d'écrire, la tranquille intrépidité de l'âme et toutes les qualités d'un grand lutteur, mais que l'oubli complaisant de son passé précipita des hauteurs de la gloire. Ennemi de la révolution, ennemi des doctrines philosophiques et des théories sociales du dix-huitième siècle, il fut parmi nous, avec Mirabeau, le créateur de l'éloquence parlementaire. A cinquante-huit ans, quand sa vie était faite et sa renommée éclatante, il tomba aux pieds d'un maître d'un autre drapeau que le sien, ne connut plus d'autre règle de conduite que sa souveraine volonté, et se donna à lui sans mesure, jusqu'à résister aux ordres du chef de l'Église; il prépara pour sa vieillesse des humiliations, des remords et la solitude. En suivant le cardinal Maury dans la diversité de ses œuvres et la diversité des temps, nous l'avons jugé avec l'équité qui est une habitude de notre pensée, avec la sérénité des méditations historiques. La postérité garde le souvenir des services et aussi le souvenir des défaillances et des torts. Les affaires humaines donneraient un plus noble spectacle à l'univers, si enfin on parvenait à comprendre que la vraie grandeur n'est que dans le devoir.

FIN.

TABLE.

CHAPITRE XV.

CHAPITRE XVI.

CHAPITRE XVII.

CHAPITRE XXI.

CHAPITRE XXII.

CHAPITRE XXIII ET DERNIER.

Paris. — Imp. Bailly, Divry et Ce, place Sorbonne, 2.